教育数字化背景下高校思政课教学改革创新与实践研究

曾海燕　易永平◎著

辽宁人民出版社

图书在版编目（CIP）数据

教育数字化背景下高校思政课教学改革创新与实践研究/曾海燕,易永平著,--沈阳:辽宁人民出版社,2024.8.--1SBN 978-7-205-11266-0

Ⅰ.G641.

中国国家版本馆CIP数据核字第2024KX0446号

出版发行：辽宁人民出版社

　　　　地址：沈阳市和平区十一纬路25号　　邮编11003

　　　　电话：024-23284321（邮　购）　024-23284324（发行部）

　　　　传真：024-23284191（发行部）　024-23284304（办公室）

　　　　http//www.lnpph.com.en

印　刷　者：北京四海锦诚印刷技术有限公司

经　销　者：全国新华书店

幅面尺寸：170mm×240mm

印　　张：14.75

字　　数：351千字

出版时间：2025年1月第1版

印刷时间：2025年1月第1次印刷

责任编辑：张天恒　　王晓莜

封面设计：郭婷

版式设计：海图航轩

责任校对：刘再升

书　　号：ISBN 978-7-205-11266-0

定　　价：68.00元

前言

　　随着信息技术的快速发展和普及，教育领域也在向数字化转型，高校教育亦不例外。思想政治理论课作为高校教育的重要组成部分，其教学改革既要顺应时代的发展潮流，又要传承和弘扬优秀的传统文化，培养学生的思想品德和社会责任感。因此，对高校思政课的教学改革、创新与实践进行研究，对于推动高校教育数字化、提高思政课教学质量具有重要意义。

　　教育数字化的背景下，高校思政课教学改革需要紧跟时代步伐，充分利用现代化技术手段，如网络教学平台、多媒体教学设备等，丰富教学内容，提升教学效果。通过数字化手段，可以打破传统课堂的时空限制，实现教学资源的共享和优化配置，为学生提供更加丰富多样的学习体验，激发他们的学习兴趣和积极性。同时，数字化教学还能够提高教学效率，为师生之间的互动和交流提供更多便利，促进教学过程的互动性和趣味性，从而提高思政课的教学效果。

　　本书旨在探讨教育数字化背景下高校思政课教学改革创新与实践的重要议题。随着数字技术的不断发展和普及，教育领域也面临着深刻的变革与挑战。在这一背景下，高校思政课教学作为培养学生思想道德素质、传承优秀文化、塑造正确世界观和人生观的重要环节，更需要顺应时代潮流，与时俱进，积极探索适应数字化发展的新路径。本书涵盖了从现状分析到教学模式创新、资源建设与共享，再到评价体系建构和课程体系构建等多个方面的内容。首先，我们对教育数字化背景下高校思政课教学的特点进行了梳理，以全面把握当前形势。随后，针对当前存在的问题，我们展开了深入剖析，并综合了国内外相关研究成果，为后续的改革与实践提供了理论依据。

　　作者在写作本书的过程中，借鉴了许多前辈的研究成果，在此表示衷心的感谢。由于本书需要探究的层面比较深，作者对一些相关问题的研究不透彻，加之写作时间仓促，书中难免存在一定的不妥和疏漏之处，恳请前辈、同行以及广大读者斧正。

- 目 **0** 录 -

第一章 教育数字化背景下高校思政课教学现状分析

第一节 教育数字化背景下高校思政课教学特点

一、教育数字化

教育数字化是指运用现代信息技术手段，改变传统教学模式，实现教学内容数字化、教学过程数字化、教学管理数字化和教学评价数字化的过程。这一趋势的背景有几个关键因素，

信息技术的飞速发展使得数字化教学成为可能。互联网、智能设备、大数据等技术的迅猛发展，为教育提供了强大的技术支持，使得教学内容可以以数字化形式呈现，教学过程可以利用多媒体手段进行辅助，教学管理和评价也可以通过信息化手段实现。

社会对教育的需求不断提升。随着社会经济的发展和知识经济的兴起，人们对教育的需求不仅仅停留在知识传授上，更加注重培养学生的创新能力、实践能力和综合素质。而数字化教学恰恰可以通过多样化的教学手段和个性化的学习路径来满足这种需求。

全球范围内的教育资源共享和交流也促进了教育数字化的发展。通过互联网，教育资源可以实现跨地域、跨国界的共享，学生可以获取到来自世界各地的优质教育资源，教师也可以通过国际化的教学平台进行教学交流和合作，提高教学质量和水平。

教育数字化背景主要包括信息技术的快速发展、社会对教育需求的提升以

及全球教育资源的共享和交流。这些因素共同推动着教育数字化的发展，为教育的现代化提供了新的机遇和挑战。

（一）教学内容的多样化

1.数字资源丰富

数字化背景下，思政课教学可以充分利用丰富的数字资源，包括网络课件、在线视频、数字图书等。这些数字资源不仅可以丰富教学内容，还可以提升教学效果，激发学生的学习兴趣和参与度。

网络课件是思政课教学中常用的数字资源之一。通过制作精美、内容丰富的网络课件，可以将思政课的教学内容生动地展现给学生。比如，可以利用动画、图片、文字等多种元素，将抽象的思想理论转化为直观的图像，帮助学生更好地理解和记忆知识点。网络课件还具有灵活性和便捷性，学生可以随时随地通过电脑、手机等设备进行学习，提高了学习的效率和便利性。

在线视频也是思政课教学中常用的数字资源之一。通过制作或引用优质的在线视频资源，可以为思政课的教学注入生动的视听体验。比如，可以邀请专家学者录制授课视频，或者引用相关领域的精彩演讲、纪录片等资源，激发学生的兴趣和好奇心。在线视频的形式更具有感染力和吸引力，可以让学生更加深入地了解思政课的内容，增强学习的效果和体验。

数字图书也是思政课教学中不可或缺的数字资源之一。随着数字化技术的发展，越来越多的优质图书以数字化形式呈现，方便学生进行在线阅读和学习。数字图书具有检索性强、内容丰富、互动性强的特点，学生可以通过搜索功能快速找到所需的知识点，通过交互功能与内容进行互动学习，提高了学习效率和趣味性。同时，数字图书还可以实现多媒体融合，如插入音频、视频、动画等元素，丰富了学习形式和内容呈现方式，增强了学生的学习体验和理解效果。

数字化背景下，思政课教学可以充分利用丰富的数字资源，如网络课件、在线视频、数字图书等，来丰富教学内容、提升教学效果。这些数字资源具有直观性、感染力、互动性等特点，可以激发学生的学习兴趣和参与度，提高了学习效率和质量。因此，教师应该积极借助数字化技术，充分挖掘数字资源的潜力，

为思政课的教学注入新的活力和动力。

2.互动性增强

提升互动性是现代数字化教学平台的一项重要目标。这些平台提供了各种互动功能，如在线讨论、即时问答等，旨在促进师生之间的互动和思想碰撞。通过这些功能，学生可以更加活跃地参与课堂，表达自己的看法和想法，与老师和同学们进行互动交流，从而提升学习效果和体验。

数字化教学平台提供的在线讨论功能是一种重要的互动方式。学生可以在平台上发表观点、分享思考，并与同学们展开讨论和辩论。这种互动方式不受时间和空间的限制，学生可以随时随地参与讨论，借助文字、图片、视频等多种形式进行交流。通过在线讨论，学生可以结识更多志同道合的同学，拓展思维边界，激发思想火花，从而促进了学生之间的思想碰撞和学习互助。

即时问答功能也是数字化教学平台提供的重要互动方式之一。学生在学习过程中可能会遇到各种问题和困惑，通过即时问答功能，他们可以随时向老师提问，并迅速获得解答和指导。这种即时性的互动可以有效地解决学生的疑惑，帮助他们更好地理解知识和应用知识。同时，即时问答也促进了师生之间的密切联系和沟通，建立了良好的学习氛围和互动平台。

除了在线讨论和即时问答，数字化教学平台还提供了课堂投票、小组项目合作、在线测试等多种互动方式。通过课堂投票，老师可以实时了解学生对于课程内容的理解和接受程度，从而调整教学方法和内容。小组项目合作则可以促进学生之间的团队合作和协作能力。在线测试可以帮助老师评估学生的学习情况，及时调整教学进度和方式。

数字化教学平台提供的互动功能在促进师生互动和思想碰撞方面起到了积极的作用。这些功能使得教学变得更加灵活和多样化，增强了学生的参与性和学习体验。未来，随着技术的不断发展和应用，数字化教学平台的互动功能将进一步完善和创新，为教育教学带来更多的可能性和机遇。

（二）学习方式的灵活性

在数字化背景下，思政课教学可以实现线上线下结合，灵活安排教学时间和方式，这是当前高等教育面临的一个重要课题。随着信息技术的不断发展，线上线下结合的教学模式已经成为一种趋势，对于思政课教学来说也具有重要的意义和影响。下面我们来详细探讨这种教学模式对于思政课教学的意义和影响。

线上线下结合的教学模式拓展了思政课教学的空间和时间。传统的思政课教学主要依靠课堂授课和讨论，受到时间和地点的限制。而通过线上线下结合的教学模式，可以利用网络平台进行课程资料的发布、学生作业的布置和互动讨论等，打破了时间和空间的限制。比如，在线上平台上可以发布课程资料和视频讲解，学生可以根据自己的时间安排进行学习，而线下课堂则可以进行讨论和互动，加强学生之间的交流和思想碰撞。这种灵活的时间和空间安排，有利于提高学生的学习效率和参与度。

线上线下结合的教学模式丰富了思政课教学的教学手段和方式。传统的思政课教学主要以课堂授课和讨论为主，学生的学习主要依靠教师的讲解和指导。而通过线上线下结合的教学模式，可以引入更多的教学手段和方式，如在线课程、网络讨论、多媒体教学等，丰富了教学内容和形式。比如，在线上平台上可以设置在线测验和互动问答，帮助学生检测学习效果和提升学习兴趣，而线下课堂则可以进行小组讨论和案例分析，培养学生的批判性思维和问题解决能力。这种多样化的教学手段和方式，有利于激发学生的学习兴趣和积极性。

线上线下结合的教学模式促进了思政课教学的互动和交流。传统的思政课教学主要以教师为主导，学生的参与度相对较低。而通过线上线下结合的教学模式，可以实现师生之间、生生之间的互动和交流。比如，在线上平台上可以设置讨论区和在线问答，学生可以随时随地进行问题提问和讨论，而线下课堂则可以进行互动讨论和小组活动，增强了师生之间的沟通和理解。这种互动和交流的教学模式，有利于促进学生之间的合作学习和共同成长。

线上线下结合的教学模式对于思政课教学具有重要的意义和影响。它拓展了教学的空间和时间，丰富了教学的手段和方式，促进了教学的互动和交流。因此，思政课教学应该积极探索线上线下结合的教学模式，为学生提供更加丰富和多样化的学习体验和教学资源，促进学生成长成才。

二、教育数字化背景下高校思政课教学的具体特点

（一）多样化的教学内容形式

在教育数字化的时代背景下，高校思想政治理论课教学面临着新的挑战和机遇。其中，多样化的教学内容形式是教育数字化给思政课教学带来的一大特点。传统的教学方式主要以讲授和讨论为主，而随着网络技术的发展，教育资源得以数字化，教学内容也变得更加多样化。文字可以传达丰富的思想内容和理论观点，通过文字阅读，学生可以深入理解各种思想理论，拓展自己的知识面。此外，文字也是记录历史事件和思想演变的重要工具，通过阅读相关文献和著作，学生可以了解到不同时期不同领域的思想发展历程，从而形成自己的思想体系。

图片作为一种视觉形式的教学内容，在教育数字化中也得到了广泛应用。图片可以直观地展示历史事件、思想人物、社会现象等内容，帮助学生更好地理解和记忆相关知识。尤其是在讲解历史事件和思想理论时，通过展示相关图片，可以使抽象的概念变得具体和生动，提高教学效果。音频和视频作为更加直观和生动的教学形式，在教育数字化中得到了广泛应用。音频可以用来播放历史事件的录音、名人演讲的音频等，通过听觉方式让学生更加直观地感受到历史的魅力和思想的力量。视频则可以展示历史影像、学术讲座、专家访谈等内容，通过视觉和听觉的双重感受，让学生全方位地了解相关知识，提高学习的兴趣和效果。

（二）个性化的学习方式

在教育数字化的时代，个性化的学习方式成为高校思政课教学的一大特点。传统的课堂教学模式受时间和空间的限制，学生需要按照固定的时间和地点上课，而教育数字化则打破了这种限制，使得学习变得更加自由和个性化。在传统的课堂教学中，学生需要按照教师的安排来学习，可能存在学习效率低下的情况。而在教育数字化中，学生可以根据自己的学习习惯选择在最适合自己的时间学习，提高学习效率。

传统的课堂教学需要学生前往教室上课，受到交通和环境的限制。而在教育数字化中，学生可以选择在家里、图书馆或者其他地方进行学习，使得学习更

加便捷和舒适。传统的课堂教学主要以讲授和讨论为主，而在教育数字化中，学生可以通过阅读资料、观看视频、参与讨论等方式学习，满足了不同学生的学习需求和学习方式。

（三）互动性强的教学氛围

在当今教育数字化的背景下，高校思政课教学呈现出互动性强的教学氛围，这种教学模式为教学活动增添了新的活力和效果。传统的思政课教学方式受制于时间和空间的限制，教师往往是主讲者，学生是被动接受者。而在教育数字化的时代，互动性强的教学氛围成为一种主流趋势。通过在线讨论，教师和学生之间的互动更加频繁和直接。教师可以在线上提出问题，学生可以通过网络平台进行回答和讨论，从而促进了师生之间的互动和交流。这种互动方式打破了传统教学中课堂时间和空间的限制，使得师生之间的交流更加灵活和便捷。

通过互动问答，教师可以及时了解学生的学习情况和困惑，有针对性地进行教学引导。传统的思政课教学中，学生往往不太愿意提问，教师也很难了解到学生的实际学习情况。而在教育数字化的教学模式中，学生可以随时提出问题，教师也可以及时解答，有效地提高了教学效果。通过在线互动，学生之间也可以进行交流和讨论，促进了学生之间的合作与分享。在传统的课堂教学中，学生之间的交流受到时间和空间的限制，而在教育数字化的时代，学生可以通过网络平台进行交流和合作，共同探讨问题，提高了学习的效果和乐趣。

（四）教学资源共享化

在教育数字化的时代，教学资源共享化成为高校思政课教学的一大特点。传统的教学资源主要是由教师独自准备和使用，而在教育数字化的教学模式中，教师可以通过在线平台共享教学设计、课件等资源，实现了教学资源的共享和交流，提高了教学效率和质量。在传统的教学模式中，教师需要自行准备教学内容和教学材料，费时费力。而在教育数字化的教学模式中，教师可以通过网络平台获取到其他教师共享的教学资源，节省了准备教学资源的时间和精力。

教学资源共享化促进了教师之间的交流和合作。教育数字化平台不仅可以共享教学资源，还可以开展教学经验交流、教学方法探讨等活动，促进了教师之间的交流和合作，提高了教学水平和质量。教学资源共享化也使得学生能够获得更加优质的教学资源。通过教育数字化平台，学生可以获取到教师共享的教学设计、课件等资源，丰富了学习内容，提高了学习效果。

（五）实时反馈和评估

在当今数字化教育的时代，实时反馈和评估成为高校思政课教学的一大特点。传统的教学模式中，教师往往难以及时了解到学生的学习情况，无法及时进行教学调整和改进。而在教育数字化的教学模式中，教师可以通过在线平台实时监测学生的学习情况，及时进行反馈和评估，有效地提高了教学效果和质量。教育数字化可以实现对学生学习情况的实时监测。通过在线平台，教师可以了解到学生在学习过程中的表现，包括学习进度、学习态度、学习成绩等方面的情况。这种实时监测可以帮助教师及时发现学生学习中的问题，并及时进行教学调整和改进。

教师可以通过在线平台对学生的学习成绩和表现进行评估，及时发现学生存在的问题，并针对性地进行指导和辅导。这种实时评估可以帮助学生及时了解自己的学习情况，有针对性地进行学习调整，提高学习效果。教育数字化还可以实现对教学过程的实时监控和评估。教师可以通过在线平台了解到教学过程中的问题和困难，及时进行调整和改进教学方法，提高教学效果和质量。

（六）跨时空的学习环境

在教育数字化的时代，高校思政课教学呈现出跨时空的学习环境，这种学习模式打破了传统教学中的时空限制，为学生提供了更加开放和多元化的学习空间和视野。传统的教学模式中，学生和教师受限于时间和地点，只能在特定的时间和地点进行教学活动。而在教育数字化的时代，学生可以通过在线平台与全球范围内的学生和教师进行交流和学习，实现了跨时空的学习环境。教育数字化使得学生可以跨越时空限制与全球范围内的学生和教师进行交流和学习。通过在线平台，学生可以参与到全球范围内的学习活动和讨论中，与不同国家和地区的学生和教师进行互动和交流，拓展了学习的空间和视野，丰富了学生的学习体验。

跨时空的学习环境为学生提供了更加开放和自由的学习方式。传统的教学模式中，学生需要按照固定的时间和地点上课，受到时间和空间的限制。而在教育数字化的教学模式中，学生可以根据自己的时间和地点进行学习，自主安排学习计划，提高了学习的灵活性和自主性。跨时空的学习环境也为教师提供了更多的教学资源和合作机会。教师可以通过在线平台获取到全球范围内的教学资源，开展跨国合作项目，丰富了教学内容和方法，提高了教学质量和水平。

（七）教学内容的更新和维护

在数字化教育的时代，教学内容的更新和维护成为高校思政课教学的一大特点。传统的教学模式中，教学内容往往比较固定，更新和维护比较困难。而在数字化教育的教学模式中，教学内容可以方便地进行更新和维护，保持教学内容的新鲜和有效性。教师可以通过在线平台随时更新教学内容，根据教学需要和学生反馈及时调整和改进教学内容，保持教学内容的更新和质量。这种更新教学内容的方式可以使得教学内容与时俱进，符合学生的学习需求和教学要求。

传统的教学模式中，教学内容往往需要纸质教材或者课件来进行传递，一旦教学内容发生变化，就需要重新制作教材或者课件，费时费力。而在数字化教育的教学模式中，教学内容可以直接在在线平台上进行更新和维护，省去了重新制作教材或者课件的麻烦，保持了教学内容的新鲜和有效性。数字化教育平台还可以通过数据分析和评估，及时发现教学内容的问题并进行改进。教师可以通过在线平台获取到学生的学习数据和反馈信息，分析学生的学习情况和教学效果，及时发现教学内容的问题并进行调整和改进，提高了教学效果和质量。

（八）注重学生自主学习能力的培养

在教育数字化的时代，高校思政课教学注重培养学生的自主学习能力，这是数字化教育的一大特点。传统的教学模式中，教师往往是教学的主导者，学生是被动接受教育的对象。而在数字化教育的教学模式中，学生可以通过在线平台获取丰富多样的学习资源和工具，激发了学生的学习兴趣和主动性，培养了学生的自主学习能力。通过在线平台，学生可以获取到各种形式的学习资源，包括文字、图片、音频、视频等，丰富了学习内容，提高了学习效果。同时，教育数字化还提供了各种学习工具，如在线课程、学习社区、学习管理系统等，帮助学生更加方便地进行学习，激发了学生的学习兴趣和主动性。

通过在线平台，学生可以根据自己的学习节奏和习惯选择学习的时间和地点，自主安排学习计划，提高了学习的灵活性和自主性。同时，教育数字化还鼓励学生之间的合作学习，通过在线讨论、互动问答等方式，促进了学生之间的互动和合作，培养了学生的合作精神和团队意识。教育数字化还通过数据分析和评估，及时发现学生学习中的问题，并针对性地进行指导和辅导，帮助学生提高学习效果和成绩。这种个性化的学习方式和个性化的学习支持，有助于培养学生的自主学习能力，提高了学生的学习积极性和主动性。

第二节　当前高校思政课教学存在的问题和教学改革

一、教学方面存在的问题

教学中存在的问题是多方面的，可以从师资、教学内容、教学方法等方面来论述。师资方面可能存在老师水平参差不齐的情况，一些老师可能缺乏教学经验或者对教学内容了解不深入，导致教学效果不佳。教学内容可能过于陈旧或者不够贴近实际，不能满足学生的学习需求，缺乏吸引力和实用性。教学方法可能单一化或者不够灵活，不能满足不同学生的学习风格和节奏，导致学生学习效率低下。

针对这些问题，可以采取一系列措施进行改进。加强师资队伍建设，提高教师的专业水平和教学能力，鼓励教师参加教育培训和学术交流活动，不断提升教学水平。更新教学内容，结合时事和实践，使之更加生动有趣和实用性强，引导学生积极参与学习。多样化教学方法，采用多种教学手段和技术手段，如互动式教学、实践教学等，提高教学的灵活性和针对性，促进学生全面发展。

教学存在的问题需要从多个方面入手，通过不断改进和创新，提高教学质量，促进学生全面发展。

（一）教学内容问题

1. 内容单一化

在当前高校思政课教学中，存在着内容单一化的问题，表现为教学内容缺乏多样化和创新性，导致学生学习兴趣不高。这种情况在一定程度上影响了思政课的教学效果和学生的学习体验。因此，有必要对这一问题进行深入分析，并提出有效的改进措施，以促进思政课教学的多样化发展和提高学生的学习积极性。

内容单一化问题的存在主要源于教学内容的传统性和僵化性。在过去的思政课教学中，往往以传统的文本资料和讲述形式为主，内容主要集中在政治理论、思想历史等方面，缺乏新颖的教学内容和创新的教学手段。这种传统教学模式的局限性在于，不能满足学生对于多样化学习方式和丰富内容需求的期待，导致学生对思政课的学习兴趣不高，产生学习疲劳和抵触情绪。

内容单一化问题还与教师教学方法的单一性和局限性密切相关。一些思政课教师在教学过程中往往采用传统的讲授模式，过度依赖于教材内容和理论讲解，缺乏多元化的教学手段和活动设计。这种单一的教学方法容易导致教学内容的单一化，学生对于枯燥乏味的课堂内容缺乏兴趣和动力，影响了他们的学习效果和积极性。

教学资源的有限性也是导致内容单一化的原因之一。一些高校思政课教学缺乏丰富多样的教学资源，如数字化教学资源、实践教学案例等，限制了教学内容的多样化和创新性。同时，教师在教学过程中也面临资源匮乏、时间紧迫等挑战，难以充分发挥教学资源的作用，导致教学内容呈现单一化趋势。

针对内容单一化问题，需要采取一系列有效措施加以改进。教师在思政课教学中应注重多样化教学内容的设计和引入。可以通过引入实践案例、社会热点、专题讨论等方式，丰富教学内容，使其更加贴近学生的实际生活和学习需求。同时，还可以利用数字化教学资源，如网络课件、在线视频、数字图书等，拓展教学内容的形式和呈现方式，提高学生的学习兴趣和参与度。

教师应积极探索创新的教学方法和活动设计，打破传统的教学模式，提升教学效果。可以采用课堂互动、小组讨论、角色扮演等多种教学手段，激发学生的学习热情和积极性。同时，还可以组织学生参与社会实践、志愿服务等活动，促进学生的全面发展和思政素养提升。

高校还应加大对于思政课教学资源的投入和支持，提供丰富多样的教学资源和平台。可以建设数字化教学资源库，为教师提供丰富的教学素材和案例，帮助他们更好地设计和开展多样化的教学活动。同时，也可以加强对教师的培训和指导，提升他们的教学能力和创新意识，推动思政课教学内容的多样化发展。

内容单一化是当前高校思政课教学中存在的问题之一，需要采取有效措施加以改进。教师应注重多样化教学内容的设计和引入，积极探索创新的教学方法和活动设计，加大对教学资源的投入和支持，以促进思政课教学内容的多样化发展和提高学生的学习兴趣与积极性。

2. 知识与实践脱节

知识与实践之间的脱节是当今教育领域面临的一项严峻挑战。特别是在思想政治课程中，我们常常会发现课程内容与实际生活、职业发展之间存在明显的脱节现象。这种脱节不仅表现为课程内容与时代发展和社会需求不相适应，也反映了教育体系在培养学生实践能力和创新思维方面的不足。因此，我们需要深入探讨这一问题，并提出相应的解决措施，以更好地促进知识与实践的结合。

思政课程在内容设置上存在较大的问题，导致知识与实践脱节。传统的思政课程往往以理论知识为主，强调对于马克思主义理论、社会主义核心价值观等的传授和理解。随着社会经济的发展和科技进步，社会问题日益复杂多样，学生需要更多的实践能力和解决问题的思维方式。而现有的思政课程往往缺乏与时代发展和社会需求相适应的内容，过于理论化和抽象化，导致学生难以将所学知识应用于实际生活和职业发展中。

思政课程教学方法和手段相对单一，也是造成知识与实践脱节的原因之一。传统的思政课程教学主要采用讲授式教学和文字阅读等方式，重视知识的传授和记忆，而较少涉及到实践性强、能够促进学生思维和创新的教学方法和手段。这种教学方式使得学生难以将所学知识与实际问题相结合，缺乏对于问题的深入思考和解决能力。

思政课程的评价体系也存在问题，影响了知识与实践的结合。传统的思政课程评价主要以考试和论文等形式为主，重视学生对于知识的理解和记忆，而较少关注学生的实践能力和创新能力。这种评价体系导致学生在学习过程中更加注重应试技巧和死记硬背，而忽略了对于实际问题的思考和解决能力的培养。因此，评价体系的改革也是解决知识与实践脱节问题的关键之一。

为了解决知识与实践脱节的问题，我们可以采取一系列措施。首先是调整思政课程的内容设置，加强实践性教学内容的引入。可以通过案例分析、实地调研、项目设计等方式，让学生更加深入地了解社会现实和问题，并培养其解决问题的能力和创新思维。其次是创新思政课程的教学方法和手段，采用更加多样化和灵活的教学方式。可以借助互联网技术、教育游戏、实验实践等方式，激发学生的学习兴趣和参与度，提升教学效果和实践能力。同时，还需要改革评价体系，建立起更加符合现代教育理念和社会需求。

（二）教学方法问题

教学方式单一是当前思政课教学中一个显著存在的问题，主要以讲授为主，缺乏互动性和参与性，这对于学生的思政课学习和发展是不利的。传统的思政课教学往往以教师为中心，采用单一的教学方式，主要是通过课堂讲授来传递知识和观点。这种教学方式虽然在一定程度上能够传递知识，但往往缺乏足够的互动性和参与性，无法激发学生的学习兴趣和思考能力。因此，我们需要分析并探讨如何改变思政课教学方式的单一性，以提升教学效果和学生参与度。

思政课教学方式单一的问题在于缺乏足够的互动性。传统的思政课教学往往以教师为中心，学生主要是被动接受知识，课堂上的互动往往比较有限。教师主要是通过讲授来传递知识和观点，学生则是听讲和笔记。这种教学方式虽然能够传递知识，但往往缺乏师生之间的互动和交流，无法激发学生的学习兴趣和参与度。对于思政课这种注重思想性、理论性和人文性的课程来说，互动性是非常

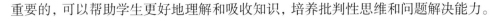

重要的，可以帮助学生更好地理解和吸收知识，培养批判性思维和问题解决能力。

思政课教学方式单一还表现在缺乏足够的参与性。传统的思政课教学往往以教师为主导，学生的角色比较被动，缺乏足够的参与性和主动性。学生主要是接受教师的讲解和指导，很少有机会参与到课堂讨论和互动中。这种教学方式虽然能够传递知识，但往往无法激发学生的学习兴趣和主动性，导致学生的思政课学习效果不佳。思政课作为一门注重思想性和人文性的课程，需要通过学生的参与和互动来达到更好的教学效果，培养学生的思辨能力和创新意识。

除此之外，思政课教学方式单一还存在着缺乏足够的实践性和应用性的问题。传统的思政课教学主要以理论知识的传授为主，较少涉及到实际问题和案例分析。这种教学方式往往使得学生难以将理论知识与实际生活相结合，缺乏对于理论知识的深入理解和应用能力。思政课教学应该注重理论与实践的结合，通过实际案例和问题分析，引导学生运用所学知识解决现实问题，培养学生的实践能力和创新能力。

针对思政课教学方式单一的问题，我们可以采取一系列措施来改进和丰富教学方式，以提升教学效果和学生参与度。可以通过引入多种教学手段和方式来丰富课堂教学内容，如小组讨论、案例分析、互动问答等，增加课堂互动和参与性。可以借助现代化教学技术，如网络教学平台、多媒体教学工具等，拓展教学空间和时间，提供更丰富的学习资源和互动平台。还可以通过组织实践活动和社会实践项目，引导学生将所学知识应用到实际问题中，培养学生的实践能力和创新意识。

思政课教学方式单一的问题需要引起足够的重视和关注。通过改进和丰富教学方式，增加课堂互动和参与性，提升教学效果和学生学习体验，才能更好地实现思政课教育目标，培养德智体美劳全面发展的社会主义建设者和接班人。

二、高校思政课教学改革探索

高校思政课的教学改革是当前教育领域的重要课题之一。为了更好地培养学生的思想品德和综合素质，高校思政课教学改革需要在多个方面进行探索。

思政课的内容应该与时俱进，结合时事热点和社会需求，引导学生关注国家发展、社会进步以及人类文明的前沿问题，培养学生积极的社会责任感和创新精神。

教学方法要多样化，采用互动式教学、案例分析、角色扮演等方式，激发学生的学习兴趣和参与度，使思政课更加生动有趣。

同时，还需加强教师队伍建设，培养一支具有理论水平高、教学经验丰富、富有激情和责任感的思政课教师队伍，他们不仅要有较高的学术造诣，还要有良好的教育教学能力和人文素养。

还应该注重评价机制的完善，建立科学的评价体系，综合考量学生的思想品德、学习态度、创新能力等方面，激励学生积极参与思政课学习。

高校思政课教学改革需要综合考虑内容、方法、师资和评价等方面的因素，不断探索适合当代高校特点和学生需求的教学模式，为培养德智体美劳全面发展的社会主义建设者和接班人做出积极贡献。

（一）课程内容创新

1.内容多样化

思政课教学中如何创新内容，增加多样化元素，提升学生学习兴趣和参与度是当前教育领域亟需解决的问题之一。随着社会发展和教育理念的更新，传统的思政课教学方式已经难以满足学生的需求和期待，需要更加注重内容多样化和创新性。因此，教师们需要积极探索和实践，以满足学生的学习兴趣和提升教学效果。

为增加多样化元素，可以在教学内容上进行创新。传统的思政课教学内容主要包括思想政治理论知识和相关案例分析，这种教学内容往往比较单一和枯燥，难以激发学生的学习兴趣和积极性。因此，教师可以通过创新教学内容，增加多样化元素，如引入跨学科的内容、结合当代热点问题分析、组织实地考察和调研等方式。比如，在讲解思想政治理论知识的同时，可以引入相关的历史事件、文学作品、艺术表现等，使得教学内容更加生动有趣，吸引学生的注意力和参与度。

可以运用多媒体技术和现代教育工具来增加多样化元素。随着信息技术的发展，多媒体技术已经成为教学中不可或缺的工具之一。教师可以利用多媒体技术制作教学 PPT、视频资料、动画展示等，使得教学内容更加形象生动，提升学生的学习兴趣和理解能力。同时，还可以利用现代教育工具如在线教学平台、教育 App 等，为学生提供个性化学习资源和互动平台，增强学生的学习体验和参与度。比如，在讲解理论知识的同时，可以通过播放相关视频、展示图片资料、组织在线讨论等方式，使得教学更加丰富多样，激发学生的学习兴趣和动力。

可以采用互动式教学方法增加多样化元素。传统的思政课教学往往以教师为中心，学生被动接受知识，缺乏互动和参与性。为此，教师可以尝试采用互动式教学方法，如分组讨论、角色扮演、案例分析、游戏化学习等。通过这些互动式教学方法，学生可以积极参与到教学活动中，提升了学生的学习兴趣和参与度。比如，在讲解具体案例时，可以组织学生进行小组讨论和角色扮演，让学生身临其境地分析问题和解决问题，增强了学生的理解和应用能力。

教师还可以利用社交化媒体和线上学习平台增加多样化元素。随着社交媒体的普及和发展，教师可以利用微信公众号、微博、在线教育平台等，与学生进行及时互动和交流。通过发布思政知识小结、提供学习资源、组织在线讨论等方式，增加学生对于思政课的关注度和参与度。同时，还可以利用线上学习平台进行课程设计和教学管理，为学生提供个性化学习路径和学习支持，提升学生的学习效果和体验。

为增加多样化元素，教师可以从教学内容创新、运用多媒体技术、采用互动式教学方法和利用社交化媒体等方面着手。通过这些措施，可以有效提升学生的学习兴趣和参与度，使得思政课教学更加生动有趣、丰富多彩，为学生的思想政治教育提供更好的服务和支持。

2. 实践结合

结合实践教学是思政课程提升教学内容实践性和实用性的有效途径。通过实践教学，学生可以将所学知识应用于实际生活中，增强学习的深度和广度，提高知识的运用能力。思政课作为一门旨在培养学生思维品质和道德素养的课程，其实践教学的设计和实施至关重要。本文将从实践教学的意义、实践教学的方法和实践教学的效果等方面进行分析，探讨思政课如何更好地结合实践教学，增强教学内容的实践性和实用性。

实践教学对于思政课程具有重要的意义。思政课程的目标不仅在于传授知识，更在于培养学生的思想品德和社会责任感。而实践教学可以帮助学生将抽象的理论知识与实际情境相结合，增强学生对知识的理解和运用能力。通过参与实践活动，学生可以亲身感受到知识的价值和实用性，增强对知识的认同感和学习动力。实践教学还可以培养学生的实际操作能力和解决问题的能力，使学生在实践中不断提升自己，为未来的发展打下坚实的基础。

实践教学的方法多种多样，可以根据不同的教学内容和教学目标进行灵活运用。首先是实地考察和实践活动。通过组织学生进行实地考察和实践活动，可以让学生亲身感受到知识的真实性和实用性。比如，可以组织学生参观社会公益机构、参与志愿服务活动等，让学生了解社会现状，增强社会责任感。其次是案例分析和问题解决。通过引导学生分析实际案例和解决实际问题，可以帮助学生将所学知识应用于实际情境中，培养学生的问题解决能力和创新意识。再次是社会实践和实习实训。通过组织学生参与社会实践和实习实训活动，可以让学生在实践中不断提升自己，增强社会适应能力和职业素养。最后是项目设计和实践实验。通过引导学生参与项目设计和实践实验，可以让学生在实践中不断探索和发现，培养学生的创新精神和实践能力。

实践教学的效果是显著的。一方面，实践教学可以增强教学内容的实践性和实用性，使学生更加深入地理解和掌握所学知识。比如，通过参与社会实践活动，学生可以将所学的道德理论知识应用于实际情境中，增强对道德规范的认同和遵守意识。实践教学可以提升学生的综合能力和素养水平，为学生的终身发展奠定基础。比如，通过参与项目设计和实践实验，学生可以培养自己的创新意识和实践能力，为未来的创业和就业打下坚实的基础。因此，思政课程应该更加注重实践教学的设计和实施，充分发挥实践教学在思政教育中的作用，促进学生全面发展。

实践教学是思政课程提升教学内容实践性和实用性的重要途径。通过实践教学，学生可以将所学知识应用于实际生活中，增强学习的深度和广度，提高知

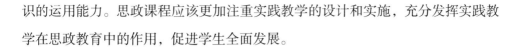

识的运用能力。思政课程应该更加注重实践教学的设计和实施，充分发挥实践教学在思政教育中的作用，促进学生全面发展。

（二）教学方法改进

教学方法的改进与多元化教学一直是教育领域的重要议题。在当今社会，思想政治课的教学方法如何改进，如何增加多元化教学手段，是教育工作者们需要认真思考和探讨的问题之一。

我们来看看思政课教学方法的现状与挑战。传统的思政课教学往往以讲授为主，内容单一，缺乏互动性和参与性，学生容易感到枯燥乏味，难以产生浓厚的学习兴趣。由于思政课的内容涉及广泛，涵盖哲学、政治、法律、经济等多个领域，如何将这些抽象而复杂的概念转化为学生易于理解和接受的形式，也是当前思政课教学方法需要解决的问题之一。

针对以上挑战，我们可以通过改进教学方法，增加多元化教学手段来提升思政课的教学效果和吸引力。可以引入案例分析法。通过真实案例的引入，可以使抽象的理论知识更加具体化和生动化，让学生在实际情境中进行思考和分析，增强他们的学习兴趣和参与度。比如，在讲解法律法规时，可以选取一些相关案例进行剖析，让学生了解法律的实际应用和意义。可以采用小组讨论的方式。将学生分成小组，让他们就某一话题展开讨论和交流，可以促进学生之间的互动和合作，培养他们的团队意识和解决问题的能力。可以引入互动讲座。邀请相关领域的专家学者来进行互动讲座，让学生与专家进行面对面的交流和互动，可以丰富思政课的教学内容，拓宽学生的视野和思维广度。

除了以上方法，还可以结合现代科技手段，如利用网络资源、多媒体教学等，来增加教学手段的多样性。比如，可以利用网络平台进行在线讨论和学习，让学生在课后进行思想碰撞和交流，可以利用多媒体教学手段，如 PPT、视频等，呈现丰富的教学内容，提升学生的学习体验和吸收效果。

改进思政课的教学方法，增加多元化教学手段，既可以提升教学效果，又可以激发学生的学习兴趣和参与度。教育工作者们需要积极探索和尝试，结合学生的实际情况和需求，不断优化教学内容和方式，推动思政课教学工作取得更好的成效。

第三节　国内外相关研究综述

一、国内研究学术史梳理

近年来，"高校思想政治理论课教学改革"已成为国内学术界一个新的研究热点。以知网为基本文献信息来源，以"教育数字化"和"高校思想政治理论课教学改革"为主题进行一级检索，截至到 8 月 25 日，检索出期刊文章共 362 篇，其中核心期刊和 CSSCI 期刊文章共 93 篇，硕博士论文共 8 篇。

关于教育数字化背景下高校思想政治理论课面临的机遇与挑战。赵俊和张澍军（2022）指出高校思想政治理论课教学改革在教育信息化 3.0 的影响下，面临前所未有的机遇，但也存在不少困境。唐晓勇等（2022）发现数字技术融入教学对改善教师的认知、情感、能力、行为等方面成效显著，但在主体能力、技术平台、环境培育中仍面临困境。黎博等（2023）指出数字教学资源有限、教师数字素养和信息技术能力不足、保障机制不够完善，成为高校思政课数字化转型的现实困境。同时，吴任慰等（2021）认为网络教学平台过度虚拟化致使思政教育情感交流缺失，网上存在海量教学资源而学生利用率不足，教学时空不断延展而教师难以全面适应教学信息化等问题突出。

关于教育数字化时代思想政治理论课教学改革设计思路研究。闫国华等（2022）主张利用蓬勃发展的教育技术来重构思想政治理论课教学方法体系。操菊华等（2023）指出要从算法的"利"与"弊"、思政课教学对象的"实"与"虚"、思政课教学要素的"主"与"辅"等多重视角加以审视。万力勇等（2022）认为人工智能所拥有的算法、数据、算力三大基石，可以为实现高校思想政治理论课精准教学提供了可能性和可行性。刘洋（2022）提出加强智慧思政平台建设是推动思想政治理论课数字化改革的需要。许慎（2019）指出数字媒体融合发展的背景下，应有目标地将媒体融合理念作用于思想政治理论课方法改革。

关于教育数字化背景下思想政治理论课具体教学模式研究。刘娜等（2023）主张关注和普及高校思想政治理论课智慧课堂线上教学模式。面对人工智能技术的飞速发展，崔建西和白显良（2021）提出构思新形态的智能思政模式。霍惠新（2020）提出要有效运用移动互联技术等新媒体新技术，开展有效的互动式教学。原琳（2020）提出要围绕立德树人根本任务，以五大发展理念为指导，构建思想政治理论课"探究式实践教学模式"，培养学生自主学习、自主探究的良好习惯，把思想政治教育贯穿教育教学全过程。除此之外，孙伟平等（2022）认为提升思政课的教学质量和育人效果，还可以综合运用媒体社交平台的思政课教学、专业化的思政学习平台、日益普及的虚拟仿真教学等。

二、国外研究学术史梳理

国外学校针对学生开展的道德教育或者公民教育活动，本质上与我国思想政治教育工作有着异曲同工之妙，最终目的都是服务于学生成长与发展。关于教育数字化视域下高校思想政治理论课教学改革的相关论证和研究，国外并没有直接提出这一说法，但其在道德教育课程进行研究的基础上，对网络迅速发展的产物给教育带来的影响、以 MOOC 为代表的数字化教育模式等展开研究。

关于道德教育课程的研究。Shivaun O 等（2023）认为道德教育课程能够鼓励学生对周围的世界进行有意义和批判性的反思，并侧重于平等、正义、可持续性和积极公民等问题。Zahra Jabal 等（2022）提到道德教育课程课程承载了无数的经验总结，每一个个体都被吸纳到教育环境里面，并且可以从这个教育环境中获取所需的道德经验，据此来解决日常所遇到的道德困惑、道德问题。Elisa Navarro Medina（2021）基于对比分析发现，欧洲诸国的道德教育教育形式多样，课程设置或以选修、必修的形式单独呈现，或将其作为附加内容与其他学科相结合，以融合教学的形式来开展。

关于数字技术对教育的影响研究。美国社会学家 Manuel Castells（1996）从全球化视域剖析信息技术革命对国家各方面发展的重大作用，认为互联网给政治提供了可选择的更方便的交流工具。其中，电子邮件就是开展政治宣传与互动的一种重要手段。美国学者 Harskamp（2005）提出网络的出现与普及使得思想教育有了更丰富的教学资源和更多样的教学手段，教育活动知识性和科学性更高。

Jianjing Qu 等（2021）指出社交机器人或聊天机器人、同事机器人（柯比特）等人工智能技术对教育具有优势特点和有利影响。

关于教育数字化模式的研究。主要以慕课教育为代表。慕课教育（简称MOOC）是近年来涌现出来的一种大规模开放式在线课程，最早可追溯到 20 世纪 60 年代初期。彼时美国著名系统理论家巴克敏斯特·富勒提出"产业领域教育技术"这一概念，赋予慕课教育新生命。1962 年美国发明家道格拉斯·恩格尔巴特在相关研究中指出，要结合人类、计算机以及网络三方力量，让信息能够大规模共享。随后，美国以 MOOC 为代表的"信息化＋教育"模式获得大量用户青睐。Maree Farrow 等（2023）指出，慕课是实现在线学习过程的重要组织方式，在线技术和共享技术使慕课能够实现学习资源的自适应调度，以及学习序列的自主构建。在 MOOC 等在线课程蓬勃发展的同时，迈克尔·霍恩和希瑟·斯泰克（2015）提到基于实体校园和在线学习，构建一种混合式学习模式，以颠覆式创新推动教育革命。

三、研究动态述评

综上所述，国内外学者关于教育数字化背景下思想政治理论课教学改革的相关研究已取得丰硕成果，都为本课题提供了直接或间接的理论基础。但目前学术成果仍然存在不足之处，基于不同课程，选择性运用数字技术开展弹性教学的研究不足，具体的行而有效的方法研究较少。时代发展变革速度加快，思想政治理论课的教学方式、呈现形式也都不是一成不变的。就当下境遇而言，我们应当在积极探索转变教学形式，创新课堂形式，革新教学话语的同时，更多地基于教育数字化时代所赋予的动力支撑，剖析当前思想政治理论课教学面临的困境，有的放矢，从而解决我们当前乃至今后思想政治理论课教学工作因需而改、因势而新的问题。

第四节　教育数字化对高校思政课教学的影响分析

一、教育数字化实现了高校思政课教学方式和手段的多样化

教学方式和手段的多样化对于提高教学质量和促进学生全面发展非常重要。多样化的教学方式包括但不限于讲授式教学、讨论式教学、实验式教学、案例式教学、项目式教学等，而多样化的教学手段则包括利用多媒体技术、互动式教学工具、在线教学平台等。

多样化的教学方式能够满足不同学生的学习风格和需求。有些学生喜欢通过听讲授来获取知识，有些学生更喜欢通过讨论和互动来深入理解，而有些学生则倾向于通过实验和实践来掌握知识和技能。因此，采用多种教学方式可以更好地满足学生的学习需求，提高他们的学习兴趣和积极性。

多样化的教学手段可以增加教学的趣味性和互动性。利用多媒体技术可以丰富教学内容，使之更加生动有趣，互动式教学工具可以促进师生互动和学生之间的交流合作，在线教学平台则可以拓展教学空间，实现线上线下结合，提高教学的灵活性和便捷性。

教学方式和手段的多样化有助于激发学生的学习热情和创造力，提高教学效果和教学质量。教师应该根据实际情况合理选择和组合不同的教学方式和手段，灵活运用，使教学更加丰富多彩，更好地促进学生全面发展。

（一）网络教学平台

1. 多媒体教学

思政课教学的数字化技术应用是当前教育领域的一大趋势，利用多媒体教学手段提升教学效果、增强学生学习体验已经成为许多高校教学改革的重要内容。数字化技术的广泛应用不仅可以丰富教学内容，还能够激发学生的学习兴趣，提

升教学效果。在思政课教学中，数字化技术的应用可以体现在多个方面。

数字化技术可以通过多媒体教学手段丰富教学内容，提升教学效果。比如，可以利用幻灯片、动画、视频等多媒体资源，直观地展示思政课程中的重要理论知识和实践案例，使得抽象的理论内容更加生动形象，容易被学生理解和接受。通过多媒体教学手段，教师可以将思政课的教学内容变得更加具体、具象化，有助于激发学生的学习兴趣，提高他们对于课程内容的理解和记忆。

数字化技术可以实现教学资源的共享和互动。通过网络平台和在线教学工具，教师可以分享和利用各种教学资源，如课件、视频、文献资料等，为学生提供更加丰富和多样化的学习资源。同时，学生也可以通过网络平台进行在线学习和讨论，参与到教学活动中来，实现教师和学生之间的互动和交流。这种数字化技术的应用有利于拓展教学空间，打破时间和地域的限制，提升教学的灵活性和效率。

数字化技术还可以促进思政课教学的个性化和差异化。通过学习管理系统和智能化教学工具，教师可以对学生的学习情况进行实时监测和评估，了解每个学生的学习进度和水平。基于学生的个性化需求和学习特点，教师可以针对性地调整教学策略和内容设置，为学生提供个性化的学习支持和指导，提升教学的针对性和效果。

数字化技术还可以提升学生的学习体验和参与度。比如，可以利用虚拟实验室、在线模拟演练等技术手段，让学生在虚拟环境中进行实践操作和体验，增强他们的学习体验和实践能力。同时，还可以利用在线互动平台和社交媒体工具，组织学生参与到讨论、辩论、分享等活动中来，促进学生之间的交流和合作，提升他们的学习积极性和参与度。

总体来说，数字化技术在思政课教学中的应用具有重要的意义和价值。通过多媒体教学手段丰富教学内容，实现教学资源的共享和互动，促进教学的个性化和差异化，提升学生的学习体验和参与度，可以有效地提升思政课程的教学质量和效果，为学生思想道德素养的培养奠定良好基础。因此，高校应积极推动数字化技术在思政课教学中的应用，不断探索和创新教学模式，为思政课程的发展注入新的活力和动力。

2. 虚拟现实与增强现实

虚拟现实（VR）和增强现实（AR）技术在思政课教学中具有巨大的潜力和应用前景。这些技术可以创造沉浸式学习环境，提升学生的学习动力和参与度，使得思政课教学更加生动、具体和有效。通过结合虚拟现实和增强现实技术，我们可以打造出更加丰富、互动性强的教学场景，激发学生的学习兴趣和创新思维。

虚拟现实技术在思政课教学中的应用可以创造沉浸式学习环境。通过虚拟现实技术，我们可以将学生置身于虚拟的学习场景中，如历史事件的再现、社会问题的模拟等，使得学生能够身临其境地感受和体验相关事件和情境。可以利用虚拟现实技术再现中国革命历史的场景，让学生亲身感受那段历史的波澜壮阔，增强学生对于历史事件的认知和理解。这种沉浸式学习环境有助于提升学生的学习体验和记忆效果，增强学生对于学习内容的感知和理解。

增强现实技术在思政课教学中的应用也具有重要意义。通过增强现实技术，我们可以在现实场景中叠加虚拟信息，创造出更加丰富和生动的学习体验。可以利用增强现实技术在校园内设置虚拟标识，学生通过扫描二维码或者使用 AR 眼镜等设备，可以获取相关的学习资料、视频解说等内容，增强学生对于学习内容的互动性和实用性。这种互动式的学习方式有助于提升学生的学习动力和参与度，使得思政课教学更加具有吸引力和有效性。

虚拟现实和增强现实技术还可以用于思政课教学中的模拟实验和角色扮演。通过虚拟现实技术，可以模拟出各种社会场景和问题情境，让学生扮演相关角色进行互动和探索。可以模拟社会管理的场景，让学生扮演政府官员、企业家、普通市民等角色，通过互动和决策，感受不同角色的责任和挑战，培养学生的综合素质和问题解决能力。这种模拟实验和角色扮演有助于将抽象的理论知识转化为具体的行动和体验，促进学生的思维发展和创新意识。

虚拟现实和增强现实技术在思政课教学中具有巨大的潜力和应用前景。通过创造沉浸式学习环境、增强学生的学习动力和参与度，这些技术可以使得思政课教学更加生动、具体和有效。未来，随着技术的不断发展和应用，我们可以期待更多更好的虚拟现实和增强现实技术应用于思政课教学中，为学生的综合素质提升和思想道德素养培养做出更大的贡献。

（二）学习资源和内容的丰富化

数字化教育的发展为思政课教学资源的丰富化提供了新的机遇和可能性，特别是通过网络获取丰富的教学资料和案例，进一步丰富了思政课的教学内容和教学资源。网络资源的获取不仅拓展了教学内容的广度和深度，还提供了更多的案例和实例，有利于增强学生的学习体验和思考能力。让我们来详细分析数字化教育对思政课教学资源的影响以及如何通过网络获取丰富的教学资源和内容。

数字化教育对思政课教学资源的影响在于拓展了教学内容的广度和深度。传统的思政课教学主要以教师授课和课堂讨论为主，教学内容相对单一，往往局限于课本内容和教师的知识范围。而通过数字化教育，教师可以利用互联网和数字化资源平台获取丰富的教学资料和案例，拓展教学内容的广度和深度。比如，可以通过网络获取最新的研究成果、学术论文、专家讲座等资料，为学生提供更多的学习资源和参考资料，丰富了教学内容，满足学生不同层次的学习需求。

数字化教育对思政课教学资源的影响在于提供了更多的案例和实例。思政课作为一门注重实践性和应用性的课程，需要通过案例分析和实例讲解来引导学生理解和应用理论知识。传统的思政课教学往往局限于教师的个人经验和案例，很难涵盖各个领域和行业的实际问题。而通过数字化教育，教师可以利用网络平台和资源库获取丰富的案例和实例，如社会热点事件、历史文化案例、伦理道德问题等，为课堂教学提供更多的实例和案例，帮助学生更好地理解和应用所学知识。

数字化教育还为思政课教学提供了更多的教学工具和技术支持。教师可以利用数字化工具和技术，如多媒体教学、在线课程设计、互动问答等，增强课堂教学的趣味性和互动性，提高学生的学习参与度和积极性。比如，可以通过多媒体教学展示图片、视频、音频等素材，生动形象地呈现教学内容，激发学生的学习兴趣和思考能力，还可以利用在线课程设计和互动问答等方式，促进师生互动和学生参与，提升教学效果和学生学习体验。

数字化教育还提供了更多的学习平台和资源共享机制。通过网络平台和在线教育资源库，教师可以与其他教师和学校进行资源共享和合作，获取更丰富的教学资源和内容。同时，学生也可以利用网络平台进行学习资料的获取和共享，拓展了学习资源的获取渠道和途径。这种学习平台和资源共享机制有利于教学资源的丰富化和共享化，提高了教学效果和学生学习体验。

数字化教育对思政课教学资源的影响是多方面的，包括拓展教学内容的广度和深度、提供更多的案例和实例、增强教学工具和技术支持、提供学习平台和资源共享机制等。通过网络获取丰富的教学资源和内容，有利于提高思政课教学的质量和效果，促进学生的全面发展和素质提升。因此，教师和学校应积极借助数字化教育的优势，丰富思政课教学资源，提升教学质量和学生学习体验。

二、教育数字化下高校思政课教学面临的挑战与应对措施

教育数字化对高校思政课教学带来了新的挑战和机遇。面对这些挑战，我们需要采取一系列应对措施。

数字化技术的广泛应用改变了学习方式，学生更倾向于通过网络平台获取信息和知识。因此，我们需要利用教育技术手段，设计互动性强、生动有趣的思政课内容，吸引学生的注意力并提高他们的参与度。

数字化教学平台提供了更多的学习资源和工具，但也需要教师具备相应的技术操作能力和教学设计能力。因此，高校应该加强教师的信息化教育培训，提升其数字化教学水平，更好地应对数字化教学的挑战。

数字化教学也带来了个性化学习的可能性，可以根据学生的学习特点和需求，量身定制教学内容和教学方式，提高教学效果。因此，我们需要积极探索数字化教学的个性化应用，为学生提供更优质的学习体验。

教育数字化为高校思政课教学带来了新的发展机遇，但也需要我们积极应对其中的挑战，不断创新教学理念和方法，提升教学质量，推动高校思政课教育的持续发展。

（一）教师教学能力与角色的转变

1. 数字素养培养

教育数字化的快速发展对思政课教师提出了新的要求和挑战，尤其是在培

养教师的数字素养和提升技术应用能力方面。数字素养是指个体在数字环境中获取、理解、评估和利用信息的能力，是教育数字化时代教师必备的基本素养之一。教师需要不断学习和适应新的技术和工具，运用数字化手段提升教学效果和教学质量，同时面临着培养数字素养的挑战和困难。

教育数字化要求思政课教师具备较高的数字素养。数字素养不仅仅是掌握一些基本的数字技术操作，更重要的是能够运用数字技术解决教学实践中的问题，提升教学效果和学生学习成效。思政课教师需要具备较高的信息搜索、筛选、整理和评估能力，能够利用网络资源和数字工具开展教学活动，设计和开发数字化教学内容，激发学生的学习兴趣和参与度。这对于传统思政课教师来说是一个新的挑战，需要不断学习和积累经验，提升自己的数字素养水平，以适应数字化教育的发展需求。

教育数字化要求思政课教师提升技术应用能力。随着信息技术的不断发展和普及，各种数字化教学工具和平台不断涌现，如在线教学平台、教育 App、虚拟现实技术等。思政课教师需要熟练运用这些技术工具，将其应用于教学实践中，提升教学效果和学生学习体验。利用在线教学平台开设线上思政课程，提供在线课件、讨论区、作业提交等功能，增加学生学习的灵活性和便捷性，利用虚拟现实技术创建沉浸式学习环境，增强学生的学习体验和参与度。这就要求思政课教师不仅要掌握传统的教学方法，还要学习和应用新的技术手段，不断提升自己的技术应用能力，以适应数字化教育的发展趋势。

教育数字化还要求思政课教师具备在线教学和远程教育的能力。随着信息技术的发展，远程教育和在线教学已成为教育领域的新趋势，尤其在面对疫情等突发情况时，远程教育的重要性更加凸显。思政课教师需要具备在线教学的技能和经验，能够熟练运用在线教学平台进行课程设计、教学管理和学生评估，保证线上教学的教学质量和效果。同时，还需要灵活运用各种在线教学资源和工具，如网络课件、在线测试、教学视频等，丰富教学内容，提升教学效果。这对于思政课教师来说是一项新的挑战，需要积极学习和适应新的教学模式和方法，提升自己的在线教学能力。

教育数字化对思政课教师提出了新的要求和挑战，需要教师不断学习和适应新的技术和工具，提升自己的数字素养和技术应用能力。教师需要灵活运用各种数字化教学工具和平台，设计和开发数字化教学内容，提升教学效果和学生学习体验，以适应数字化教育的发展需求。只有不断提升自己的能力和素养，才能更好地开展思政课教学工作，为学生的思想政治教育提供更好的服务和支持。

2. 教学方法创新

数字化教育的发展对思政课教学方法提出了新的创新要求，需要教师采用更加互动式、个性化的教学方式来适应学生的学习需求和教育环境的变化。随着科技的进步和数字化技术的普及，传统的思政课教学模式面临着挑战和改革的压力，需要不断创新教学方法，提升教学效果和学生满意度。

数字化教育要求思政课采用更加互动式的教学方式。传统的思政课教学模式往往以讲授为主，学生主要是被动接受知识。而数字化教育则强调学生的参与和互动，鼓励学生积极思考和表达，培养学生的批判性思维和创新能力。因此，教师可以通过组织讨论课、小组活动、案例分析等方式，引导学生参与课堂，分享观点和看法，促进师生之间的互动和交流。比如，可以使用在线讨论平台或社交媒体工具，让学生在课后继续讨论和交流，扩大思想碰撞的范围，促进思维的碰撞和火花的迸发。

数字化教育要求思政课采用更加个性化的辅导方式。传统的思政课教学模式往往是统一的授课和考核，忽视了学生个体差异和学习特点。而数字化教育则强调个性化教育，注重满足学生的个性化学习需求，提供个性化的学习支持和辅导。因此，教师可以通过个性化学习平台、在线诊断工具等方式，了解学生的学习情况和学习兴趣，针对性地设计教学内容和教学活动，提供个性化的学习资源和学习建议。比如，可以根据学生的学习水平和学习风格，设计不同难度和形式的作业，提供个性化的辅导和指导，帮助学生更好地掌握知识和提升能力。

数字化教育要求思政课采用更加多样化的教学资源和工具。传统的思政课教学模式往往依赖于教师的讲授和教材的使用，缺乏多样化的教学资源和工具。而数字化教育则提供了丰富多样的教学资源和工具，如网络课程、教学视频、教

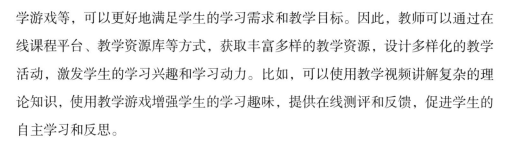

学游戏等，可以更好地满足学生的学习需求和教学目标。因此，教师可以通过在线课程平台、教学资源库等方式，获取丰富多样的教学资源，设计多样化的教学活动，激发学生的学习兴趣和学习动力。比如，可以使用教学视频讲解复杂的理论知识，使用教学游戏增强学生的学习趣味，提供在线测评和反馈，促进学生的自主学习和反思。

数字化教育对思政课教学方法提出了新的创新要求，需要教师采用更加互动式、个性化的教学方式，提供丰富多样的教学资源和工具，以满足学生的学习需求和教育环境的变化。教师应该不断创新教学方法，提升教学效果和学生满意度，推动思政课程的发展和进步。

（二）学生学习方式和习惯的改变

数字化教育的兴起对学生的学习方式和学习习惯产生了深远影响，其中包括满足学生个性化学习需求和培养学生自主学习能力。这种影响在当今信息化社会尤为显著，数字化教育的发展不仅提供了更多元化的学习资源和工具，也促使学生在学习过程中逐渐形成了新的学习方式和习惯。

我们可以看到数字化教育对学生学习方式的改变。传统的学习方式往往依赖于教师授课和纸质教材，学生的学习主要在课堂上进行。而随着数字化教育的普及，学生可以通过网络平台获取到更丰富、更多样的学习资源，如在线课程、视频教学、电子书籍等。这种多样化的学习资源为学生提供了更广阔的学习空间和选择范围，使他们能够根据自己的兴趣和需求进行学习，从而满足了个性化学习需求。

数字化教育也对学生的学习习惯产生了积极影响。在传统教育中，学生可能会形成依赖性较强的学习习惯，只在教师的指导下进行学习，缺乏自主性和主动性。而数字化教育则鼓励学生更加自主地进行学习，他们可以根据自己的时间安排和学习节奏，在线学习平台上自由选择学习内容和学习方式，这种自主学习的模式有助于培养学生的自主学习能力和自我管理能力。他们需要学会制定学习计划、管理学习时间、解决学习问题，这些都是培养学生全面发展所必须的素质。

除了个性化学习需求和自主学习能力的培养，数字化教育还带来了更加灵活和便捷的学习方式。学生可以通过电子设备随时随地进行学习，无论是在家中、图书馆还是在公共场所，都可以轻松获取到学习资源并展开学习。这种灵活的学习方式有助于减轻学生的学习压力，提高学习的效率和效果。

数字化教育也面临一些挑战和问题。学生可能会过度依赖网络资源，忽视了传统教育的重要性，由于网络平台的广泛使用，学生可能面临着信息过载的问题，难以有效地筛选和利用学习资源。因此，教育者需要在推广数字化教育的同时，引导学生正确地利用数字化教育资源，培养良好的学习习惯和学习方法。

数字化教育对学生学习方式和学习习惯产生了显著影响，满足了学生个性化学习需求，培养了学生的自主学习能力，并提供了更加灵活和便捷的学习方式。这种影响有助于促进学生的全面发展和提升学习效果，但同时也需要教育者和学生共同努力，合理利用数字化教育资源，不断优化学习方式和习惯，实现教育的可持续发展。

第二章　基于教育数字化的高校思政课教学改革理念

第一节　教育数字化对思政课教学改革的启示

一、教育数字化下思政课教学改革面临的挑战

教育数字化对思政课教学改革带来了一系列挑战。教学内容的更新和扩展是挑战之一。数字化时代信息爆炸，涉及政治、经济、文化等领域的知识日新月异，教师需要不断更新课程内容，保持教学内容的时效性和前瞻性。

教学方法的创新与应用是挑战之二。教育数字化需要教师熟练运用各类教学技术和工具，如在线教学平台、虚拟现实技术等，设计并实施互动性强、生动有趣的教学活动，激发学生的学习兴趣和积极性。

个性化教学和学习评估是挑战之三。教育数字化提供了更多个性化学习的可能性，但也需要教师具备针对不同学生进行个性化教学的能力，并借助智能化技术进行学习评估和反馈，以实现教学的差异化和优化。

信息安全和教学质量保障是挑战之四。教育数字化涉及大量的信息传输和存储，需要保障学生个人信息和教学内容的安全性，同时，还需要确保教学质量和效果，避免数字化工具的滥用或影响教学效果。

总体来说，教育数字化为思政课教学改革提供了新的机遇和可能性，但也需要教育者克服诸多挑战，不断探索创新，推动思政课程的数字化转型与发展。

（一）技术与设备支持

1.技术更新与维护

技术更新与维护是数字化教育平台管理中的关键环节。随着数字化教育的

迅速发展，教育机构需要及时跟进技术更新速度，同时做好教学设备的维护工作，以确保教学过程的顺利进行和教育质量的提升。

技术更新的速度在数字化教育平台中显得尤为迅猛。新的技术不断涌现，教育机构需要及时关注并采用最新的技术，以提升教学效果和教育质量。随着人工智能、虚拟现实等技术的发展，教育领域也出现了智能化教学系统、虚拟实验室等新的教学工具和平台。这些新技术的应用，可以使教学更加生动有趣，提升学生的学习积极性和参与度。因此，教育机构需要及时更新技术，引入新的教学工具和平台，以适应数字化教育的发展需求。

教育机构需要重视教学设备的维护工作。随着技术的更新，教学设备也在不断更新和升级，如电子白板、多媒体投影仪、教学电脑等。这些设备对于教学过程起着重要作用，如果设备出现故障或者老化，将严重影响教学质量和教学效果。因此，教育机构需要建立健全的设备维护机制，定期检查和维护教学设备，及时处理设备故障和问题，确保设备的正常运行和教学的顺利进行。

教育机构还应加强教师的技术培训和能力提升。随着技术的更新，教师需要不断学习和掌握新的技术知识，以适应数字化教育的发展需求。教育机构可以组织各种形式的培训活动，如线上培训课程、技术交流会议等，帮助教师了解最新的教学工具和平台，提升教师的技术应用能力和数字素养水平。同时，还可以建立教师技术支持团队，为教师提供技术咨询和支持服务，解决教学中遇到的技术问题和困难。

技术更新与维护是数字化教育平台管理中不可或缺的环节。教育机构需要及时关注技术的更新动态，引入新的教学工具和平台，提升教学效果和教育质量，同时，也要重视教学设备的维护工作，保证设备的正常运行和教学的顺利进行，还要加强教师的技术培训和能力提升，帮助教师适应数字化教育的发展需求。只有做好技术更新与维护工作，才能推动数字化教育的健康发展，为学生提供更好的教育服务。

2. 教学设备普及

数字化教学设备在学校中的普及情况是当前教育领域关注的重要议题。面对数字化教学的快速发展，学校需要不断提升数字化设备的普及率，以解决教育数字鸿沟问题，确保所有学生都能享受到数字化教学带来的便利。现实中存在着不少挑战和问题，如设备成本高昂、维护困难、师生技术素养不足等，这些都需要综合施策，共同推动数字化教学设备的普及和应用。

学校应该加大对数字化教学设备的投入和支持。数字化教学设备的普及离不开资金的支持，学校需要积极申请政府拨款、争取社会捐赠等方式，增加数字化设备的采购和更新。学校还可以通过引入先进的设备租赁模式、采用设备共享方案等方式，降低设备成本，提升普及率。同时，学校还应该注重设备的维护和管理，建立健全的设备维护体系，确保设备的正常运行和长期使用。

学校需要加强对教师和学生的数字化技术培训。数字化教学设备的普及不仅需要设备本身的支持，更需要教师和学生具备相关的技术素养和应用能力。因此，学校可以通过开展专业的培训课程、举办数字化教学案例分享会等方式，提升教师的数字化教学能力和创新意识，引导他们更加灵活地运用数字化设备进行教学。同时，学校还可以组织学生参加数字化技术竞赛、开展数字化课程设计比赛等活动，培养学生的数字化创新能力和实践能力，提高他们对数字化教学设备的使用熟练度和兴趣度。

学校还应该注重数字化教学设备的整合应用和优化升级。数字化教学设备的普及不仅仅是简单地采购设备，更需要设备之间的有效整合和优化升级，提升教学效果和用户体验。因此，学校可以引入智能化的设备管理系统，实现设备之间的互联互通，方便教师和学生的使用和管理。同时，学校还应该关注数字化教学设备的技术更新和升级，及时引入新的技术和功能，提升设备的性能和用户体验，促进数字化教学的持续发展和进步。

学校还可以借助政策支持和行业合作，推动数字化教学设备的普及和应用。政府可以加大对教育数字化的政策支持，出台相关激励政策和优惠政策，鼓励学校和企业共同投入数字化教育领域，推动数字化设备的研发和推广。同时，学校可以与数字化教育企业合作，共同开展数字化教学设备的研发和应用，共享资源和技术，促进数字化教学设备的普及和发展。

数字化教学设备在学校中的普及情况需要学校、政府、企业等多方共同努力。学校需要加大对数字化设备的投入和支持，加强对教师和学生的技术培训，注重设备的整合应用和优化升级。政府可以提供政策支持和激励措施，鼓励学校和企业共同推动数字化教育的发展。只有通过多方合作，共同推动数字化教学设备的普及和应用，才能确保所有学生都能享受到数字化教学带来的便利，缩小教育数字鸿沟，促进教育均衡发展。

（二）教学内容与质量保障

保障教学内容的丰富性和准确性是数字化教学中至关重要的一环，尤其在思政课这样涉及哲学、政治、法律等多个领域的教学中更为显著。数字化教学的优势在于可以提供更广泛、更深入的学习资源，但同时也需要注意确保这些资源符合思政课的教学目标和要求，不仅要丰富内容，还要保证准确性。

数字化教学带来了内容丰富的机会。学生可以通过在线教育平台、网络课程等途径获取到丰富多样的学习资源，包括视频讲座、电子书籍、网络资料等。这些资源涵盖了各个层面的知识和观点，为学生提供了更广泛的学习选择和学术视野。教师可以利用这些资源设计多样化的教学内容，引导学生全面了解和思考思政课的核心内容，培养他们的综合分析能力和批判性思维。

教学内容的丰富并不意味着教学质量的提高，准确性才是关键。教育者需要审慎选择和整合数字化教学资源，确保其符合思政课的教学目标和要求。教学内容应当具有权威性和学术性，来源可靠、内容严谨，能够反映学科领域的最新研究成果和观点。教学内容应当具有启发性和开放性，能够引发学生的思考和讨论，促进他们对社会、政治等问题的深入了解和思考。教学内容应当具有多样性和包容性，涵盖不同观点和思想，鼓励学生接触和思考不同的思想体系，培养他们的包容性和多元思维。

为了确保教学内容的准确性和质量，教育者可以采取一系列措施。建立健全的内容审核机制，对数字化教学资源进行严格审查和评估，确保其符合学科规范和教学要求。加强教师培训和指导，提升教师对数字化教学资源的使用能力和教学设计能力，引导他们合理利用资源，设计高质量的教学内容。积极利用专业平台和资源库，如学术数据库、在线期刊等，获取高质量的学术资源，为教学提供可靠的支持和依据。

除了内容的准确性外，还需关注教学过程中的互动性和反馈机制。数字化教学可以通过在线讨论、网络问答等方式促进师生之间的互动和交流，及时获取学生的反馈和意见，调整教学内容和方式，提高教学效果和学生满意度。

保障教学内容的丰富性和准确性是数字化教学中的关键环节，尤其在思政课这样的重要课程中更为重要。教育者需要审慎选择和整合教学资源，建立健全的审核机制和反馈机制，提升教师的教学设计能力和数字化教学技能，共同推动数字化教育的发展，为学生提供更优质的教学体验和学术成长空间。

一、教育数字化对思政课教学改革带来的启示

数字化技术可以丰富教学内容。思政课注重传授理论知识和培养学生思想素养，数字化技术可以提供丰富的教育资源，如在线课程、数字图书馆、教学视频等，使得教学内容更加多样化和生动化。

数字化手段有助于创新教学方法。传统的思政课教学模式单一，数字化手段可以引入互动式教学、虚拟实验、在线讨论等教学方式，激发学生的学习兴趣和参与度，提高教学效果。

数字化教学可以促进个性化学习。通过教育大数据分析和智能化教学系统，可以根据学生的学习特点和需求，量身定制学习路径和内容，帮助每个学生实现个性化学习目标。

数字化教学还可以促进教学评价的科学化。通过在线测试、学习情况监测等方式，可以及时了解学生的学习情况和问题，为教师提供有效的反馈和改进建议，实现教学过程的动态调整和优化。

教育数字化为思政课教学改革提供了丰富的启示，包括丰富教学内容、创新教学方法、个性化学习和科学化评价等方面。通过充分利用数字化技术手段，可以推动思政课教学向更加现代化、个性化和高效化的方向发展。

（一）创新教学模式

1.多媒体教学手段的运用

数字化技术在思政课程中的运用，特别是多媒体教学手段的引入，为教学

内容的丰富和教学效果的提升提供了有力支持。通过视频、音频、动画等多媒体形式的运用，思政课程得以以更加生动、直观的方式呈现，进而激发学生的学习兴趣和参与度。

视频作为一种重要的多媒体形式，在思政课程中有着广泛的应用。教师可以利用视频资源展示历史事件、社会现象、思想理论等内容，通过生动的画面和声音让学生更加深入地理解和感受教学内容。可以播放相关历史视频片段来介绍历史事件的背景和影响，或者播放专家学者的演讲视频来阐述重要理论观点，这些都能够有效地激发学生的兴趣和好奇心，增强他们对于课程内容的理解和记忆。

音频也是思政课程中常用的多媒体形式之一。通过录制或引用专业的音频资源，可以为思政课程增加更多元化的教学内容。比如，可以录制讲解性的音频课件，让学生在听觉上更加集中地接受知识，也可以利用音频资源播放相关历史事件的音频记录或专家学者的讲座，增强学生对于课程内容的感受和理解。音频形式的运用可以提供更加丰富的学习体验，让学生在听觉上得到充分的满足。

动画是另一种具有生动表现力的多媒体形式，在思政课程中同样可以发挥重要作用。通过制作或引用精美的动画资源，可以将抽象的思想理论转化为形象化的图像，让学生通过视觉感知更好地理解和接受知识。可以制作关于国家政治制度的动画视频，生动地展现政府机构运作、法律法规实施等过程，帮助学生更加直观地理解国家治理机制。动画形式的运用能够激发学生的好奇心和创造力，提高他们的学习积极性和参与度。

除了以上几种多媒体形式外，还可以通过图像、互动课件等方式丰富思政课程的教学内容。比如，可以利用图像资源展示历史文物、人物形象等，增加课程的视觉吸引力，还可以制作互动课件，加入课堂小测验、案例分析等元素，提高课堂互动和学习参与度。这些多媒体形式的运用不仅能够丰富思政课程的教学内容，还能够提高教学效果，增强学生的学习兴趣和积极性。

数字化技术在思政课程中引入多媒体元素，如视频、音频、动画等形式，对于丰富教学内容、提高学生学习兴趣和参与度具有重要作用。通过生动形象的多媒体展示，能够使抽象的理论知识更具体化，激发学生的学习兴趣和好奇心，

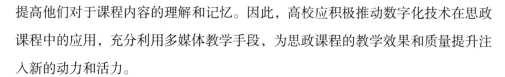

提高他们对于课程内容的理解和记忆。因此，高校应积极推动数字化技术在思政课程中的应用，充分利用多媒体教学手段，为思政课程的教学效果和质量提升注入新的动力和活力。

2. 虚拟实验与模拟体验

在数字化背景下，思政课程借助虚拟实验室和模拟体验平台可以大大增强学生的实践能力和问题解决能力，促进思维的发展和创新能力的培养。这些工具为学生提供了更具体、更实用的学习环境，让他们能够在模拟的场景中实践并探索，从而更好地理解理论知识并将其运用到实际问题中。

虚拟实验室为学生提供了一个安全、便捷的实验环境。在传统的思政课程中，学生可能难以接触到真实的实验室环境或者实践场景，限制了他们的实践能力和体验。而借助虚拟实验室，学生可以在数字化平台上进行各种实验操作，模拟化学实验、物理实验、社会实验等，不受时间和空间的限制。通过这种方式，学生可以亲身体验实验的过程和结果，培养实验操作技能和实践经验，增强对于理论知识的理解和应用能力。

模拟体验平台为学生提供了丰富多样的实践场景和角色扮演机会。在模拟体验平台上，学生可以扮演不同的角色，参与到各种模拟情境中，如社会管理、公共事务处理、职场决策等。通过与同学们的互动和交流，学生可以在模拟的场景中解决实际问题，培养解决问题的能力和创新思维。学生可以在模拟的社区管理场景中扮演社区工作者，面对各种问题和挑战，学会协调资源、解决矛盾，培养了学生的团队合作和问题解决能力。

虚拟实验室和模拟体验平台还可以结合现实情境，提供更加真实和具体的学习体验。学生可以通过虚拟实验室模拟实验操作，然后在现实中进行验证和实践，从而巩固和应用所学知识。这种结合虚拟与现实的学习方式，使得学生能够在实践中不断探索和创新，促进思维的发展和创新能力的培养。

虚拟实验室和模拟体验平台为思政课程的教学提供了丰富多样的实践场景和学习机会。通过这些工具，学生可以在安全、便捷的环境中进行实践探索，培养实践能力和问题解决能力，促进思维的发展和创新能力的培养。未来，随着技

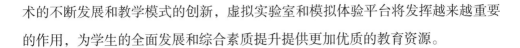

术的不断发展和教学模式的创新，虚拟实验室和模拟体验平台将发挥越来越重要的作用，为学生的全面发展和综合素质提升提供更加优质的教育资源。

（二）学习评估与个性化教育

数字化技术的发展为教育领域带来了全新的可能性，特别是智能评估与反馈系统的建立，可以根据学生的学习情况和表现提供个性化的学习建议和指导，帮助学生更有效地提升学习效果。这种系统不仅可以对学生的学习过程进行全面评估，还能根据评估结果进行个性化的教学指导和辅导，实现教育的个性化发展。让我们来探讨数字化技术如何建立智能评估与反馈系统，为个性化教育提供更好的支持。

智能评估与反馈系统的建立需要借助先进的数据分析和人工智能技术。通过收集学生的学习数据和行为信息，如学习时间、学习进度、答题情况等，结合人工智能技术进行数据分析和模式识别，可以对学生的学习情况进行全面评估。这种评估不仅可以反映学生的学习水平和能力特点，还可以发现学生的学习困难和问题所在，为个性化教学提供数据支撑和依据。

智能评估与反馈系统需要具备个性化的教学建议和指导功能。通过对学生的学习数据进行分析，系统可以根据学生的学习特点和需求，提供个性化的学习建议和指导。比如，针对学习进度较快的学生，可以提供更多的挑战性任务和拓展性学习资源，对于学习进度较慢或存在学习困难的学生，可以提供针对性的辅导和帮助，引导其解决问题和提升学习效果。这种个性化的教学建议和指导有助于调整教学策略，提高学生的学习动机和兴趣，促进学生的学习效果和成绩提升。

智能评估与反馈系统还可以结合在线教学平台和课堂教学，实现全方位的教学支持和服务。通过在线教学平台，学生可以随时随地获取个性化的学习建议和指导，进行自主学习和复习，同时，教师可以根据系统提供的数据和反馈信息，及时调整教学内容和方法，为学生提供更有效的教学服务和支持。在课堂教学中，智能评估与反馈系统可以结合课堂互动和教学活动，实现实时的学习评估和反馈，帮助教师更好地把握学生的学习情况和需求，提供个性化的教学指导和辅导。

智能评估与反馈系统还可以结合家长和学校管理部门，实现家校合作和信息共享。通过系统提供的学生学习报告和评估结果，家长可以了解学生的学习情况和表现，及时进行家庭教育和指导，学校管理部门可以根据系统提供的数据分析和反馈信息，优化教学资源配置和管理，提高教学质量和效果。这种家校合作和信息共享有助于形成教育共同体，共同关注学生的学习发展和成长。

数字化技术的发展为智能评估与反馈系统的建立提供了良好的条件和机遇，可以更好地实现个性化教育的目标和需求。通过系统的学习评估和反馈，为学生提供个性化的学习建议和指导，帮助学生更有效地提升学习效果。因此，教育机构和教育者应积极借助数字化技术，建立智能评估与反馈系统，为个性化教育提供更好的支持和保障。

第二节 教育数字化背景下高校思政课教学改革的指导思想

一、教育数字化背景下高校思政课教学改革指导思想概述

立足学生需求，个性化教学，通过数字化技术，了解学生的兴趣、特长和学习习惯，针对不同学生的个性和需求，实施个性化的教学计划和教学内容，提高教学的针对性和有效性。

强化互动与参与，利用数字化平台，打破传统的教学模式，促进师生互动和学生之间的交流合作，鼓励学生参与课堂讨论、分享经验和观点，培养学生的思辨能力和创新意识。

拓展教学资源，丰富教学手段，借助数字化技术，整合优质教学资源，如在线课程、数字化图书馆等，丰富教学内容和手段，提供更多元化、多样化的学习体验，激发学生的学习兴趣和积极性。

强化评估与反馈机制，建立完善的教学评估和反馈机制，通过数字化平台收集学生学习情况和反馈意见，及时调整教学策略和方法，不断优化教学效果，实现教学的持续改进和提升。

注重创新与实践，教学改革要注重创新思维和实践能力的培养，通过数字化技术提供创新性的学习环境和实践平台，鼓励学生运用所学知识解决实际问题，培养学生的创新精神和实践能力。

教育数字化背景下高校思政课教学改革的指导思想是立足学生需求，强化互动与参与，拓展教学资源，强化评估与反馈机制，注重创新与实践，促进思政课程的质量和效果不断提升，更好地服务于学生的全面发展和社会的进步。

（一）科技与教育融合

1. 数字化教学平台

在当今数字化时代，利用数字化技术建设教学平台已经成为高校教育的重要趋势之一。特别是在思政课教学中，建设数字化教学平台可以提升教学的交互性和便捷性，更好地满足学生多样化的学习需求。数字化教学平台不仅可以为教师提供更灵活多样的教学工具和资源，还能够为学生提供更便捷高效的学习环境和学习体验。

建设数字化教学平台可以提升思政课教学的交互性。通过数字化平台，教师可以与学生进行及时互动和交流，实现教学过程的双向互动。可以设置在线讨论区或课程论坛，让学生在课后可以就课程内容展开讨论和交流，提出问题和观点。教师可以及时回复学生的问题，引导学生思考，促进知识的深入理解和交流。这种交互性的教学模式有助于激发学生的学习兴趣和参与度，提高教学效果。

数字化教学平台可以提供丰富多样的教学资源和工具，为教学活动增添新的可能性。教师可以利用数字化平台上传课件、视频、文献资料等教学资源，丰富教学内容，提供更直观、生动的学习材料。同时，还可以利用在线测验、作业提交等功能，进行课程评估和学习反馈，帮助教师及时了解学生的学习情况，调整教学策略。这种多样化的教学资源和工具有助于提升教学效果和学生的学习体验。

建设数字化教学平台还可以提高教学的便捷性和灵活性。学生可以随时随地通过网络平台进行在线学习，不受时间和地域的限制。教师可以根据学生的学习进度和需求，灵活调整课程安排和内容设置，提供个性化的学习支持和指导。

同时，还可以利用数字化平台进行远程教学和在线辅导，为学生提供更便捷高效的学习环境。这种便捷性和灵活性有利于提高学生的学习积极性和学习效果。

数字化教学平台还可以促进教育资源的共享和合作。高校可以建设统一的数字化教学平台，集中管理和分享教学资源，避免资源的重复建设和浪费。同时，还可以与其他高校、教育机构进行合作，共享优质教育资源和教学经验，推动教育资源的共建共享，提高教育资源的利用效率和质量。这种共享和合作有助于丰富教育资源，提高教学水平和教学质量。

建设数字化教学平台对于提升思政课教学的交互性和便捷性，满足学生多样化的学习需求具有重要意义。数字化教学平台可以实现教师与学生之间的互动和交流，提供丰富多样的教学资源和工具，提高教学的便捷性和灵活性，促进教育资源的共享和合作。因此，高校应积极推动数字化技术在思政课教学中的应用，建设更加先进、便捷、高效的数字化教学平台，为思政课程的教学改革和发展注入新的活力和动力。

2. 在线教学资源

充分开发和利用丰富多样的在线教学资源对于提高教学效果和丰富课程内容至关重要。这些资源包括教学视频、数字图书馆、在线课件等，可以为教学提供更生动、直观的展示方式，同时也为学生提供更多样化、灵活性的学习方式。在数字化时代，教育者应当充分挖掘这些资源的潜力，创新教学方法，提升教学质量。

教学视频是一种极具潜力的在线教学资源。通过录制和制作教学视频，教育者可以将抽象的概念和理论知识转化为生动的图像和声音，更直观地呈现给学生。教学视频可以包含讲解、演示、案例分析等多种内容，为学生提供丰富的学习体验。可以利用教学视频展示实验操作、现场考察、专家讲座等内容，让学生通过视听方式全面了解知识，增强记忆和理解。这种生动直观的展示方式有助于提高学生的学习兴趣和参与度，促进教学效果的提升。

数字图书馆是另一个重要的在线教学资源。通过数字图书馆，学生可以随时随地获取到各种学术文献、课程资料、专题报道等信息资源，满足其学习和研究的需要。教育者可以利用数字图书馆为学生提供丰富的阅读材料，拓展他们的知识广度和深度。同时，数字图书馆也可以用于教学资源的收集和整理，帮助教育者更好地备课和教学。可以将相关教材、课件、学术论文等整合到数字图书馆中，供学生自主学习和查阅，提高学生学习效率和自主学习能力。

在线课件是教学过程中不可或缺的重要资源。教育者可以利用在线课件制作丰富多样的教学内容，包括文字、图片、音频、视频等多种形式的信息呈现。通过在线课件，教育者可以将课程内容分模块、分主题进行整理，使得学生更加系统地学习知识。在线课件还可以包含交互式的元素，如小测验、案例分析、讨论题等，帮助学生积极参与课程，加深对知识的理解和运用。这种灵活多样的教学方式有助于提高教学效果，激发学生的学习兴趣和主动性。

总体来说，充分开发和利用丰富多样的在线教学资源对于提高教学效果和丰富课程内容至关重要。教学视频、数字图书馆、在线课件等资源可以为教学提供更生动、直观的展示方式，同时也为学生提供更多样化、灵活性的学习方式。未来，随着数字化技术的不断发展和应用，我们可以期待更多更好的在线教学资源涌现，为教育教学带来更多的可能性和机遇。

（二）学习方式与评价体系

在教育领域，构建一个多元化、综合性的评价体系是十分重要的，因为这样的体系可以更全面地了解学生的学习情况，促进他们的全面发展。这种全面评价体系不仅包括课堂表现、作业质量，还应该考虑学习成果、思维能力、创新能力等多方面因素，以便更准确地评估学生的学习状况和能力水平，为个性化教育和学生发展提供更有效的支持和指导。让我们来探讨如何构建这样一个全面评价体系，使之能够更好地应对当下教育的需求和挑战。

多元化的评价体系应该包括多种评价指标和评价方法。除了传统的考试成绩和作业评价外，还可以考虑课堂参与度、课堂表现、课外活动参与、专题研究报告、实践能力等方面的评价。这些指标可以更全面地反映学生的学习状况和能力水平，有助于发现学生的优势和劣势，为个性化教育提供更准确的数据支持。同时，评价方法也应该多样化，如口头评价、书面评价、实际操作评价、项目评价等，以满足不同学生的评价需求和教学特点。

综合性的评价体系应该注重学生的综合素质和能力培养。除了对学术成绩的评价外，还应该考虑学生的思维能力、创新能力、团队合作能力、领导能力、情感态度等方面的评价。这些素质和能力在学生的综合发展中起着重要作用，应该成为评价体系的重要组成部分。比如，可以通过开展项目式学习、实践活动、社会实践、社团活动等方式，评价学生的实际操作能力和团队协作能力，帮助学生全面发展。

全面评价体系应该关注学生的个性化发展和成长轨迹。每个学生都有自己的特点和发展路径，评价体系应该能够充分考虑学生的个性差异和发展需求，为其提供个性化的教育支持和指导。这就需要教育机构和教师对学生进行深入了解和跟踪，了解其学习特点和发展需求，为其量身定制教学方案和评价标准。通过个性化的评价和反馈，可以更好地激发学生的学习兴趣和动力，促进其积极参与学习活动，实现个性化发展和全面成长。

全面评价体系还应该注重评价结果的有效利用和反馈。评价结果不仅是对学生学习状况的反映，还应该成为教育改进和优化的重要依据。教育机构和教师应该根据评价结果及时调整教学内容和方法，为学生提供更有效的教学支持和指导。同时，还应该将评价结果及时反馈给学生和家长，帮助他们了解学生的学习情况和发展需求，共同关注学生的学习进步和成长。

构建一个多元化、综合性的全面评价体系对于现代教育的发展至关重要。这样的评价体系不仅可以更全面地了解学生的学习情况和能力水平，还可以促进学生的个性化发展和全面成长。

二、教育数字化背景下高校思政课教学改革的实践路径

积极利用数字化技术和平台，构建多元化的教学资源。通过建设在线教学平台、数字图书馆、教学视频等，为思政课教学提供丰富的资源支持，使学生可以随时随地获取到优质的教学内容，拓展了思政课的教学边界。

借助数字化手段，开展在线互动教学。可以通过网络直播、在线讨论、虚拟实验等形式，加强师生互动，促进学生思想交流和讨论，激发学生学习的积极

性和创造性，提高教学效果。

结合大数据和人工智能技术，开展个性化教学和学习评估。通过分析学生的学习数据和行为模式，为学生量身定制学习路径和教学内容，提供个性化的学习体验，同时，利用智能评估系统对学生的学习成果进行评估和反馈，及时发现问题并进行针对性指导。

加强教师队伍的数字化教育培训和能力提升，提高教师的数字化教学水平和教学设计能力，使其能够更好地适应数字化教学环境，有效开展思政课教学工作。

教育数字化背景下高校思政课教学改革的实践路径需要充分发挥数字化技术的优势，构建多元化教学资源，开展在线互动教学，实施个性化教学和学习评估，同时加强教师队伍建设，促进高校思政课教学的不断创新和提升。

（一）教学内容创新

1.跨学科融合

融合思政课内容与其他学科是一种有益的跨学科教学方法，能够拓展课程视野，增强学科内在联系性，为学生提供更加全面和深入的学习体验。跨学科融合不仅能够使学生更好地理解思政课的理论知识和实践应用，还能够培养学生的综合思考能力和创新意识，提升学生的综合素质和能力水平。

跨学科融合可以拓展思政课程的视野，使学生更加全面地理解思政课的内容。思政课程通常包括思想政治理论知识、社会实践和价值观念等内容，而这些内容往往与其他学科有着密切的联系。比如，在讲解社会主义核心价值观时，可以融入社会学、伦理学、心理学等相关学科的知识，分析和探讨价值观念的形成和影响因素，在讲解社会问题和现实挑战时，可以融入经济学、法学、环境科学等相关学科的知识，探讨解决问题的方法和途径。通过跨学科融合，可以使学生更加全面地理解思政课的内容，增强对知识的综合性认识和理解。

跨学科融合可以增强学科内在联系性，促进学科之间的交叉融合和互动发展。各学科之间往往存在着内在的联系和相互影响，通过跨学科融合，可以将不同学科的知识和方法有机地结合起来，形成学科间的交叉融合和互动发展。比如，在讲解社会主义核心价值观时，可以引入文学作品、艺术表现等素材，通过文学艺术的方式展示核心价值观的内涵和意义，在讲解社会问题和现实挑战时，可以引入数据分析、统计方法等技术手段，通过数据分析和统计方法探讨问题的本质和解决方案。通过跨学科融合，可以促进学科之间的交叉融合和互动发展，拓展学生的学习视野，提升学生的学习兴趣和积极性。

跨学科融合可以培养学生的综合思考能力和创新意识。跨学科融合要求学生不仅要掌握各学科的基本知识，还要能够将这些知识进行整合和运用，进行跨学科的思考和创新。比如，在开展社会实践活动时，学生需要结合社会学、经济学、法学等相关学科的知识，分析和解决实际问题，在开展价值观念教育时，学生需要结合哲学、心理学、艺术学等相关学科的知识，探讨和表达自己的价值观念。通过跨学科融合，可以培养学生的综合思考能力和创新意识，提升学生的综合素质和能力水平。

跨学科融合是一种有益的教学方法，能够拓展思政课程的视野，增强学科内在联系性，培养学生的综合素质和能力水平。教师可以通过融合其他学科的知识和方法，使思政课程更加丰富多彩，激发学生的学习兴趣和参与度，学生也可以通过跨学科融合，拓展学习视野，提升综合素质和能力水平。因此，教育机构和教师应重视跨学科融合的教学方法，积极开展相关教学实践，为学生提供更加优质和有效的教育服务。

2. 实践与案例教学

强化实践教学和案例教学是提高学生实践能力和问题解决能力的有效途径，也是使思政课内容更具现实意义的重要举措。实践教学注重学生在真实情境中的实践操作和经验积累，而案例教学则通过案例分析和讨论，帮助学生理解理论知识，并将其应用于实际问题的解决中。这两种教学方法的结合可以使学生更加全面地掌握知识，培养综合素质和创新能力。

强化实践教学需要提供多样化的实践机会和场景。学校可以组织学生参加社会实践活动、实习实训项目、校外实践调研等，让学生在实践中感受社会的多样性和复杂性，增强实践能力和社会适应能力。同时，学校还可以建立实践基地和实验室，提供专业的实践设备和资源，支持学生开展科研实践、创新实践等活动，培养学生的创新精神和实践能力。

强化案例教学需要选择贴近实际、具有启发性的案例进行教学。教师可以根据教学内容和教学目标，精心设计和选择相关的案例，引导学生进行深入思考和讨论。通过案例分析，学生可以将抽象的理论知识与实际问题相结合，提高问题识别和解决能力。同时，教师还可以引入真实的社会案例或行业案例，让学生了解社会现状和行业发展，培养学生的社会责任感和专业素养。

强化实践教学和案例教学还需要注重教师的指导和引导。教师在教学过程中应该起到良好的引导作用，指导学生正确运用所学知识解决实际问题，引导学生发现问题、分析问题、解决问题的方法和步骤。同时，教师还可以根据学生的学习情况和需求，进行个性化的辅导和指导，帮助学生克服困难，提高学习效果。

强化实践教学和案例教学需要充分利用现代教育技术手段。学校可以建立数字化教学平台，提供在线实践课程和案例资源，让学生随时随地进行学习和实践。同时，学校还可以引入虚拟实验室、模拟实践环境等技术工具，丰富实践教学的形式和内容，提升学生的学习体验和学习效果。

强化实践教学和案例教学是提高学生实践能力和问题解决能力的重要途径，也是使思政课内容更具现实意义的关键举措。学校和教师应该充分重视这两种教学方法的应用，为学生提供丰富多样的学习机会和资源，培养学生的创新精神和实践能力，推动思政课程的发展和进步。

（二）教学方法创新

在教学方法创新的探索中，项目驱动学习方法被认为是一种非常有效的方式，它不仅可以培养学生的问题解决能力和团队合作意识，还可以促进学生综合素质的提升。项目驱动学习强调学生在解决实际问题的过程中获取知识和技能，通过项目的设计和实施，学生可以深入了解相关领域知识，培养自主学习和创新能力。

首先，引入项目驱动学习方法需要教育者深入思考项目设计的目的和意义。项目驱动学习并不是简单地让学生完成一个任务，而是通过项目设计和实施，让学生在解决问题的过程中掌握相关知识和技能，培养他们的创新意识和实践能力。因此，教育者在设计项目时需要明确项目的目标和要求，确保项目与课程目标和学生需求相匹配，具有一定的挑战性和启发性。

其次，项目驱动学习需要注重学生的参与和主动性。教育者可以通过团队合作、问题解决等方式激发学生的兴趣和积极性，让他们主动参与到项目中来。例如，可以组织学生分成小组，每个小组负责一个项目，通过小组讨论、合作实践等方式解决实际问题，培养学生的团队合作意识和沟通能力。同时，教育者还可以设置项目导师，指导学生设计项目方案、解决问题，引导他们思考和反思，提升学生的学习效果和成就感。

另外，项目驱动学习也需要注重实践环节的设计和组织。学生通过项目实践可以将理论知识应用到实际中，增强学习的深度和广度。因此，教育者需要精心设计项目任务和实践环节，让学生在实践中掌握技能和经验，培养问题解决能力和创新思维。例如，在思政课程中可以设计一些社会实践项目，让学生深入社区了解现实问题，通过调研、分析和解决方案提出，促进学生对社会、政治等问题的深入思考和理解。

最后，项目驱动学习还需要注重评估和反馈机制的建立。教育者可以通过评估学生的项目成果、团队合作能力、解决问题的能力等方面来评价学生的学习效果和成长情况，及时给予学生反馈和指导，引导他们不断改进和提高。同时，也可以组织学生展示项目成果、交流经验，促进学生之间的互动和学习。

总的来说，引入项目驱动学习方法是一种有效的教学创新方式，可以培养学生的问题解决能力和团队合作意识，促进学生综合素质的提升。教育者需要明确项目设计的目标和意义，激发学生的参与和主动性，设计和组织实践环节，建立评估和反馈机制，共同推动项目驱动学习的实施和发展，为学生提供更优质的教育体验和成长空间。

第三节　教育数字化背景下高校思政课教学改革的原则与策略

一、教育数字化背景下高校思政课教学改革改革的原则

改革的原则是推动教育发展和提高教育质量的关键。以下是关于改革的原则的论述。

改革的原则应该是以服务学生发展为核心。教育的本质是为学生的全面发展提供支持和帮助，因此改革应该紧密围绕学生的需求和成长路径，注重培养学生的创新能力、实践能力和综合素质。

改革的原则应该是因地制宜，因时而变。教育改革需要根据具体的地域特点、学校条件和时代需求来制定策略和方案，不能一刀切，要因地制宜，灵活应对。

改革应该注重系统性和整体性。教育是一个系统工程，改革不能片面、零散地进行，需要统筹规划，注重整体推进，形成合力。

同时，改革需要注重合作共建和共享资源。教育改革需要各方共同参与，包括学校、教师、学生、家长、社会等各个方面，形成合力，共同推动教育发展。

创新教学模式，引入现代化教育技术，提高教学效果和效率，推行素质教育，注重学生全面发展和综合素质培养，加强教师培训和教育质量评估，提高教育教学水平，强化学校管理，建立科学有效的管理机制和评价体系，加强家校合作，形成教育共同体，共同育人。

改革的原则应以服务学生发展为核心，因地制宜，注重系统性和整体性。

（一）学生参与与主体性

1.鼓励学生提出问题

鼓励学生提出问题在思政课堂上是一项重要而挑战性的任务。这不仅是为

了促进学生的参与度，更重要的是培养他们的思辨能力和批判性思维。然而，要实现这一目标，并非易事。因此，教师需要采取一系列策略和方法来激发学生的兴趣，并营造一个积极的学习氛围。

教师可以通过引导性的提问来激发学生的好奇心和思考欲望。在课堂上，教师可以提出一些开放性的问题，引导学生思考并分享他们的观点和想法。例如，可以针对当前社会热点问题或课程内容中的争议性议题提出问题，让学生从不同的角度思考并表达自己的看法。这样的提问方式可以激发学生的兴趣，促使他们积极参与到课堂讨论中来。

让学生在小组讨论或合作活动中提出问题。小组讨论是一种有效的教学手段，可以让学生在相互交流和合作中共同探讨问题，并从中获得启发和收获。在小组讨论中，教师可以设定一些具有启发性的问题，让学生通过讨论和思考来找到答案，并向其他小组成员分享他们的观点和想法。这样的互动式学习过程不仅可以增强学生的参与度，还可以培养他们的团队合作能力和批判性思维。

可以设立提问奖励制度，鼓励学生在课堂上积极提问并分享自己的思考。通过这样的激励机制，可以增强学生参与课堂讨论的积极性，并促使他们更加主动地思考和探索问题。同时，教师也可以给予学生充分的肯定和鼓励，让他们感受到提问的重要性和价值，进而激发他们更多的思考和探索欲望。

在课堂上，教师可以以身作则，积极提出问题，并展示出自己的思考过程和解决问题的方法。通过教师的示范，学生可以学习到提问的技巧和方法，并受到启发去思考和探索更多的问题。同时，教师还可以对学生提出的问题进行适当的引导和解答，帮助他们更好地理解和思考问题。

鼓励学生提出问题是思政课堂教学中的一项重要任务。通过引导性的提问、互动式教学方法、激励机制和示范等方式，可以有效地激发学生的思考和参与欲望，增强他们的思辨能力和批判性思维，从而达到课堂教学的预期目标。

2.倡导学生合作学习

倡导学生合作学习是现代教育理念的重要组成部分，它不仅仅是一种教学方法，更是培养学生综合能力的有效途径。在教育实践中，通过组织小组讨论、项目合作等活动，可以让学生在团队合作中互相学习、交流，从而培养他们的合作精神和团队意识。

在小组讨论或项目合作中，每位成员都能够从不同的角度审视问题，提出自己的见解和观点。通过与他人的交流和辩论，他们不仅可以深入理解问题的本质，还能够学会分析问题、提出解决方案。在这个过程中，学生需要不断思考、质疑，从而培养了批判性思维，提高了问题解决能力。

每个学生都有自己的优势和特长，通过合作学习，他们可以相互借鉴、相互学习，共同进步。在小组讨论或项目合作中，学生们可以分享彼此的知识、经验和技能，互相补充和完善，从而提高了学习效率。此外，合作学习还能够培养学生的团队合作能力和沟通能力，使他们更好地适应未来的社会和工作环境。

相比于传统的教学方式，合作学习更加注重学生的参与和主动性。在小组讨论或项目合作中，学生们扮演着积极的角色，他们不仅仅是被动地接受知识，更是主动地参与到学习过程中。通过自主学习和合作探究，学生们能够感受到学习的乐趣和成就感，从而更加愿意投入到学习中去，形成良好的学习习惯和学习态度。

合作学习还能够培养学生的团队意识和合作精神。在小组讨论或项目合作中，学生们需要共同协作、共同努力，完成共同的任务和目标。在这个过程中，他们不仅要学会倾听他人的意见，还要学会尊重他人、信任他人，形成良好的团队氛围和合作氛围。通过合作学习，学生们能够培养出团队合作的重要性，形成团结协作、互帮互助的良好品质。

通过组织小组讨论、项目合作等活动，可以让学生在团队合作中互相学习、交流，从而培养他们的合作精神和团队意识。合作学习不仅能够培养学生的批判性思维和问题解决能力，还能够促进学生之间的相互学习和交流，激发学生的学习兴趣和主动性，培养学生的团队意识和合作精神。因此，我们应该积极倡导和推广合作学习，为学生的综合发展提供更加广阔的空间和更加丰富的资源。

（二）鼓励学生反思与总结

在当今竞争激烈的学习环境中，学生们不仅需要具备扎实的知识基础，更需要培养自我认知与自我管理能力。对于教育者而言，鼓励学生进行及时的反思与总结是至关重要的。这不仅有助于他们更深入地理解学习过程中的挑战和收获，还能够激发他们的学习动力，促进个人成长与发展。因此，本文将探讨如何通过鼓励学生反思与总结来培养他们的自我认知和自我管理能力。

通过反思，学生可以审视自己的学习方法、策略以及面临的困难。例如，当他们在解决数学问题时频繁出现错误，通过反思他们可以发现是因为对某个概念理解不够深刻还是解题方法不当。这样的认识有助于他们调整学习策略，找到更有效的解决方案。在语言学习方面，学生可能会通过反思发现自己在听力理解方面存在困难，进而调整学习计划，加强相关训练。因此，及时反思使学生能够更加全面地了解自己的学习情况，为进一步提升提供了有效的路径。

在学习过程中，难免会遇到各种各样的困难和挑战，而这些困难往往是学生成长的机遇。通过及时的反思与总结，学生可以更好地应对挑战，从中汲取经验教训。比如，当学生在写作文时遇到结构混乱的问题，通过反思他们可以找出导致这一问题的原因，比如缺乏逻辑思维或组织能力不足，进而有针对性地进行提高。类似地，当学生在学习新知识时遇到理解困难，通过反思他们可以找出自己的学习方法是否得当，是否需要调整学习策略等。因此，反思与总结使学生能够更加从容地面对挑战，不断提升自己的学习能力。

反思与总结也有助于学生更好地把握学习的方向与目标。通过反思，学生可以清晰地了解自己的学习目标以及目前的学习状态，从而更好地调整学习计划，使其更加符合实际情况。比如，当学生在复习阶段感到时间不够用，通过反思他们可以发现自己在学习中浪费了过多的时间，进而调整学习计划，提高学习效率。又比如，在选择专业方向或未来职业规划时，通过反思他们可以清晰地了解自己的兴趣、能力和发展方向，从而更加准确地选择适合自己的道路。因此，反思与总结有助于学生更好地把握学习的方向与目标，为个人成长和发展指明道路。鼓励学生进行及时的反思与总结对于培养他们的自我认知和自我管理能力至关重要。通过反思，学生可以深入了解自己的学习过程，应对挑战与困难，把握学习的方向与目标。因此，教育者应该在教学过程中注重培养学生的反思与总结

能力,从而帮助他们更好地应对学习和生活中的各种挑战,实现个人成长与发展。

二、教育数字化背景下高校思政课教学改革策略

（一）引入多媒体教学资源

引入多媒体教学资源是提升思政课吸引力和趣味性的有效途径。随着科技的不断进步,多媒体手段已成为现代教学不可或缺的一部分。利用图文并茂的教学资料、生动活泼的视频讲解等多媒体资源,可以为思政课注入新的活力,激发学生的学习兴趣,促进他们更深入地理解和思考课程内容。

图文并茂的教学资料能够生动形象地展示课程内容,吸引学生的注意力。通过精心设计的图片、图表和文字,教师可以将抽象的概念和理论以直观形象的方式呈现给学生,使其更易于理解和接受。例如,可以利用图表展示历史事件的时间轴,帮助学生更清晰地理解事件发展的脉络和背景。同时,结合文字说明,可以进一步解释和阐释相关概念,帮助学生深入理解课程内容。

通过视频讲解,教师可以利用丰富的视听效果和生动的语言,生动地呈现课程内容,吸引学生的注意力,增加他们的参与度。例如,可以制作精彩的动画视频,通过图像和声音的结合,生动地讲解历史事件的经过和影响。同时,视频讲解还可以提供丰富的案例分析和实地调研,使学生能够更直观地感受到课程内容的现实意义和影响。

教师可以根据学生的学习需求和兴趣特点,灵活选择和运用不同形式的多媒体资源,为他们提供个性化的学习体验。例如,可以根据学生的喜好和学习风格,选择不同风格和类型的视频讲解,以满足不同学生的学习需求。同时,还可以结合在线学习平台和互动教学工具,实现对学生学习过程的实时监控和反馈,进一步提高教学效果和学习成效。

通过利用互联网资源和在线学习平台,教师可以为学生提供更广泛的学习资源和信息,拓展他们的知识视野,增强他们的学习兴趣。同时,多媒体教学资源也可以促进课堂教学与现实生活的结合,帮助学生更好地理解和应用所学知识,提高他们的实际能力和综合素质。

引入多媒体教学资源是提升思政课吸引力和趣味性的有效途径。通过利用图文并茂的教学资料、生动活泼的视频讲解等多媒体资源，可以为思政课注入新的活力，激发学生的学习兴趣，促进他们更深入地理解和思考课程内容。

（二）开展实践活动

开展实践活动在当今教育中扮演着重要的角色，特别是在思想政治课程的教学中。通过组织学生参加社会实践、调研调查等活动，可以使学生在实践中感悟到思政课程的理论知识，同时增强其实践能力和社会责任感。

在课堂上，学生学习到的是抽象的理论知识，而通过实践活动，他们可以将这些理论知识应用到实际生活中，进一步理解和感悟。例如，学生在社会实践中可以观察、思考社会现象，并结合所学的思政理论进行分析和思考。这样一来，实践活动不仅仅是知识的延伸，更是知识的实践，有助于学生对思政课程的理解和领悟。

参与社会实践、调研调查等活动，需要学生动手实践、亲身体验，这对于培养学生的实践能力非常重要。通过实践活动，学生们能够掌握一系列实践技能，提高解决问题的能力和应对挑战的能力。同时，实践活动也能够唤起学生的社会责任感，让他们意识到自己作为一名公民应该承担的责任和义务，从而培养出良好的社会道德和行为习惯。

在实践活动中，学生们面对各种挑战和困难，需要不断地调整自己的思维方式和行为方式，培养解决问题的能力和应对压力的能力。这种挑战与成长的过程，不仅能够让学生更加自信和坚强，还能够提高他们的抗挫折能力和适应能力，为他们未来的发展奠定良好的基础。

通过参与社会实践、调研调查等活动，学生们可以与社会各界人士进行互动和交流，了解社会的多样性和复杂性，增强对社会的认知和理解。这种互动和交流不仅能够开拓学生的视野，还能够培养他们的社会交往能力和人际沟通能力，为他们未来的发展打下坚实的基础。

开展实践活动对于思政课程的教学具有重要意义。通过组织学生参加社会实践、调研调查等活动，可以使学生在实践中感悟到思政课程的理论知识，同时

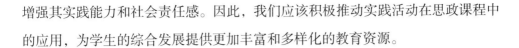

增强其实践能力和社会责任感。因此，我们应该积极推动实践活动在思政课程中的应用，为学生的综合发展提供更加丰富和多样化的教育资源。

（三）个性化学习辅导

在教育领域，个性化学习辅导已经成为一种备受推崇的教学模式。这一模式着眼于学生的独特学习特点和需求，提供量身定制的学习辅导和指导，旨在帮助学生解决学习中的问题，促进其全面发展。个性化学习辅导不仅仅关注于学生的学术成绩，更注重培养学生的学习能力、自信心和解决问题的能力。本文将探讨个性化学习辅导的重要性以及如何有效实施个性化学习辅导，以促进学生的全面发展。

每个学生都具有独特的学习特点和学习方式，他们在面对学习任务时的接受能力、理解能力和应对能力都有所不同。因此，采用统一的教学方法往往不能够满足所有学生的需求。个性化学习辅导则可以根据学生的实际情况和需求，量身定制学习计划和教学内容，帮助他们更好地理解知识，提高学习效率。比如，对于一个数学概念难以理解的学生，可以通过更多的例题和实践来帮助他们理解，而对于一个语言能力较强但写作表达能力较弱的学生，则可以重点培养其写作技巧和表达能力。因此，个性化学习辅导能够更好地满足学生的学习需求，提高学习效果。

每个学生都有自己的优势和特长，而个性化学习辅导可以帮助教师更好地发现和挖掘学生的潜能。通过了解学生的学习特点和兴趣爱好，教师可以针对性地开展相关的学习活动和项目，激发学生的学习兴趣，提高学习积极性。比如，一个对艺术有浓厚兴趣的学生可以通过个性化学习辅导参加艺术班级或专业课程，发展其艺术才能；而一个对科学技术感兴趣的学生可以参加科技实验室或科学竞赛，拓展其科学视野和技能。因此，个性化学习辅导有助于发掘和激发学生的潜能，促进其全面发展。

在个性化学习辅导的过程中，教师不仅仅是知识的传授者，更是学生的引导者和榜样。通过与学生的交流和互动，教师可以引导学生树立正确的学习态度，培养其积极进取、自主学习的精神。比如，教师可以通过鼓励学生主动思考和解决问题的能力，引导他们养成勤奋、自律的学习习惯；同时，教师还可以通过讲述自己的学习经历和成功经验，激发学生的学习动力和信心，使他们坚定学习的信念和目标。因此，个性化学习辅导有助于帮助学生树立正确的学习态度和价值观，为其未来的发展奠定坚实的基础。

能够更好地满足学生的学习需求，发掘和激发学生的潜能，帮助学生树立正确的学习态度和价值观，促进其全面发展。因此，教育者应该在教学实践中注重个性化学习辅导的实施，为学生提供更加优质和有效的教育服务，助力其成长和发展。

第四节　高校思政课教学改革的理论支撑与方法论

一、高校思政课教学改革的理论支撑

教育教学理论，借鉴和运用现代教育教学理论，如构建主体性、互动性、探究性的学习模式，激发学生的学习兴趣和动力，提高教学效果。比如借助认知学习理论，设计思政课程的启发式学习环节，促进学生自主探究和思考。

信息技术教育理论，结合信息技术教育理论，利用数字化技术提供多媒体教学资源，设计互动式教学环节，实现教学内容的多样化、生动化，增强学生的学习体验和参与感。

学习科学理论，运用学习科学理论，研究学习过程中的认知、情感、动机等因素，设计符合学生心理特点和学习规律的教学策略和方法，促进学生全面发展。

教育信息化理论，基于教育信息化理论，构建数字化教学平台和资源库，实现教学内容的个性化定制和差异化教学，提高教学效率和质量。

跨学科教育理论，融合跨学科教育理论，将思政课程与其他学科知识相结合，拓展教学内容和视野，培养学生的综合能力和创新思维。

这些理论支撑为高校思政课教学改革提供了理论指导和方法论基础，促进了思政课程的内容更新、教学手段创新和教学效果提升。同时，随着教育理论和技术的不断发展，高校思政课教学改革的理论支撑也将不断丰富和完善，为思政课程的发展和提升提供更加坚实的理论基础。

（一）教育理论支持

1.建构主义理论

建构主义理论是教育领域中一种重要的教学理论，它强调学生通过积极参与、交流合作等方式建构知识和思想，是一种以学生为中心的教学模式。在思政课教学中，建构主义理论有着广泛的应用，可以促进学生思想的独立发展和全面提升。

建构主义理论注重学生的积极参与和主体性。在思政课教学中，教师可以通过组织讨论、案例分析、角色扮演等方式，激发学生的兴趣和参与度，引导学生积极参与到课堂教学活动中来。在讨论社会现实问题时，可以组织学生分组讨论，让学生从不同角度思考和解决问题，激发他们的思维活跃性和创造性，在进行价值观念教育时，可以通过案例分析、角色扮演等方式，让学生身临其境，体验和感受不同价值观念对人生选择和行为规范的影响，从而促进他们对于价值观念的理解和认同。

建构主义理论强调学生之间的交流合作。在思政课教学中，教师可以倡导学生之间的合作学习，让学生通过小组讨论、团队项目等方式，共同探讨和解决问题，提升学生的合作意识和团队精神。在开展社会实践活动时，可以组织学生分组开展调研和实践，让他们共同合作、收集、整理、分析数据，提出解决方案，从而增强学生的实践能力和团队合作能力，在进行思想交流和讨论时，可以组织学生进行辩论赛、主题演讲等活动，让他们通过交流辩论，深入思考，形成自己的观点和见解，促进思想的碰撞和交流。

建构主义理论还注重学生的自主学习和思考能力。在思政课教学中，教师可以通过提供自主学习任务、引导学生独立探究等方式，培养学生的自主学习和思考能力。可以设计探究性学习任务，让学生自主选择课题，进行独立研究和探究，培养他们的问题意识和解决问题的能力，可以鼓励学生进行自主阅读和思考，引导他们从多种信息源获取知识，形成独立思考和判断能力，提升综合素质和学习能力。

建构主义理论在思政课教学中具有重要的应用价值。通过激发学生的积极参与和主体性，促进学生之间的交流合作，培养学生的自主学习和思考能力，可以促进学生思想的独立发展和全面提升，实现教育目标的有效达成。因此，教师在思政课教学中应充分运用建构主义理论，设计合适的教学活动和教学方式，为学生的思想政治教育提供更加有效和有益的支持和指导。

2. 学习社区理论

学习社区理论是教育领域中的一种重要理论，它强调学生在学习过程中通过与他人的互动和合作，共同构建知识，形成学习社区。这一理论对思政课教学改革具有重要的指导作用，可以帮助构建具有共同目标和互动性的学习环境，促进学生思想品质的培养和全面发展。

学习社区理论强调学生之间的互动和合作。在思政课教学中，传统的教学模式往往是以教师为中心，学生被动接受知识。学习社区理论提倡学生之间的合作与互动，通过集体讨论、小组合作等方式，促进学生之间的知识交流和共同构建。可以在课堂上组织学生进行小组讨论，让他们分享自己的观点和见解，从而形成思想碰撞和共识，拓展思维广度和深度。这种互动和合作的学习方式有助于激发学生的学习兴趣和动力，增强学生对于知识的理解和应用能力。

学习社区理论倡导营造具有共同目标的学习环境。在思政课教学中，明确的学习目标和导向对于教学效果至关重要。学习社区理论强调共同目标的设定，可以帮助学生明确学习方向，形成学习共同体，增强学习的凝聚力和合作性。可以通过设定项目任务、课程项目等方式，让学生共同参与到课程设计和实施中，形成共同探索和成果分享的学习氛围。这种共同目标的设定有助于激发学生的团队合作精神和创新意识，培养学生的综合素质和社会责任感。

学习社区理论强调学习环境的互动性和开放性。传统的思政课教学往往以课堂讲授为主，学生的学习空间受到限制。而学习社区理论倡导打破传统的学习模式，提倡学习环境的互动性和开放性。可以利用在线教育平台和社交媒体等工具，拓展学生的学习空间，让学生可以随时随地进行学习和交流。同时，也可以借助线上线下结合的方式，组织学生参与到实践活动、社会调研等中，增强学生的实践能力和社会参与意识。这种开放式的学习环境有助于激发学生的创新精神和实践能力，提升教学效果和学习体验的质量。

学习社区理论对于思政课教学改革具有重要的指导作用。通过强调学生之间的互动和合作、共同目标的设定以及学习环境的互动性和开放性，可以构建具有活力和创新性的学习社区，促进学生思想品质的培养和全面发展。未来，在教学实践中应当更加注重学习社区理论的运用，积极探索创新的教学模式，为学生提供更优质的教育教学服务。

（二）教学方法论

在思政课教学中，问题驱动教学是一种有效的教学方法论。通过讨论和解决问题，可以促进学生的思辨能力和创新意识，培养他们独立思考和解决问题的能力。这种教学方法不仅能够提高学生的学习兴趣和动力，还能够培养他们的批判性思维和创新性思维，使其更好地理解和应用所学知识，更好地适应未来社会的发展需求。

问题驱动教学可以激发学生的学习兴趣和主动性。通过提出具有挑战性和启发性的问题，可以引起学生的思考和探索欲望，激发他们对知识的好奇心和探索欲望。在思政课教学中，可以选择一些具有现实意义和社会价值的问题，如社会公平、民主法治、环境保护等，通过讨论和解决这些问题，引导学生思考社会现象背后的原因和影响，培养他们的社会责任感和公民意识。

问题驱动教学有利于培养学生的批判性思维和创新性思维。在解决问题的过程中，学生需要分析问题、提出假设、收集证据、进行推理，培养他们理性思考和逻辑推理能力。同时，问题驱动教学也鼓励学生勇于质疑和挑战权威观点，培养他们的批判性思维和独立思考能力。通过解决问题的过程，学生可能会提出新的见解和观点，培养他们的创新意识和创造性思维，促进他们从传统思维模式中跳脱出来，形成自己独特的思维方式和观点。

问题驱动教学有助于培养学生的合作精神和团队意识。在解决复杂问题的过程中，学生往往需要分工合作、共同讨论、协同解决，这样可以培养他们的团队合作能力和沟通协调能力。特别是在思政课教学中，可以通过小组讨论、团队项目等形式，培养学生的合作精神和团队意识，使其具备团队协作和领导能力，适应未来社会的发展需求。

问题驱动教学还可以提高教学效果和学习深度。通过解决问题的过程，学生往往能够更深入地理解和应用所学知识，形成对知识的内化和转化，提高学习效果和学习深度。与传统的单向传授知识相比，问题驱动教学更注重学生的主动参与和实践探究，有助于培养学生的学习兴趣和学习动力，提高教学效果和学习效率。

问题驱动教学在思政课教学中具有重要的意义和作用。通过讨论和解决问题，可以激发学生的学习兴趣和主动性，培养他们的批判性思维和创新性思维，提高教学效果和学习深度。因此，教育机构和教育者应积极推广和应用问题驱动教学方法，为学生提供更丰富的学习体验和发展空间。

二、高校思政课教学改革的方法论

注重问题导向教学。思政课应该关注当代社会和学生面临的问题，引导学生通过思辨和探索，形成正确的人生观、价值观和世界观。通过引导学生思考和解决实际问题的过程，提高其综合素质和创新能力。

采用互动式教学方法。思政课教学应该注重师生互动，通过小组讨论、案例分析、角色扮演等方式，激发学生的学习兴趣和参与度，促进思想交流和碰撞，使课堂更加生动有趣。

借助现代教育技术手段。结合信息化教学平台、多媒体教学资源等技术手段，丰富思政课教学内容，提高教学效果。利用网络直播、教学视频等形式，拓展教学边界，提供更丰富多样的学习资源。

培养学生的实践能力。思政课应该注重将理论知识与实践相结合，通过社会实践、实验实践等形式，让学生将所学知识应用于实际问题中，培养他们的创新思维和解决问题的能力。

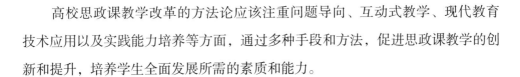

高校思政课教学改革的方法论应该注重问题导向、互动式教学、现代教育技术应用以及实践能力培养等方面，通过多种手段和方法，促进思政课教学的创新和提升，培养学生全面发展所需的素质和能力。

（一）教学策略

1. 个性化教学

个性化教学在思政课教学中具有重要的意义，它可以更好地满足学生的学习需求和提高教学效果。在实施个性化教学时，教师需要根据学生的特点和需求设计差异化的教学方案，采取多样化的教学方法和手段，帮助学生更好地理解和掌握思政课程内容，提升学习兴趣和参与度。

个性化教学的实施需要充分了解学生的特点和需求。每个学生的学习能力、学习方式、学习习惯等都有所不同，因此，教师应该通过问卷调查、个别面谈、观察学生课堂表现等方式，全面了解学生的学习特点和需求。有些学生更喜欢通过听讲的方式学习，有些学生更擅长通过图像和图表理解概念，有些学生则更喜欢通过实践活动来巩固知识。了解学生的特点和需求是个性化教学的基础，可以为教学方案的设计提供重要的参考依据。

个性化教学的实施需要设计差异化的教学方案。根据学生的特点和需求，教师可以设计不同层次、不同难度的教学内容和教学活动，以满足学生的学习需求。对于学习能力较强的学生，可以设置更深入、更拓展的学习内容和任务，鼓励他们进行深度思考和探索，对于学习能力较弱的学生，可以设置更简单、更直观的学习内容和任务，帮助他们理解和掌握基本知识。教师还可以根据学生的学习方式和学习习惯，采用不同的教学方法和手段，如讲授、讨论、实践、案例分析等，使教学过程更加生动有趣，更能吸引学生的注意力和积极参与。

个性化教学的实施需要充分利用现代教育技术和教学资源。现代教育技术和教学资源丰富多样，可以为个性化教学提供重要支持和帮助。教师可以利用多媒体教学手段，设计丰富多彩的教学课件和教学视频，以图文并茂、生动形象的方式呈现思政课程内容，提升学生的学习兴趣和理解能力，可以利用在线教学平台，开设在线讨论区、作业提交区等功能，促进学生之间的互动交流和合作学习，激发学生的学习积极性和参与度。通过充分利用现代教育技术和教学资源，可以更好地实施个性化教学，提高教学效果和教学质量。

个性化教学的实施需要注重教学过程的反馈和调整。在教学过程中，教师应该不断收集学生的学习反馈和意见，了解学生对教学内容和教学方法的看法和评价，及时调整和优化教学方案。可以通过课堂测验、作业评价、学习反馈问卷等方式收集学生的反馈信息，分析学生的学习情况和学习表现，及时调整教学内容和教学方法，确保教学过程更加贴近学生的学习需求和实际情况。通过不断的反馈和调整，可以不断改进教学效果，提升学生的学习成效和满意度。

个性化教学在思政课教学中具有重要的实施意义。通过充分了解学生的特点和需求，设计差异化的教学方案，充分利用现代教育技术和教学资源，注重教学过程的反馈和调整，可以更好地实施个性化教学，提高教学效果和教学质量，促进学生的全面发展和成长。因此，教师和教育机构应该重视个性化教学的实施，不断探索和创新教学方法，为学生提供更加优质和有效的教育服务。

2. 多元评价

多元评价在思政课教学改革中具有重要的应用意义，通过采用多种评价方式评估学生的综合素养和学习成果，可以更全面、客观地了解学生的学习情况和发展水平，为教学改革提供科学依据和有效支持。

多元评价应该包括定量评价和定性评价相结合。定量评价可以通过考试成绩、作业质量、实践成果等指标进行评估，客观地反映学生的知识水平和技能掌握程度，定性评价可以通过学生自评、教师评价、同行评议等方式进行评估，更细致地了解学生的学习态度、思维能力和创新潜力。两种评价方式相结合，可以更全面地评估学生的综合素质和发展状况，为教学改革提供更多样化的评价数据。

多元评价应该注重学生的自主参与和反馈。学生是教学活动的主体，他们的参与和反馈对于评价结果的准确性和有效性具有重要意义。因此，多元评价应该鼓励学生参与评价过程，提供自我评价和同伴评价等多维度的评价信息，帮助他们更好地了解自己的学习状况和发展需求，促进学生的自主学习和自我提升。

多元评价应该注重跨学科、跨领域的评价内容和标准。思政课程涉及到哲学、政治、经济、文化等多个学科领域，涵盖了多种知识和能力要求。因此，多元评价应该考虑跨学科、跨领域的评价内容和标准，既要评价学生的学科知识和专业能力，也要评价学生的思维能力、创新能力和社会责任感等综合素质，确保评价结果全面准确，有利于学生全面发展。

多元评价应该充分利用现代教育技术手段。现代教育技术如在线测评平台、数字化评价工具等，可以为多元评价提供便利和支持，实现评价过程的自动化、信息化。教师可以通过这些技术手段，快速获取评价数据，进行数据分析和反馈，及时调整教学策略和内容，提高评价效率和准确性，促进教学改革和教学质量的提升。

多元评价应该注重评价结果的应用和改进。评价结果不仅是对学生学习情况的反馈，更是对教学质量的评估和改进的依据。因此，多元评价的结果应该被用于制定教学改进计划，明确改进目标和措施，监督和评估改进效果，推动教学质量的持续提升和改进。同时，多元评价还应该为学生提供个性化的学习建议和指导，帮助他们更好地发展和成长。

多元评价在思政课教学改革中具有重要的应用价值。通过采用多种评价方式、注重学生参与和反馈、跨学科、跨领域评价、充分利用现代教育技术手段等措施，可以更全面、客观地评估学生的综合素养和学习成果，为教学改革提供科学依据和有效支持，推动思政课程的发展和进步。

（二）课程设计与教学组织

1. 课程设计

设计一门思政课程需要考虑多个关键要素和原则，这些要素和原则决定了课程的质量和效果。需要明确教学目标。教学目标是课程设计的基础，它体现了课程的价值和意义，指导着教学内容和教学活动的设计。教学目标应当具有明确性、可测量性、挑战性和可达性，能够激发学生的学习兴趣和动力，促进其全面发展和提升。

设计教学内容是关键环节。教学内容应当与教学目标相一致，具有针对性和系统性，能够全面覆盖课程的核心知识和重要概念。在思政课程设计中，教学内容应当涵盖哲学、政治、法律、经济等多个领域，既要有理论知识的传授，又要有实践案例的引入，既要有历史文化的介绍，又要有现实问题的分析。教学内容的设计要符合学生的认知特点和学习需求，能够激发学生的思考和探究欲望。

教学活动的设计也至关重要。教学活动是教学内容的具体呈现和实施方式，包括讲授、讨论、实践、评估等环节。在思政课程设计中，教学活动应当多样化、生动化，注重互动和参与，能够激发学生的学习兴趣和积极性。比如，可以采用案例分析、小组讨论、角色扮演、互动讲座等方式，让学生在实际情境中进行学习和思考，提升其问题解决能力和创新意识。

还需要考虑教学评估的要素。教学评估是对教学过程和效果进行检验和评价，有助于发现问题、调整教学方法、提高教学效果。在思政课程设计中，教学评估应当具有科学性和客观性，既要考核学生的知识掌握程度，又要考核其综合能力和素质发展情况。可以采用定期测验、课堂参与、作业评定、项目报告等多种评估方式，全面了解学生的学习情况和成长趋势，为教学改进和优化提供依据。

还需要关注教学资源和环境的配置。教学资源包括教材、多媒体设备、实验室等，它们应当与教学内容和教学活动相匹配，能够支持教学目标的实现。教学环境包括课堂环境、网络环境、社会环境等，它们应当有利于学生的学习和发展，能够激发学生的学习兴趣和积极性。

思政课程设计的关键要素和原则包括明确教学目标、设计教学内容和活动、考虑教学评估、配置教学资源和环境等。这些要素和原则相互关联、相互作用，共同构建了一门高质量的思政课程，为学生的全面发展和综合素质的提升提供了有效支持和保障。

2. 教学组织

教学组织对思政课教学改革具有重要的影响，它涉及到如何有效管理课堂时间、合理组织教学资源等方面，直接影响着教学效果和学生学习体验的提升。教学组织的合理安排和管理不仅可以提高教学效率，还可以激发学生的学习兴趣，促进学生的综合素质和能力的提升。

首先，有效管理课堂时间是教学组织的关键环节之一。在思政课教学中，课堂时间的合理利用直接影响着教学内容的传达和学生学习的效果。因此，教师需要对课堂时间进行科学分配和安排，充分利用宝贵的教学时间，确保教学活动的顺利进行和教学目标的达成。例如，可以采用精确的课时规划，根据教学内容和教学目标合理安排每个环节的时间，做到有条不紊地进行教学活动；可以灵活运用各种教学方法和教学工具，提高课堂教学效率，激发学生的学习兴趣和积极性；可以合理安排课堂互动环节，增加学生参与度，促进思想交流和碰撞，丰富教学内容，提升教学效果。

其次，组织教学资源是教学组织的重要内容之一。在数字化教育时代，教学资源的丰富和优化对于教学效果和学生学习体验的提升至关重要。因此，教师需要合理组织和管理教学资源，包括但不限于教学课件、教学文献、教学视频、教学案例等方面的资源。例如，可以结合课程内容和教学目标，精心设计和制作教学课件，通过多媒体展示和图文并茂的方式，生动直观地展示知识点和案例分析，提高学生对知识的理解和掌握；可以收集整理优质的教学文献和教学视频，作为教学参考和补充材料，丰富教学内容，拓展学生的学习视野和思维广度；可以积极利用网络资源和数字化教学平台，获取和分享教学资源，提升教学效果和教学质量。

此外，教学组织还应注重教学过程的灵活性和多样性。在思政课教学中，教师可以通过多种形式和手段组织教学活动，满足不同学生的学习需求和学习风格，提升教学的针对性和有效性。例如，可以结合线上线下教学模式，灵活组织教学活动，满足学生的学习需求；可以组织多种形式的教学活动，如讨论研讨、案例分析、小组合作、实践活动等，激发学生的学习兴趣和参与度，促进学生的综合素质和能力的提升；可以采用个性化教学方法，根据学生的学习特点和学习风格，量身定制教学方案，提高教学的针对性和有效性。

综上所述，教学组织对思政课教学改革具有重要的影响，它涉及到如何有效管理课堂时间、合理组织教学资源等方面，直接影响着教学效果和学生学习体验的提升。因此，教师在思政课教学中应充分重视教学组织工作，科学合理地安排课堂时间、组织教学资源，灵活多样地组织教学活动，为学生的思想政治教育提供更加有效和有益的支持和指导。

第三章　教育数字化背景下高校思政课教学模式创新

第一节　基于教育数字化的思政课课堂教学模式创新

一、基于教育数字化的思政课课堂教学模式创新的必要性

教学模式创新的必要性体现在多个方面。随着社会的不断发展和科技的进步，传统的教学模式已经无法满足现代学习者的需求。学生们对知识的获取方式、学习节奏和学习内容有了更高的期待，需要更加多样化、灵活化的教学模式来满足他们的学习需求。

教学模式创新可以促进教育教学质量的提升。通过引入新的教学方法、技术和工具，可以激发学生的学习兴趣，提高他们的学习效率和学习成果。同时，创新的教学模式也可以促进教师教学水平的提高，激发他们的教学激情和创造力。

教学模式创新还可以促进教育资源的优化和共享。通过在线教育、远程教学等方式，可以打破地域限制，实现教育资源的全球化共享，让更多的学生受益于优质的教育资源。

教学模式创新是适应时代发展和满足学生需求的需要，是提高教育教学质量和促进教育公平的重要途径。我们需要不断探索和尝试，不断推进教学模式的创新，为教育事业的发展贡献力量。

（一）技术发展对教育的影响

1.移动互联网时代的挑战与机遇

在移动互联网时代，学生获取信息的渠道更加广泛，这对传统教育提出了

挑战，但同时也为教育数字化带来了机遇。随着移动互联网技术的快速发展，教育界面临着前所未有的变革，需要适应新的挑战和利用机遇，以更好地服务学生和教育事业的发展。

我们需要认识到移动互联网时代给传统教育带来的挑战。传统教育主要依靠课堂教学和纸质教材，但在移动互联网时代，学生可以通过各种移动设备随时随地获取丰富的信息资源，这使得传统教学模式面临着挑战。学生可能更倾向于通过互联网搜索和在线学习平台获取知识，而不是完全依赖教师和课堂教学。因此，教育机构和教师需要认识到这种挑战，加强教学内容和方法的创新，提高教学的吸引力和有效性，以留住学生并提升教育质量。

移动互联网时代也为教育数字化带来了巨大的机遇。利用移动互联网技术，教育可以打破时间和空间的限制，实现随时随地的学习。学生可以通过移动设备在线学习，获取丰富的教育资源，参与在线讨论和互动，这为个性化教学、远程教育和在线教育提供了便利条件。教育机构可以利用移动互联网技术开发在线教学平台和教育应用软件，为学生提供更加灵活和便捷的学习方式，拓展教育服务的范围和深度，提升教育的普及性和质量。

移动互联网时代也为教育提供了更多的教学工具和资源。教育可以利用移动设备、智能手机、平板电脑等多种设备，结合在线课程、教学视频、电子书籍等多样化的教学资源，为学生提供更加丰富多样的学习体验。教育可以通过教学视频展示实验过程、模拟操作技能、呈现生动有趣的教学内容，激发学生的学习兴趣和参与度，可以通过在线测试和作业系统，及时评估学生的学习情况，帮助学生及时发现和解决问题，提高学习效率和成果。

移动互联网时代也要求教育机构和教师加强对学生的引导和管理。尽管移动互联网为学生提供了更多的学习机会和资源，但也面临着信息泛滥、碎片化学习和学习效果不确定的挑战。因此，教育需要加强对学生的信息素养教育，教导学生正确获取和利用信息的方法和技巧，培养学生的自主学习能力和批判性思维能力。同时，教育还需要加强对学生的监督和管理，引导学生合理利用移动互联网进行学习，防止学生沉迷于网络游戏和不良信息，影响学习效果和身心健康。

移动互联网时代既带来了挑战，也为教育数字化带来了机遇。教育机构和教师需要认识到这些挑战和机遇，积极应对，加强教学创新和教学管理，利用移动互联网技术为学生提供更好的学习体验和服务，推动教育事业的健康发展。

2.技术对学生学习方式的改变

随着技术的迅速发展和普及，学生的学习方式正在经历着根本性的改变。在数字化环境中，学生习惯了快速获取信息、多媒体展示的学习方式，这使得传统的课堂教学模式可能不再适用。教育数字化的过程中，我们需要更加关注学生的学习习惯和需求，以更有效地传递知识。

技术的发展改变了学生获取信息的方式。过去，学生主要通过书籍、讲座等传统媒介获取知识，信息获取速度相对较慢。而现在，随着互联网和数字化技术的普及，学生可以通过搜索引擎、在线课程、教育应用等途径快速获取所需信息。这种便捷的信息获取方式使得学生更加倾向于自主学习和独立思考，不再依赖于传统的教师讲授。因此，教育者需要重视培养学生的信息获取和筛选能力，引导他们正确有效地利用网络资源进行学习。

技术的进步改变了学生对于学习资源的需求。学生越来越倾向于多媒体展示的学习方式，他们更容易接受图像、视频、音频等形式的信息呈现。这种多媒体展示方式能够更好地吸引学生的注意力，增强学习的趣味性和参与度。因此，教育者应当利用多媒体技术，设计生动、有趣的教学内容，提升学生的学习体验和效果。可以利用教学视频、图表、动画等多种形式呈现知识，激发学生的学习兴趣，帮助他们更好地理解和掌握所学内容。

技术的发展也催生了新的学习方式和工具。在线学习平台、虚拟实验室、互动课件等教育技术工具的出现，为学生提供了更灵活、便捷的学习环境。学生可以根据自己的时间和节奏进行学习，通过在线课程、网络讨论等形式与老师和同学进行交流和互动。这种个性化、互动式的学习方式有助于激发学生的学习动力和创新思维，提升教学效果。因此，教育者应当善于利用教育技术工具，创新教学模式，满足学生多样化的学习需求。

除此之外，技术的发展还催生了跨越时空的学习方式。学生不再受限于地理位置和时间限制，可以随时随地通过网络学习和交流。这种在线学习的模式使得学习更加灵活自由，也提供了更广阔的学习资源和机会。也需要警惕技术对于学习方式的负面影响，如过度依赖网络、信息过载等问题。因此，教育者应当引导学生正确使用技术，培养良好的学习习惯和自主学习能力。

技术对学生学习方式的改变是不可避免的趋势。教育者需要适应这种变化，重视学生的学习习惯和需求，以更有效地传递知识，提升教学效果和学生学习体验的质量。通过利用多媒体展示、教育技术工具、在线学习等手段，创新教学模式，引领学生迈入数字化时代的学习方式。

（二）数字化教学工具的普及与应用

数字化教学工具的广泛普及和应用已经成为当今教育领域的一大趋势。教学平台、在线课程等数字化工具的应用不仅为教师提供了更多教学资源和交互方式，也为学生提供了更加灵活和便捷的学习途径。这些工具的发展和应用，不仅丰富了教学手段和方式，还促进了教育模式的转型和升级，为教育教学带来了新的可能性和机遇。

数字化教学工具的普及和应用丰富了教学资源和内容。传统的教学方式受限于教室和纸质教材，教师的教学资源相对有限。而数字化教学工具则打破了时空限制，教师可以通过教学平台、在线课程等方式获取更丰富的教学资源，包括视频、音频、图片、互动课件等。这些资源不仅可以丰富教学内容，还可以使教学更具生动性和趣味性，激发学生的学习兴趣和动力。

数字化教学工具提供了更多的交互和互动方式。传统的教学模式往往是单向传授知识，学生的参与度和互动性较低。而数字化教学工具则可以实现师生互动、生生互动，通过在线讨论、网络问答、在线测验等方式，促进师生之间的交流和互动，增强学生的学习体验和参与度。特别是在远程教学和在线教育环境下，数字化教学工具更能发挥其优势，实现随时随地的学习和互动。

数字化教学工具还提供了个性化和自主化的学习途径。传统的教学方式往往是统一的教学内容和进度，学生的学习进度和需求较难得到充分考虑。而数字化教学工具则可以根据学生的学习特点和需求，提供个性化的学习路径和教学内容。通过在线课程、自主学习模式等方式，学生可以根据自己的学习节奏和兴趣选择学习内容和学习方式，更加灵活和自主地进行学习。

数字化教学工具还促进了教育教学的协同合作和资源共享。教育资源的开发和更新需要耗费大量的时间和精力，而数字化教学工具可以实现资源共享和教学内容的更新和优化。教师可以通过教学平台分享教学资源和教学经验，与其他教师进行教学交流和合作，共同提高教学质量和效果。学生也可以通过在线课程等方式共享学习资源和经验，促进学习共同体的形成和发展。

数字化教学工具的普及和应用对教育教学产生了积极的影响。它丰富了教学资源和内容，提供了更多的交互和互动方式，实现了个性化和自主化的学习途径，促进了教育资源的共享和协同合作。数字化教学工具的应用也面临着一些挑战和问题，如教育资源的质量和可靠性、教学平台的安全性和稳定性等。

二、基于教育数字化的思政课课堂教学教学内容的创新

教学内容创新是教育领域的重要议题。随着社会的发展和科技的进步，教学内容也需要不断更新和创新，以适应时代的需求和学生的学习特点。教学内容创新应该注重以下几个方面：

关注学生的实际需求。教学内容应该贴近学生的生活和兴趣，引导学生主动参与学习，提高学习的积极性和主动性。

注重跨学科和综合性。现实问题往往是复杂的，需要跨学科的知识和综合的思维来解决。因此，教学内容应该打破学科之间的界限，促进学科之间的融合，培养学生的综合素养。

强调实践和应用。理论知识的学习离不开实践和应用，教学内容创新应该注重将理论知识与实际问题相结合，通过实践活动提升学生的动手能力和解决问题的能力。

注重个性化和差异化。每个学生的学习特点和需求都有所不同，教学内容创新应该根据学生的个性和差异进行灵活调整，提供个性化的学习路径和资源，促进每个学生的全面发展。

教学内容创新是教育发展的必然要求，需要教育工作者不断探索和实践，

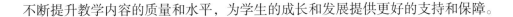

不断提升教学内容的质量和水平，为学生的成长和发展提供更好的支持和保障。

（一）利用数字资源

1. 引入多媒体教学手段

在思政课教学中引入多媒体教学手段是一种有效的教学方法，可以更直观地展示课程中的重要概念和案例，提升学生的理解和记忆效果，增强课堂互动性。多媒体教学手段包括 PPT、视频、音频等，它们能够以图文并茂、生动形象的方式呈现教学内容，激发学生的学习兴趣和积极性，促进思政课教学的有效实施。

利用 PPT 可以更直观地展示思政课程中的重要概念和案例。PPT 是一种结合图像、文字、动画等元素的教学工具，可以将抽象的概念和理论通过图文并茂的方式呈现出来，使学生更容易理解和记忆。比如，在讲解社会主义核心价值观时，可以通过 PPT 展示各个核心价值观的内涵和具体内容，配以相关的图片、视频等素材，使学生对核心价值观有更深入的认识和理解。同时，教师还可以在 PPT 中设置互动环节，如选择题、填空题等，促进学生的积极参与和思考，增强课堂互动性。

利用视频可以生动展示思政课程中的案例和实践活动。视频是一种直观、生动的教学手段，可以通过实地录制、纪录片等形式展示社会实践、现实问题等内容，使学生更加贴近实际、感受真实。在讲解社会问题和现实挑战时，可以通过播放相关的社会调查视频、新闻报道视频等，让学生了解问题的发生和影响，激发学生的社会责任感和参与意识。同时，教师还可以根据学生的学习情况和反馈，设计视频教学素材，帮助学生更好地理解和掌握教学内容。

利用音频可以增强思政课程中的听力训练和口语表达能力。音频是一种便捷、高效的教学手段，可以通过讲解、演讲、讨论等形式进行教学，使学生更加注重听力训练和口语表达，提高语言表达能力和沟通能力。在进行思政课的辩论活动时，可以录制辩论主题的音频，让学生在听取各方观点的基础上展开讨论和辩论，锻炼学生的辩论技巧和表达能力。同时，教师还可以利用音频进行课堂讲解、教学反馈等，增强学生对教学内容的理解和记忆效果。

引入多媒体教学手段可以有效地提升思政课程教学的效果和质量。通过利用 PPT 展示重要概念和案例、利用视频展示实践活动和社会问题、利用音频增强听力训练和口语表达能力，可以使教学内容更加生动有趣、更易于理解和记忆，激发学生的学习兴趣和积极性，促进课堂互动和学习效果的提升。因此，教师应该积极探索和应用多媒体教学手段，为学生提供更加优质和有效的教育服务。

2. 开展线上线下融合教学

融合线上线下教学是当前教育领域的热门话题，通过借助网络平台和在线课程，可以实现线上线下教学的有效融合。在传统的课堂教学中，教师可以利用互动讨论和问题分析引导学生深入思考和交流，而在线教学则可以提供更多的学习资源和作业辅导，使教学更加灵活和全面。融合线上线下教学，不仅可以充分发挥传统教学和在线教学的优势，还可以提供更丰富多样的学习体验，提高教学效果和学生参与度。

线上线下教学的融合需要合理规划教学内容和教学活动。教师可以根据课程特点和学生需求，灵活安排线上线下教学时间和资源，使两者相互补充、互相促进。在线下教学中，可以开展课堂讨论、案例分析、小组合作等活动，引导学生深入思考和交流，而在线教学中，则可以提供课件资料、教学视频、在线测验等资源，帮助学生巩固知识和解决问题。通过合理规划教学内容和教学活动，可以提高教学效果和学习成果。

线上线下教学的融合需要加强教学方法和手段的整合应用。教师可以结合线上线下教学特点，灵活运用不同的教学方法和手段，提高教学的多样性和灵活性。在线下教学中，教师可以采用讲授、示范、演示等方式，引导学生理解和掌握知识，而在线教学中，则可以采用在线课程、网络讲座、虚拟实验等方式，增加学生的学习体验和互动性。通过整合应用不同的教学方法和手段，可以提高学生的学习兴趣和参与度，促进教学效果的提升。

线上线下教学的融合需要加强教师和学生的互动和沟通。教师可以通过线上教学平台或社交媒体工具与学生进行及时互动和交流，了解学生的学习情况和问题，及时进行教学反馈和指导。同时，教师还可以利用在线课程讨论区、在线答疑平台等方式，为学生提供更多的学习支持和帮助，解决学生在学习过程中遇到的困难和疑惑。通过加强教师和学生的互动和沟通，可以促进教学效果的提升和学生学习能力的提高。

线上线下教学的融合需要加强教学资源和技术支持。学校可以建立完善的线上教学平台，提供丰富多样的教学资源和技术支持，为教师和学生提供便利的教学环境和工具。教师可以利用在线教学平台上传教学资源、布置作业、进行在线测验等，实现教学过程的数字化和智能化，学生则可以通过在线平台获取学习资料、参与在线讨论、提交作业等，实现学习的灵活和便利。通过加强教学资源和技术支持，可以提高教学效率和教学质量，促进教学改革和教育现代化。

融合线上线下教学是当前教育领域的重要发展方向，通过借助网络平台和在线课程，可以实现线上线下教学的有效融合。在教学内容和教学方法上合理规划、整合应用，加强教师和学生的互动和沟通，提供完善的教学资源和技术支持，可以促进教学效果的提升，提高学生的学习体验和学习成果，推动教育教学的不断发展和进步。

（二）教学方法创新

在教学方法创新的过程中，基于互动性的教学模式设计成为一种重要趋势。这种教学模式利用数字化教学工具，通过在线投票、讨论板等方式，激发学生的参与积极性，促进学生之间的交流和思想碰撞，从而提高教学效果和学生学习体验。

基于互动性的教学模式设计需要注重教学目标的设定。教学目标是教学设计的出发点和归宿，它应当明确、具体、可衡量，能够指导教学内容和教学活动的设计。在基于互动性的教学模式设计中，教学目标可以包括激发学生学习兴趣、提高学生参与度、促进学生思考能力等方面。通过明确教学目标，教师可以有针对性地选择合适的数字化教学工具，设计具有互动性的教学活动，达到预期的教学效果。

设计互动性教学模式需要注重教学内容的质量和多样性。教学内容应当具有针对性和系统性，能够引发学生的兴趣和思考，激发其学习动力和探究欲望。在数字化教学工具的支持下，教师可以引入丰富多样的教学资源，如视频、图片、文献资料等，通过多媒体展示和互动设计，使教学内容更加生动、直观，引发学生的学习兴趣。同时，教学内容也应当具有挑战性和启发性，能够促使学生进行深入思考和独立探索，培养其问题解决能力和创新意识。

利用数字化教学工具设计互动性教学模式需要注重教学活动的多样性和灵活性。教学活动是教学内容的具体呈现和实施方式，它应当具有互动性、启发性和参与性，能够激发学生的学习兴趣和积极性。数字化教学工具可以提供丰富多样的教学活动设计，如在线投票、讨论板、在线问答、小组讨论、角色扮演等，通过这些方式，学生可以参与到教学过程中来，积极发表观点、交流思想、探讨问题，从而促进学生之间的交流互动，拓展思维视野，增强学习效果。

还需要注重教学评估和反馈的机制设计。教学评估是对教学过程和效果进行检验和评价，有助于发现问题、调整教学方法、提高教学效果。数字化教学工具可以提供实时的评估和反馈功能，如在线测验、问卷调查等，教师可以根据学生的反馈和表现及时调整教学策略，优化教学内容和活动，提高教学效果和学生满意度。

基于互动性的教学模式设计利用数字化教学工具，通过在线投票、讨论板等方式，激发学生的参与积极性，促进学生之间的交流和思想碰撞，是教学方法创新的一种重要实践。通过合理设计教学目标、教学内容、教学活动和评估反馈机制，可以有效提升教学效果，提高学生的学习兴趣和学习成效。

第二节　教育数字化背景下的思政课线上教学模式设计与实践

一、教育数字化背景下的思政课线上教学模式设计

线上教学模式设计需要考虑多个方面，以确保教学效果和学习体验的质量。需要明确教学目标和内容，将课程内容进行有效的拆解和组织，确保线上教学可

以达到预期的教学效果。

需要选择合适的线上教学工具和平台。可以使用视频会议软件进行实时互动教学，利用在线课堂平台进行课程管理和资源共享，结合互动式教学工具提升学生参与度和反馈效果。

线上教学模式设计还需要关注教学方法和教学活动的多样化。可以采用讲解、讨论、案例分析、小组合作等多种教学方法，激发学生的学习兴趣和积极性，提升他们的学习效果。

同时，还要注重线上教学的评估和反馈机制。通过定期的测验、作业和讨论，及时了解学生的学习情况和问题，及时进行调整和反馈，保证教学过程的有效性和学习效果的实现。

线上教学模式设计需要综合考虑教学目标、教学工具、教学方法和评估反馈等多个方面，以确保教学质量和学习体验的优良。

（一）线上教学平台的选择与建设

1. 选用合适的线上教学平台

选择合适的线上教学平台是教育数字化过程中非常重要的一环，需要综合考虑平台的功能是否满足教学需求、用户体验是否友好、数据安全性等因素，以确保教学过程的顺利进行并提升教学效果。

教育机构和教师在选择线上教学平台时，需要充分考虑平台的功能是否能够满足教学需求。不同的教学内容和教学目标可能需要不同的功能支持，因此，教育机构和教师应该根据自身的教学特点和需求，选择具有丰富功能的线上教学平台。平台应该支持在线直播和录播功能，便于教师进行实时授课和课程录制，应该支持在线互动和讨论功能，便于学生与教师之间进行互动交流和学习讨论，应该支持在线作业和考试功能，便于教师进行学生学习情况的评估和反馈。只有平台功能满足教学需求，才能更好地支持教学过程的开展和教学效果的提升。

教育机构和教师在选择线上教学平台时，还需要关注用户体验是否友好。用户体验是指学生和教师在使用教学平台时的舒适程度和便利程度，包括界面设计是否清晰简洁、操作是否方便流畅、响应速度是否快捷等方面。良好的用户体验可以提升学生和教师的学习和教学积极性，促进教学过程的顺利进行。因此，教育机构和教师应该选择界面友好、操作简便的线上教学平台，确保用户体验良好，提升教学效果和学习效率。

教育机构和教师在选择线上教学平台时，还需要关注数据安全性等方面的问题。教育数字化过程中涉及大量的教学数据和个人信息，如学生的学习记录、成绩数据、个人身份信息等，这些信息需要得到有效的保护和管理。因此，教育机构和教师应该选择具有良好数据安全性保障措施的线上教学平台，包括但不限于数据加密传输、权限管理、安全认证等方面的措施，确保教学数据和个人信息的安全可靠，防止信息泄露和数据丢失等问题。

选择合适的线上教学平台需要综合考虑多个因素，包括功能是否满足教学需求、用户体验是否友好、数据安全性等方面。只有平台功能齐全、用户体验良好、数据安全可靠，才能确保教学过程顺利进行，并提升教学效果和学习效率。因此，教育机构和教师在选择线上教学平台时，应该认真评估各种因素，选择最适合自身需求的平台，为教育数字化的发展提供良好的支持和保障。

2.线上教学平台的功能定制与优化

为了更好地满足思政课的特点和教学目标，我们需要对线上教学平台进行功能定制与优化，以增加互动性功能、设计在线测评等，从而提升教学效果。

针对思政课的互动性需求，我们可以增加多种互动功能。设置在线讨论功能，让学生可以在平台上进行课程内容的讨论和交流，分享自己的见解和思考，促进思想碰撞和交流。同时，还可以设计在线问答环节，让学生针对课程知识进行提问和解答，加深对知识的理解和应用。还可以设置在线投票、表情反馈等功能，了解学生对课程内容和教学方式的反馈意见，及时调整教学策略。

我们可以设计并优化在线测评功能，以提升学生的学习积极性和自主学习能力。通过设置不同形式的在线测评，如单选题、多选题、填空题、简答题等，可以全面评估学生对于思政课程知识的掌握程度和理解水平。同时，可以结合实时反馈机制，及时告知学生答题情况和评分结果，激励他们主动学习和提高学习效率。还可以设计个性化的学习路径和学习任务，根据学生的学习情况和能力水平进行智能推荐和个性化引导，帮助学生更好地进行自主学习和知识积累。

对于思政课的教学内容和教学资源，我们也可以进行优化和定制。可以增加丰富多样的教学资源，如教学视频、专题文献、案例分析、专家讲座等，为学生提供更全面、深入的学习内容。同时，可以根据教学目标和学生需求，定制特色化的教学模块和课程设计，引导学生深入思考和探索，培养他们的批判性思维和创新能力。还可以加强与社会实践和社会热点的结合，设计相关项目和任务，让学生通过实践来理解和应用所学知识，增强学习的实效性和深度性。

除此之外，对于线上教学平台的技术支持和服务也需要进行优化。可以加强平台的稳定性和安全性，确保学生和教师可以顺利进行在线学习和教学活动。同时，还可以提供定期的技术培训和指导，帮助教师更好地利用平台进行教学设计和教学管理，提升教学效果和服务质量。还可以建立学习社区和在线支持平台，促进学生和教师之间的交流和合作，共同探讨教学问题和解决方案，形成良好的学习氛围和合作氛围。

通过对线上教学平台的功能定制与优化，我们可以更好地满足思政课的特点和教学目标，增加互动性功能、设计在线测评等，从而提升教学效果。这不仅可以促进学生更好地参与到课程学习中，提高学习积极性和效率，也可以帮助教师更好地进行教学管理和课程设计，提高教学质量和服务水平。随着技术的不断发展和应用，我们可以期待线上教学平台在思政课教学中发挥越来越重要的作用，为学生的全面发展和综合素质提升提供更加优质的教育资源和支持。

（二）线上教学内容设计与开发

为了优化线上教学内容的设计和开发，需要针对线上教学的特点进行重新设计课程内容和教学大纲，合理安排学习任务和学习资源，以确保教学内容的完整性和连贯性。在当前数字化教育环境下，线上教学已经成为一种重要的教学方式，因此，如何有效地设计和开发线上教学内容，提高学生的学习效果和体验，是教育工作者面临的重要任务之一。

针对线上教学的特点，我们需要重新思考课程设计和教学大纲。传统的课程设计往往以课时为单位，按照时间顺序安排教学内容。而线上教学则更注重学习任务和学习目标的达成，强调学生自主学习和互动参与。因此，我们需要重新设计课程内容和教学大纲，将学习任务和学习目标作为主要考量因素，合理安排学习内容和学习顺序，确保教学内容的完整性和连贯性。

合理安排学习任务和学习资源是优化线上教学内容设计的关键。线上教学具有灵活性和便捷性的优势，可以充分利用各种学习资源，如教材、视频、音频、网络链接等。因此，我们可以根据不同的学习任务和学习目标，选择合适的学习资源，为学生提供多样化的学习体验和学习途径。比如，可以结合视频课程、在线讨论、实践项目等方式，使学生在不同的学习场景中获得更丰富的学习体验，提高学习的趣味性和效果。

注重教学内容的完整性和连贯性也是优化线上教学内容设计的重要方面。线上教学往往需要学生在不同的时间和地点进行学习，因此，教学内容的完整性和连贯性对于学生的学习效果和体验至关重要。我们可以通过设计清晰的学习目标和学习路线图，将教学内容分解成逻辑清晰的模块和单元，确保学生能够按照预定的学习路径有序学习，达到学习目标。

教学内容的设计还需要注重与学生的互动和反馈。线上教学虽然便捷，但也容易导致学生的孤立感和学习动力不足。因此，我们可以通过设置在线讨论、网络问答、作业评价等方式，与学生进行互动和交流，及时了解他们的学习情况和问题，提供个性化的学习指导和支持，激发学生的学习兴趣和动力。

不断评估和调整教学内容也是优化线上教学设计的关键。随着科技的发展和教育模式的变革，教学内容也需要不断更新和优化。我们可以通过学生的反馈意见、教学数据分析等方式，评估教学效果和学生学习成果，及时调整教学内容和教学方法，不断提升教学质量和效果。

优化线上教学内容设计需要考虑多方面因素，包括重新设计课程内容和教学大纲、合理安排学习任务和学习资源、注重教学内容的完整性和连贯性、加强与学生的互动和反馈，以及不断评估和调整教学内容。通过这些努力，可以提高线上教学的效果和体验，为学生提供更优质的教育服务。

二、教育数字化背景下的思政课线上教学模式实践

线上教学实践是当前教育领域的热门话题。随着信息技术的发展，线上教

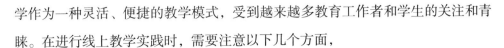

学作为一种灵活、便捷的教学模式，受到越来越多教育工作者和学生的关注和青睐。在进行线上教学实践时，需要注意以下几个方面，

选择合适的教学平台。线上教学平台应具有稳定的技术支持和完善的功能，能够满足教学内容传递、互动交流、作业考核等多方面需求，提供良好的用户体验。

合理设计教学内容。线上教学需要借助多媒体技术，如视频、音频、图片等，增强教学内容的多样性和趣味性，激发学生的学习兴趣和积极性。

注重互动和反馈。线上教学不应只是内容的传递，更应强调学生与教师之间的互动和交流。通过在线讨论、作业批改、答疑解惑等方式，促进师生之间的良好互动，及时给予学生反馈和指导。

关注学生的学习体验。线上教学应该充分考虑学生的学习特点和需求，注重个性化和差异化教学，提供灵活多样的学习资源和方式，让每个学生都能够在线上教学中获得良好的学习体验。

线上教学实践是教育改革的重要方向之一，需要教育工作者不断学习和探索，充分发挥线上教学的优势，为学生提供更加丰富、灵活、个性化的学习环境和服务。

（一）线上教学课堂管理与运营

1.教学课堂管理机制建设

建立完善的线上教学课堂管理机制是数字化教育中至关重要的一环，它包括学生考勤管理、学习进度跟踪、在线作业批改等方面，旨在保障教学秩序和提升教学质量。随着数字化教育的快速发展，线上教学已经成为现代教育的重要组成部分，而建立有效的课堂管理机制则是保证线上教学顺利进行、提高教学效果的关键措施之一。

学生考勤管理是线上教学课堂管理机制中的重要环节。传统课堂上，教师可以通过点名、签到等方式进行考勤管理，而在线教学则需要借助技术手段实现考勤管理的自动化和精确化。教育机构可以利用在线教学平台或考勤管理系统，设计考勤功能模块，让学生通过登录系统进行考勤确认，或者通过识别学生的学号或身份信息进行自动考勤。这种方式既可以减轻教师的管理工作量，又可以确保考勤数据的准确性和可信度，保障教学秩序和规范。

学习进度跟踪是线上教学课堂管理机制的重要内容之一。在线教学平台通常会记录学生的学习行为和学习数据，包括观看课程视频的时长、完成在线作业的情况、参与课堂讨论的频率等。教师可以利用这些数据进行学习进度的跟踪和分析，了解学生的学习情况和学习进展，及时发现学生的学习问题和困难，提供针对性的教学帮助和指导。同时，学习进度跟踪还可以帮助教师评估教学效果，优化教学内容和教学方法，提升教学质量和效果。

在线作业批改也是线上教学课堂管理机制中的重要环节之一。在线教学平台通常会提供作业发布和提交功能，学生可以在平台上完成作业并提交，教师可以利用在线作业批改功能对学生的作业进行评分和反馈。这种方式不仅可以减少纸质作业的管理和批改工作量，还可以提高批改的效率和准确性。教师可以根据学生的作业情况进行评分和评价，给予学生及时有效的反馈和建议，帮助学生提升学习水平和能力。

除了以上三个方面，线上教学课堂管理机制还可以包括课程资源管理、学生成绩管理、课堂讨论管理等内容。教育机构和教师可以根据自身的实际情况和需求，设计和建立符合教学要求的课堂管理机制，确保线上教学的顺利进行和教学质量的提升。教育机构还应该加强对教师和学生的培训和指导，使其熟练掌握线上教学平台和管理系统的使用方法，提高教学效率和教学质量。

建立完善的线上教学课堂管理机制是数字化教育发展的必然要求，也是保障教学秩序和提升教学质量的关键举措。通过学生考勤管理、学习进度跟踪、在线作业批改等方面的管理机制，可以有效地管理和监控线上教学的各个环节，提高教学效果和教学质量，满足学生和教师的教学需求，推动数字化教育的健康发展。因此，教育机构和教师应该重视线上教学课堂管理机制的建设，不断完善和优化相关管理机制，为教学提供更加优质和有效的支持和服务。

2.线上教学课堂运营策略

在当前数字化教育时代，制定有效的线上教学课堂运营策略至关重要，这包括课程推广策略、学生参与活动策略等方面。通过科学合理的策略规划，可以增加学生的参与度和满意度，提升线上教学的效果和质量，推动教育的持续发展。

课程推广策略是线上教学课堂运营的重要环节。为了吸引更多学生参与线上课程，需要采取多种宣传和推广措施。可以通过学校官方网站、社交媒体平台、校园广播等渠道，及时发布线上课程信息和课程优势，吸引学生关注和参与。同时，可以邀请知名教师或专家进行线上讲座或宣讲，提高课程的知名度和影响力。还可以通过学生推荐、奖励优惠等方式，鼓励学生积极参与线上课程，扩大课程的影响范围和受众群体。

学生参与活动策略是线上教学课堂运营的关键环节。为了增加学生的参与度和满意度，需要设计多样化、有趣味性的学生活动。可以开展线上讨论、小组合作、案例分析、在线答疑等活动，引导学生积极参与课程讨论和互动，提高学习效果和学生满意度。同时，可以组织线上比赛、主题讲座、学术论坛等活动，丰富学生的学习体验和社交互动，增强学生的学习兴趣和参与热情。通过精心设计的学生参与活动策略，可以激发学生的学习动力和创新意识，提高课程的教学质量和学生的学习体验。

教学内容和教学方法也是影响线上教学课堂运营效果的重要因素。为了提高学生的参与度和满意度，需要注重教学内容的质量和教学方法的灵活性。教学内容应该具有前瞻性、实用性和趣味性，能够吸引学生的注意力和兴趣，激发学生的学习欲望和动力。教学方法应该多样化、灵活性强，结合线上教学特点，采用讲授、互动、案例分析、实践操作等多种教学方法，提高教学效果和学生的学习体验。通过优质的教学内容和教学方法，可以增加学生对线上课程的信任和满意度，提升课程的知名度和口碑。

技术支持和服务保障也是线上教学课堂运营的关键环节。为了保障线上教学的顺利进行，需要提供稳定可靠的技术支持和优质的服务保障。学校可以建立完善的线上教学平台，提供清晰易用的界面和功能，方便学生和教师进行在线学习和教学活动。同时，需要保障网络稳定性和教学设备的正常运行，及时解决技术故障和问题，确保线上课程的顺利进行。同时，还可以建立在线咨询服务、问题解答平台等，为学生提供及时有效的服务支持，解决学生在学习过程中遇到的困难和疑问，提高学生的学习体验和满意度。

制定有效的线上教学课堂运营策略是推动线上教育发展和提升教学质量的关键举措。通过科学合理的课程推广策略、学生参与活动策略等措施，可以增加学生的参与度和满意度，提升线上教学的效果。

（二）线上教学评估与改进

在线教学评估和改进是数字化教育中至关重要的一环，尤其在建立科学的学生学习评估机制方面更是关键。这种机制应当涵盖学习成绩评定、学习反馈以及建议收集等方面，以便及时了解学生的学习情况和需求，进而对教学进行调整和改进。

学生学习评估机制的建立需要从多个维度入手。其中，学习成绩评定是一项重要环节。传统的成绩评定主要以考试和作业为主，但在线教学环境下，可以结合更多元的评估方式，如在线测验、课堂参与、项目报告等。这些方式能够全面了解学生的学习情况和水平，避免单一评价带来的片面性。学习反馈也是评估机制中的关键部分。通过学生的反馈和意见收集，教师可以了解到学生对教学内容、教学方法以及学习体验的感受和看法，及时调整教学策略，优化教学效果。

建立科学的学生学习评估机制需要关注数据的收集和分析。数字化教学环境提供了丰富的数据来源，如在线学习平台的学习记录、作业提交情况、在线测验成绩等。教师可以利用这些数据进行学生学习情况的跟踪和分析，发现学习中的问题和瓶颈，有针对性地进行教学改进和辅导指导。同时，还可以利用数据分析工具对学生学习数据进行挖掘和分析，发现学生学习的规律和趋势，为教学调整和个性化教育提供依据。

除了定量数据的收集和分析外，还需要注重定性数据的获取和利用。这包括学生的学习反馈、意见建议以及教师对学生学习情况的观察和评估。通过定性数据的收集和分析，可以更全面地了解学生的学习状态和需求，发现问题和改进空间，促进学生学习效果的提高。

学生学习评估机制还应当注重建立学生参与的机制。学生应当参与到评估和改进过程中来，可以通过开展学生满意度调查、教学效果评价等活动，收集学生的意见和建议，了解他们对教学的看法和期望，共同探讨如何优化教学过程和提升学习效果。还可以通过学生参与课程设计、项目实践等方式，增强学生的主动性和参与感，培养其学习自觉性和创新能力。

建立科学的学生学习评估机制是在线教学评估和改进的关键环节。这种机制应当包括学习成绩评定、学习反馈、数据分析、定性数据收集、学生参与等方面，以便全面了解学生的学习情况和需求，及时调整教学策略，优化教学效果，提升学生学习体验和成效。

第三节　教育数字化背景下的思政课融合式教学模式探索

一、融合式教学模式的理论基础和设计原则

合式教学模式结合了传统教学和现代技术手段，是一种融合性教学模式，其理论基础和设计原则包括以下几个方面。

合式教学模式的理论基础在于认知学习理论和构建主义教育理念。认知学习理论认为学习是一种主动的、构建知识结构的过程，合式教学模式通过融合传统教学和现代技术，提供了更加多样化、灵活化的学习环境，有利于学生自主探究和知识构建。

合式教学模式设计的原则包括多样性原则、个性化原则和互动性原则。多样性原则指教学内容和方法应该多样化，结合传统教学和现代技术手段，满足不同学生的学习需求，个性化原则强调教学应该根据学生的个体差异进行调整和设计，提供个性化的学习体验，互动性原则要求教学过程中学生和教师之间、学生之间要有积极的互动和合作，促进学习效果的提升。

合式教学模式设计还应该注重教学资源的优化和共享，充分利用现代技术手段进行教学内容的制作、管理和传播，实现教育资源的共享和开放。

合式教学模式的理论基础和设计原则体现了对学习过程的认知和教育理念

的尊重，旨在提供更加有效、灵活和个性化的学习体验，促进学生的全面发展和学习效果的提升。

（一）教育数字化与思政课融合的理论基础

1.教育数字化对思政教育的影响

教育数字化的快速发展对思政教育带来了深远的影响，这种影响涉及教学内容的丰富性、教学方式的多样性以及学习环境的变革。数字化技术的应用为思政课程注入了新的活力和可能性，促使思政教育更加贴近学生需求、更加生动有趣、更加有效果。让我们深入分析教育数字化对思政教育的影响，并探讨数字化技术在思政教育中的应用前景。

教育数字化带来了思政教育内容的丰富化和多样化。传统的思政教育内容主要以课堂讲授和教材阅读为主，信息传递相对单一，缺乏互动性和趣味性。随着数字化技术的应用，思政教育的内容呈现出多样化和立体化的趋势。可以通过制作教学视频、设计网络课件、开展在线讨论等方式，丰富思政教育的内容形式，使学生在学习中获得更加生动的体验和更丰富的知识。数字化技术还可以利用多媒体手段呈现教育内容，如图像、音频、视频等，让抽象的思政概念变得更加具体和易于理解，提升学生的学习兴趣和参与度。

教育数字化促进了思政教育的教学方式的多样性和灵活性。传统的思政教育主要以教师为中心，以课堂讲授和书本阅读为主要教学方式，学生的学习被动性较强。在数字化技术的支持下，思政教育的教学方式变得更加灵活多样。教师可以利用在线教学平台进行网络直播、录制教学视频、布置在线作业等，使学生可以随时随地进行学习，打破时间和空间的限制。同时，教师还可以利用网络互动工具开展在线讨论、小组合作学习、实时答疑等活动，促进学生之间的交流与合作，增强学生的学习效果和团队意识。

教育数字化还为思政教育提供了更加开放和灵活的学习环境。传统的思政教育主要依赖于固定的学习场所和教学设备，学生的学习环境相对封闭和局限。数字化技术的发展使得学习环境更加开放和灵活。学生可以通过网络学习平台、在线图书馆等获取丰富的学习资源，不再受限于传统教室和教材，可以根据自己的学习节奏和兴趣进行学习，提升学习的自主性和个性化。同时，数字化技术还可以实现跨地域的教学资源共享和互动交流，促进思政教育的国际化和多元化发展。

在数字化技术的应用前景方面，可以预见教育数字化将继续深化对思政教育的影响，并带来更多的创新和变革。随着人工智能、大数据、虚拟现实等技术的不断发展，思政教育将更加注重个性化教学和智能化辅助教学。教育数字化将能够根据学生的学习需求和兴趣，提供个性化的学习推荐和学习路径，帮助学生更加高效地学习思政知识。数字化技术还将促进思政教育与其他学科的跨学科融合，创新教学内容和方法，拓展思政教育的视野和影响力。可以通过跨学科的思政课程设计和合作教学项目，将思政教育与文学、历史、艺术等学科融合，使思政教育更加具有综合性和实践性。

教育数字化对思政教育的影响是多方面的，包括教学内容的丰富化、教学方式的多样性、学习环境的变革等方面。数字化技术的应用为思政教育注入了新的活力和可能性，拓展了思政教育的发展空间，提升了教学效果和学习体验。未来，教育数字化将继续深化对思政教育的影响，促进思政教育的创新和变革，为培养德智体美劳全面发展的社会主义建设者和接班人做出更大的贡献。

2.融合式教学模式的概念与特点

融合式教学模式，作为一种现代教育的发展趋势，旨在整合多种教学手段与资源，创造更为丰富、灵活的学习环境，以促进学生全面发展。在这一模式中，线上线下教学融合、教学资源融合、学习活动融合等方面起着关键作用。

线上线下教学融合是融合式教学模式的重要组成部分。传统的面对面授课和现代的在线学习平台相结合，为学生提供了更为灵活的学习选择。在课堂教学中，老师可以利用在线资源进行知识讲解和案例分析，而学生则可以通过在线平台参与讨论、提交作业，并获得实时反馈。这种融合不仅可以充分利用网络技术的优势，提高教学效率，还能够保留传统教学的人情味与互动性，使教学更具活力。

教学资源融合是融合式教学模式的又一特点。传统教学往往受限于教材的局限性，而融合式教学模式则可以通过整合多种教学资源，打破这种局限。教师可以结合教材、网络资源、多媒体教学软件等，设计更为多样化、生动有趣的教学内容。学生也可以通过多种渠道获取知识，拓展学习视野，提高学习的自主性和主动性。这种资源的融合不仅丰富了教学内容，还能够激发学生的学习兴趣，提升他们的学习动力。

学习活动融合也是融合式教学模式的一大特点。传统的教学往往以教师为中心，学生主要是被动接受知识，而融合式教学模式则更加注重学生的参与与合作。在这种模式下，教师可以设计各种多样化的学习活动，如小组讨论、项目研究、实践操作等，激发学生的学习兴趣，培养他们的问题解决能力和团队合作精神。通过这种融合，学生不仅能够更好地理解知识，还能够将知识应用到实际生活中，提高其实践能力和创新能力。

融合式教学模式通过线上线下教学融合、教学资源融合、学习活动融合等方面的创新，为教育教学带来了新的发展机遇。在这一模式下，教师可以更好地发挥自己的教学才能，学生也能够更好地发挥自己的学习潜能，实现教育教学的双赢。因此，融合式教学模式必将成为未来教育的主流趋势，为教育事业的发展注入新的活力。

（二）融合式思政课教学模式的设计原则

设计融合式思政课教学模式的过程中，需要遵循一系列关键原则，以确保教学的有效性和质量。在整个设计过程中，教学内容的融合设计尤为关键，这涉及到线上线下教学内容的有机结合，以确保教学内容的连贯性和完整性。在这一设计中，有几个重要的原则需要特别注意。

设计融合式思政课教学模式时，要充分考虑学生的学习需求和特点。这意味着教学内容的选择和设计应当贴近学生的实际情况和学习兴趣，既要保证思政课的严肃性和权威性，又要注重内容的生动性和趣味性，激发学生的学习动力和兴趣。

教学内容的融合设计要注重多样性和灵活性。这包括在内容选择上兼顾不同形式和类型的教学资源，如文字、图片、音视频等，以及不同层次和深度的教学内容，从基础知识到案例分析、实践活动等，以满足不同学生的学习需求和学习风格。

教学内容的融合设计还需要注重跨学科的整合。思政课作为一门综合性课程，应当借鉴和整合各个学科的理论和方法，使教学内容更加丰富和立体。可以结合政治学、社会学、心理学等相关学科的理论来分析和解释一些思政课的重要问题和案例，以提升教学的深度和广度。

教学内容的融合设计还应当注重实践性和应用性。这意味着教学内容不仅要有理论性和抽象性，还应当注重联系实际和解决问题的能力培养。因此，在设计教学内容时，可以引入一些案例分析、讨论、实地考察等实践活动，使学生能够将所学知识和理论应用到实际生活和工作中去，提升他们的思辨能力和解决问题的能力。

教学内容的融合设计还需要注重信息技术的应用。随着信息技术的发展，线上教学平台已经成为思政课教学的重要组成部分。因此，在设计融合式思政课教学模式时，要充分利用信息技术的优势，设计线上教学内容，如网络课件、在线讨论、虚拟实验等，与传统的线下教学内容相结合，提升教学效果和体验。

设计融合式思政课教学模式时，教学内容的融合设计是至关重要的一环。在这一设计中，需要充分考虑学生的学习需求和特点，注重多样性和灵活性，跨学科整合，注重实践性和应用性，以及信息技术的应用，从而确保教学内容的连贯性和完整性，提升教学效果和质量。

二、融合式教学模式的实践研究

融合式教学模式实践是教育领域的一项重要探索，旨在整合传统教学和现代科技手段，提供更加多元化和个性化的学习体验。在进行融合式教学模式实践时，应该注意以下几个方面，

结合课堂教学和在线学习。融合式教学模式旨在将传统的面对面教学与在线学习相结合，通过课堂教学引导学生理解基础知识，再通过在线学习进行拓展和深化，提供更加丰富和深入的学习资源。

注重个性化和差异化教学。融合式教学模式可以根据学生的学习特点和需求，提供个性化的学习路径和资源，通过自主学习、合作学习等方式促进学生的

全面发展。

强调实践和应用。融合式教学模式应该注重将理论知识与实际问题相结合，通过项目实践、案例分析等方式培养学生的动手能力和解决问题的能力，促进知识的运用和转化。

关注评价和反馈。融合式教学模式需要建立科学有效的评价体系，及时对学生的学习情况进行跟踪和评估，提供个性化的反馈和指导，促进学生的持续进步和成长。

融合式教学模式实践是教育创新的重要方向之一，需要教育工作者不断积极探索和实践，充分发挥各种教学资源和手段的优势，为学生提供更加丰富、灵活、个性化的学习体验和服务。

（一）融合式教学资源的整合与优化

1.教学资源整合与开发

教学资源整合与开发是当今教育领域中备受关注的重要议题。随着科技的迅猛发展，教学资源呈现出多样化和数字化的趋势，线上线下的教学资源如多媒体课件、在线学习平台、实践基地等日益丰富和多样化，为教学工作提供了更为广阔的空间和更丰富的选择。教学资源的碎片化和分散性也给教育教学工作带来了一定的挑战。因此，对教学资源进行整合与开发，优化其使用效果，已成为当前教育改革和教学实践的重要任务之一。

整合各种线上线下的教学资源，能够实现资源的共享和统一管理，从而提高了教学资源的利用效率。在传统的教学模式中，教师往往需要花费大量的时间和精力去搜集、整理和准备教学资源，而且这些资源往往是零散的、重复的。但是，通过整合各种教学资源，可以使得这些资源得到更好的利用，避免资源的浪费和重复。比如，教师可以通过搭建在线学习平台，将多媒体课件、教学视频、教学文档等资源集中存放，学生可以随时随地通过网络进行学习，从而实现了资源的共享和统一管理。

整合线上线下的教学资源，有利于提高教学的灵活性和个性化水平。传统的教学模式往往是一种"以教师为中心"的教学模式，教师按照既定的教学计划和教材进行教学，学生被动接受知识。而通过整合线上线下的教学资源，可以打破传统的教学模式，实现教学的个性化和差异化。比如，教师可以根据学生的不同需求和学习特点，选择不同的教学资源进行教学，从而更好地满足学生的学习需求，提高教学的针对性和有效性。

整合线上线下的教学资源，还能够促进教学与实践的有机结合，提高教学的实效性和实用性。教学资源的整合不仅包括课堂内的教学资源，还包括课堂外的实践资源，比如实践基地、实验室等。通过整合这些实践资源，可以使得教学更加贴近实际，更加具有针对性和实用性。比如，教师可以通过线上学习平台提供相关的理论知识，然后通过实践基地进行实践操作，从而使得学生既能够掌握理论知识，又能够掌握实践技能，达到理论与实践相结合的教学目的。

教学资源的整合与开发是当前教育改革和教学实践的重要任务之一。通过整合各种线上线下的教学资源，可以实现资源的共享和统一管理，提高教学的灵活性和个性化水平，促进教学与实践的有机结合，从而优化教学资源的使用效果，提高教学的质量和效益。因此，各级教育部门和教育机构应当加强对教学资源的整合与开发，为教育教学工作提供更好的支持和保障。

2.教学资源共享与合作

教学资源共享与合作在当今教育领域扮演着至关重要的角色，这不仅是一种理念，更是一种行动，旨在促进教师间的资源共享与协作，以提高教学效率和教育质量。在数字化平台的支持下，教师们得以将各自积累的教学资源进行共享，实现资源的互通互用，从而为学生提供更丰富、更优质的学习体验。

教学资源的共享与合作能够充分发挥教师的专业优势，促进教学水平的提升。每位教师都有自己的教学风格和特长，拥有各自积累的教学资源和经验。通过共享与合作，教师们可以互相学习借鉴，吸收其他教师的优点，改进自己的教学方法，提高教学效果。一位数学老师可能擅长利用数字化工具进行教学，而另一位语文老师可能有丰富的阅读材料资源。通过共享，数学老师可以借鉴语文老师的资源，丰富自己的课堂内容，使学生在学习数学的同时也能提升语文素养，实现跨学科的教学融合。

教学资源共享与合作有助于缓解教师工作压力，提高教学效率。在教育教学领域，教师们往往面临着繁重的备课任务和时间紧张的压力。而通过共享资源，教师们可以节省大量的时间和精力，不必每个人都从零开始准备教学材料。相反，他们可以在共享平台上找到符合自己教学需求的资源，进行适当的调整和定制，快速高效地完成备课工作。这不仅能够减轻教师的工作负担，还能够让他们有更多的时间去关注学生的学习情况，进行个性化指导和辅导，提高教学的针对性和有效性。

教学资源的共享与合作有助于打破教育资源分配不均的现状，促进教育公平。在一些地区和学校，由于种种原因，教育资源存在着不均衡的现象，一些学校甚至存在着资源匮乏的情况。而通过共享与合作，教师们可以跨越地域和学校的限制，共享各自丰富的教学资源，弥补资源不足的不足。这样一来，即使是在资源匮乏的学校，学生也能够享受到优质的教育资源，有机会接触到更广阔的知识世界，实现教育机会的公平与平等。

教学资源共享与合作还能够促进教育信息化建设，推动教育教学模式的创新与发展。随着信息技术的不断发展和普及，数字化平台为教师们提供了一个便捷的共享与交流平台。教师们可以通过网络平台分享自己的教学资源，与其他教师进行互动交流，共同探讨教学方法和教学理念。这种开放式的交流与合作不仅有助于促进教师个人成长，还能够推动教育教学模式的创新与发展，不断提升教育教学的质量和水平。

教学资源共享与合作是推动教育发展的重要力量，它不仅能够促进教师专业水平的提升，缓解教师工作压力，促进教育公平，还能够推动教育教学模式的创新与发展。因此，我们应该进一步倡导和支持教师间的资源共享与合作，为教育事业的发展注入新的活力和动力。

（二）融合式教学管理与评估

融合式教学管理与评估在当今教育领域中扮演着至关重要的角色。构建教学管理机制是确保教学质量、促进学生学习发展的重要保障。在这个数字化时代，教学管理机制的构建不仅仅是简单地监督和管理教学进度，更是要适应多元化的教学需求，提供精准的学习反馈和全面的教学效果评估，从而不断优化教学过程，提升学生学习成效。

为了建立融合式教学的管理机制，首先需要着重关注教学进度管理。传统的教学管理往往侧重于按部就班地推进教学进度，但在融合式教学中，需要更加灵活地调整教学进度，根据学生的实际情况和学习进度进行个性化的指导。这就需要教师在管理教学进度时，充分利用数字化平台，实时了解学生的学习情况，及时调整教学内容和进度，确保每个学生都能够在适合自己的节奏下学习。

学生学习反馈管理是构建融合式教学管理机制的重要环节。教师需要通过各种形式的学习反馈，了解学生的学习情况和需求，及时给予指导和支持。在数字化平台的支持下，教师可以通过在线问卷调查、学习日志、作业表现等方式收集学生的反馈信息，借助数据分析工具对这些信息进行分析和挖掘，从而更好地了解学生的学习状态，为他们提供个性化的学习支持。

教学效果评估是融合式教学管理机制中的重要一环。通过对教学过程和学习成果进行全面评估，可以及时发现问题，优化教学方法，提高教学质量。数字化平台为教学效果评估提供了丰富的数据支持，教师可以通过在线测验、作业评定、学习成绩等方式获取学生的学习表现数据，同时也可以借助教学管理系统的数据分析功能，对教学效果进行量化评估，为教学改进提供依据。

建立融合式教学的管理机制，包括教学进度管理、学生学习反馈管理、教学效果评估等多个方面。通过充分利用数字化平台，实现教学过程的信息化、数据化，可以更加精准地了解学生的学习需求，提供个性化的学习支持，从而有效地促进教学质量的提升，实现教育教学的可持续发展。

第四节　高校思政课教学模式创新的成效评价与展望

一、高校思政课教学模式创新的成效评价

成效评价是对教学活动或项目的效果进行客观、系统的评估和检查，包括

学生学习成绩、学习态度、技能掌握程度等方面。评价的目的是为了了解教学活动的有效性，指导教学改进和提高教学质量。评价方法可以包括定期考试、作业评定、学生反馈调查等方式，通过数据分析和综合判断来评估教学成果。成效评价不仅要关注学生的学习成绩，还要考虑教学过程中的互动性、参与度以及学生的学习体验和成长。

（一）学生学习成绩与表现评价

1.学生成绩提升情况

模式创新前后的学生成绩数据，可以深入评估新教学模式对学生成绩的影响和提升情况。教育的本质在于为学生提供更有效的学习方式，因此，教学模式的创新是推动学生成绩提升的关键一环。在评估新教学模式的效果时，必须考虑多个因素，包括课程内容的调整、教学方法的改进以及学生参与度的提高等。

新教学模式的实施往往伴随着课程内容的更新和优化。传统的教学模式可能存在着内容陈旧、与时代不符的问题，而新的教学模式往往会根据学科发展的最新趋势和学生的学习需求进行调整。这意味着学生将更容易接触到与实际应用更贴近、更具挑战性的知识和技能，从而提升他们的学习动力和学习效果。

新教学模式往往会采用更多样化、更灵活的教学方法。传统的教学往往以老师为中心，学生被动接受知识，而新的教学模式则更加注重学生的主动参与和思维能力的培养。采用问题导向的学习、项目式学习或者合作学习等方法，可以激发学生的学习兴趣，增强他们的自主学习能力，从而在知识掌握和能力培养上取得更好的效果。

新教学模式通常会倡导个性化教育，充分考虑到每个学生的学习特点和需求。传统的教学往往采取"一刀切"的方式，忽视了学生个体差异的存在，而新的教学模式则更加注重因材施教，给予每个学生更贴心的学习指导。通过分层教学、差异化辅导等方式，可以更好地满足学生的学习需求，帮助他们充分发挥自己的潜能，从而提升学习成绩。

新教学模式还可能会引入先进的教育技术，如在线学习平台、虚拟实验室等，为学生提供更丰富、更便捷的学习资源和学习环境。这些技术手段不仅可以增强学生的学习体验，还可以拓展他们的学习空间，使他们能够随时随地进行学习，从而提高学习效率和学习成绩。

新教学模式对学生成绩的提升影响是全方位的。通过更新课程内容、改进教学方法、个性化教育以及引入先进的教育技术等手段，新教学模式为学生提供了更丰富、更有效的学习体验，帮助他们充分发挥自己的潜能，取得更好的学习成绩。要实现持续的学生成绩提升，教学模式的创新只是第一步，还需要教师、学校和家长的共同努力，营造良好的学习氛围，为学生的全面发展提供更加有力的支持。

2. 学生参与度与反馈

学生参与度与反馈是教育中至关重要的一环，直接关系到教学效果的提升和学生学习体验的改善。通过调查学生对新教学模式的参与度和反馈情况，可以深入了解他们对教学内容的理解程度、学习积极性等方面的评价，从而为教学改进提供重要参考。在当今教育环境下，学生的角色已不再局限于被动的知识接受者，而是更多地扮演着学习的主体和合作者的角色。因此，教师需要认真倾听学生的声音，积极采纳他们的反馈意见，以促进教学的有效实施和学生成长的全面发展。

学生参与度的提高是教学改革的关键之一。新教学模式的设计应当充分考虑到学生的兴趣和需求，激发他们的学习动力。通过调查了解学生对教学内容的理解程度，可以及时发现教学中存在的问题和难点，有针对性地进行调整和优化。比如，在教学设计中融入生动有趣的案例分析、实践操作等活动，可以增加学生的参与度，提升他们的学习效果。利用现代化的教学技术和工具，如智能化教学平台、在线互动课堂等，也能够有效促进学生的积极参与，提升教学效果。

学生的反馈是教学改进的重要依据。通过定期开展问卷调查、小组讨论、个别面谈等形式，了解学生对教学模式的反馈意见和建议，可以及时发现教学中存在的问题，及时进行调整和改进。学生可能对某些教学内容感到难以理解或者缺乏兴趣，教师可以根据他们的反馈意见，采取更加生动直观的教学方法，调整教学内容和进度，提升教学的针对性和实效性。学生还可能提出一些创新性的建议，如增加课外实践活动、拓展课程设置等，这些都为教学改革提供了宝贵的思路和方向。

学生参与度和反馈之间存在密切的关联性。学生参与度的提升可以促进他们更加积极地参与课堂学习和讨论，从而更加主动地反馈自己的学习体验和感受。相反，充分听取学生的反馈意见并及时作出回应，可以增强他们的参与意识和归属感，进而提升他们的学习积极性和效果。因此，学生参与度和反馈应当被视为教学改革中相辅相成、相互促进的两个重要方面，共同推动教学质量的不断提升和学生能力的全面发展。

学生参与度与反馈是教学改革和提高教学效果的重要策略。通过充分调查了解学生对新教学模式的参与情况和反馈意见，可以及时发现教学中存在的问题和不足，促进教学模式的不断优化和提升。因此，教师应当重视学生的主体地位，倾听他们的声音，与他们共同探讨教学改革的路径和方向，共同推动教育事业的蓬勃发展。

（二）教学效果评估与比较分析

在教学效果评估与比较分析中，深入探讨新教学模式与传统模式的差异至关重要。这两种教学模式在教学内容的吸收理解程度、教学方法的有效性等方面存在着显著的差异，通过定量或定性分析可以更清晰地揭示它们之间的异同。让我们就教学内容的吸收理解程度展开讨论。

新教学模式往往倾向于采用更多的互动式、实践性教学内容，以激发学生的学习兴趣和主动性。相较之下，传统模式则更注重知识的传授和灌输，偏向于一劳永逸地讲解知识点。在新教学模式下，学生更多地参与到课堂互动中，例如小组讨论、实验操作等，这有助于他们更深入地理解和消化所学知识。而传统模式下，学生可能更多地依赖于教师的解释和讲解，对知识的吸收理解可能相对较为表面。通过对学生在两种模式下的成绩、学习笔记的质量以及课后答疑情况等数据进行比较分析，可以客观地评估教学内容的吸收理解程度。

在教学方法的有效性方面，新教学模式和传统模式也存在着明显的区别。新教学模式倡导多样化的教学手段和策略，例如案例教学、项目驱动学习等，注重培养学生的实践能力和问题解决能力。这种教学模式更注重激发学生的思维和创造力，通过实践性的活动让学生将所学知识运用到实际问题中去解决。相较之下，传统模式的教学方法相对单一，主要以讲授、笔记、习题训练等形式为主，学生的参与度和主动性相对较低。因此，在传统模式下，学生可能更容易陷入死记硬背的学习状态，而缺乏对知识的深度理解和灵活运用能力。

针对教学方法的有效性，我们可以通过学生的课堂参与度、学习兴趣、以及在实际问题解决中的表现等方面进行评估和比较分析。还可以考察学生对不同教学模式的态度和反馈，从而更全面地了解他们对教学方法的接受程度和效果。

通过对新教学模式与传统模式的教学效果进行比较分析，可以更深入地了解它们在教学内容吸收理解程度和教学方法有效性方面的差异。这种比较分析有助于教育者更好地选择和应用适合学生需求和教学目标的教学模式，从而提升教学效果，促进学生全面发展。

二、高校思政课教学模式的展望

高校思政课教学模式的创新展望包括以下几个方面，结合现实问题，引入跨学科知识和实践案例，使思政课更具针对性和实效性，借助现代科技手段，如虚拟实境、人工智能等，提升思政课的趣味性和互动性，注重学生主体性，采用探究式、问题式教学，培养学生的批判性思维和创新能力，加强社会实践和社会服务，让思政课走出课堂，融入社会实践活动，促进学生的社会责任感和公民意识。这些创新展望将为高校思政课的教学模式带来更大的活力和影响力。

（一）未来发展趋势与需求

1. 教育技术发展趋势

随着科技的不断发展，教育技术正呈现出日新月异的变化。人工智能、大数据等前沿技术正逐渐渗透到教育领域，为未来教育带来了前所未有的变革。在思政课教学中，这些技术的应用不仅能够提升教学效果，还能够激发学生的学习兴趣，促进思想品德的全面发展。

人工智能技术在思政课教学中的应用前景广阔。人工智能技术通过智能化的教学系统，能够为学生提供个性化、定制化的学习体验。基于机器学习的智能教育平台可以根据学生的学习状态和需求，推荐相应的学习资源和策略，帮助他们更加高效地掌握知识。人工智能还可以通过自然语言处理和语音识别等技术，实现智能化的辅助教学。教师可以借助智能教学助手进行语音交互，实现对学生学习过程的实时监控和指导，从而更好地促进教学效果的提升。

大数据技术在思政课教学中的应用也具有重要意义。大数据技术能够帮助教育者更加深入地了解学生的学习情况和特点，为教学提供科学的依据和支持。通过对学生学习行为和表现的数据分析，教师可以发现学生的学习偏好和困难点，针对性地进行教学设计和指导。同时，大数据技术还可以为教育决策提供重要参考，帮助学校和教育机构优化资源配置，提升教育质量和效益。通过对历年学生成绩、考试数据等进行深入挖掘，可以发现教学中存在的问题和改进的空间，进一步提高思政课的教学质量和水平。

虚拟现实、增强现实等新兴技术也有望在思政课教学中发挥重要作用。虚拟现实技术可以为学生提供身临其境的学习体验，使抽象的思想理论更加形象化、具体化。通过虚拟仿真场景，学生可以亲身体验历史事件或社会现象，从而更加深刻地理解思政课所要传达的核心价值观念。而增强现实技术则可以将虚拟内容叠加在现实场景中，丰富教学形式，提升教学趣味性和互动性，激发学生的学习兴趣和积极性。

未来教育技术的发展趋势将呈现出多样化、智能化的特点。人工智能、大数据等技术将成为思政课教学的重要支撑，为教育带来新的机遇和挑战。教育者应密切关注科技发展的动态，积极探索和应用先进技术，不断创新教学模式和方法，为学生提供更加优质、个性化的教育服务，促进其全面发展和成长。

2.学生学习需求变化

随着社会的不断发展和科技的迅速进步，学生学习需求也在不断发生变化。一方面，传统的教学方式逐渐被现代化、多样化的学习方式所取代，学生们对学习内容和学习环境的需求也在不断调整与更新。针对这些变化，教学模式需要不断创新，以更好地满足学生的需求。下面将从学习方式偏好和学习内容关注点两个方面展开分析。

学生学习方式的偏好正在发生明显变化。过去，传统的课堂教学主要以老师为中心，学生被动接受知识。随着信息技术的普及和互联网的发展，学生们逐渐倾向于更加自主、灵活的学习方式。在线学习平台、远程教育课程等新兴教学模式的兴起，为学生提供了更多选择的机会。许多学生更喜欢通过在线视频、虚拟实验等形式获取知识，这样可以随时随地进行学习，而不受时间和空间的限制。因此，教师需要积极借助现代技术手段，创造多样化的学习环境，满足学生的个性化学习需求。

学生对学习内容的关注点也发生了较大变化。过去，学校教育主要注重基础知识的传授，强调学科的分门别类。随着社会的发展，知识的更新速度越来越快，学生们更加关注实用性强、与时代紧密联系的知识。比如，人工智能、大数据、生态环保等领域的知识备受关注，因为这些领域与当今社会发展密切相关，具有较高的就业前景。跨学科知识的需求也在逐渐增加，学生们希望能够在学习过程中获得更广泛、更全面的知识，以适应未来社会的发展需要。因此，教学内容的设计需要更加注重前沿性、实用性和跨学科性，以激发学生的学习兴趣和创造力。

学生学习需求的变化趋势表明，教学模式需要不断创新和改进。教师应该关注学生的学习方式偏好和学习内容关注点，积极探索适合学生需求的教学方法和内容。通过引入现代技术手段、拓展学科边界、强化实践应用，可以更好地满足学生的个性化学习需求，提高教学效果和质量。未来，随着社会的不断变化和学生群体的不断更新，教学模式的创新将成为教育领域的重要任务之一，为培养具有创新精神和实践能力的人才打下坚实基础。

（二）教学模式创新策略与实践

1.跨学科融合教学模式

跨学科融合教学模式是当今教育领域的一种创新实践，旨在促进不同学科之间的交叉融合，拓展学生的知识视野和思维模式。将思想政治课程与其他学科内容有机结合，不仅可以提升思政课的实践性和应用性，更能够加深学生对思想政治教育的理解与认识，激发其学习的兴趣和热情。本文将从跨学科融合教学模式的定义与特点、实施策略以及对教育教学的启示等方面进行探讨。

跨学科融合教学模式的核心在于将不同学科的知识与技能相互渗透、相互贯通。这一模式不仅强调学科之间的关联性和互补性，更注重知识的整合与应用。在思想政治课程中引入其他学科的内容，例如历史、文学、社会学等，可以使抽象的思想政治理论与具体的学科知识相结合，帮助学生更好地理解和运用所学内容。在讲授国家治理方面的内容时，可以引入历史学科的相关知识，通过对历史事件的分析与比较，使学生对国家治理的演变和发展有更深入的认识。

实施跨学科融合教学模式需要设计合适的教学策略和方法。一方面，教师可以通过跨学科项目式教学、案例教学等方式，引导学生在探索问题、解决问题的过程中，将思想政治理论与其他学科知识相结合。教师还可以采用多媒体教学、互动讨论等方式，激发学生的学习兴趣，提升课堂教学的效果。在探讨环境保护问题时，可以通过观看视频、进行小组讨论等形式，引导学生了解环境科学知识，并思考政府在环境保护方面的政策与措施。

跨学科融合教学模式对教育教学的启示是多方面的。一方面，它有助于打破学科之间的界限，促进知识的综合与创新。它有利于培养学生的综合素养和跨学科思维能力，提高其解决实际问题的能力。同时，跨学科融合教学模式还能够促进师生之间的互动与交流，营造积极的学习氛围，推动教育教学的深度发展。

跨学科融合教学模式为思想政治课程的改革与发展提供了新的思路与途径。通过将思政课与其他学科内容结合，不仅可以提升课程的实践性和应用性，更能够促进学生的综合素养和跨学科思维能力的培养。在今后的教育教学实践中，我们应该进一步探索跨学科融合教学模式的有效实施策略，推动思想政治教育的创新与发展。

2. 社会实践与服务学习

社会实践与服务学习在思想政治课教学中的融合是当今教育领域的一项重要举措，其目的在于通过将课堂理论知识与社会实践相结合，培养学生的社会责任感和实践能力。这种融合不仅可以使学生更好地理解和应用所学的思想政治知识，还可以促进学生的全面发展和成长。

将社会实践与服务学习与思政课教学相结合，有助于拓宽学生的视野，增强他们的社会责任感。传统的思政课教学往往以课堂讲授为主，学生容易陷入理论死角，难以将所学知识与现实生活相联系。而通过社会实践和服务学习，学生们能够亲身参与社会实践活动，了解社会问题，感受社会需求，增强对社会的认同感和责任感。学生可以通过参与志愿活动、社区服务等方式，了解社会底层群体的生活状况，体会到帮助他人的快乐与成就感，从而树立正确的价值观和社会责任感。

将社会实践与服务学习融入思政课教学，有助于促进学生的自主学习和创新能力。社会实践和服务学习是一种开放式的学习方式，它鼓励学生主动参与、自主探究，培养学生的问题意识、创新意识和解决问题的能力。在实践过程中，学生们需要主动收集信息、分析问题、提出解决方案，这种过程不仅可以加深他们对所学知识的理解，还可以培养他们的批判性思维和创新意识。学生在参与社区服务活动时，可能会遇到各种实际问题，需要通过自主思考和合作解决，从而提升他们的综合能力和应变能力。

将社会实践与服务学习与思政课教学相结合，有助于促进学生的团队合作和沟通能力。在社会实践和服务学习过程中，学生通常需要与他人合作，共同完成任务。这种合作过程不仅可以促进学生之间的相互理解和信任，还可以培养他们的团队合作意识和沟通能力。在团队合作中，学生们需要分工合作、协调配合，学会倾听他人的意见、尊重他人的想法，这对于他们未来的工作和生活都具有重要意义。学生们在开展社区服务项目时，可能需要与社区居民、相关机构等多方合作，共同商讨方案、制定计划，这种过程可以锻炼他们的团队协作和沟通能力。

将社会实践与服务学习与思政课教学相结合，还可以促进学校与社会的良性互动，促进教育资源的共享与合作。社会实践和服务学习通常需要学校与社会各界的积极合作，共同为学生提供实践机会和资源支持。这种合作不仅可以丰富学生的实践经验，还可以促进学校与社会的良性互动，建立起校地合作、校企合作的长效机制。学校可以与社区、企业等合作开展社会实践项目，为学生提供更丰富的实践机会和资源支持，同时也为社会提供人才支持和社会服务，实现资源共享与互利共赢。

将社会实践与服务学习与思政课教学相结合，有助于培养学生的社会责任感和实践能力，促进学生的全面发展和成长。因此，我们应该进一步加强思政课教学的改革与创新，推动社会实践和服务学习在思政课教学中的深入开展，为学生提供更加丰富、全面的教育教学资源，助力他们成为德智体美劳全面发展的社会主义建设者和接班人。

第四章　教育数字化背景下高校思政课教学资源建设与共享

第一节　教育数字化背景下的思政课教学资源整合与建设

一、教育数字化背景下的思政课教学资源整合

（一）教育数字化背景下的思政课资源多元化

1.利用网络资源拓展思政课教学内容

借助网络资源拓展思政课教学内容是适应数字化教育发展趋势的必然选择，通过互联网获取各种学习资源，可以为思政课的教学注入新的活力，丰富教学内容，提升学生的学习体验和教学效果。

网络资源的广泛获取为思政课教学提供了丰富的内容来源。在互联网上，存在着大量的网络课程、电子书籍、在线视频等资源，涵盖了政治、经济、法律、伦理、社会等多个方面的知识内容。教师可以根据教学需求和学生特点，灵活选择和利用这些资源，丰富教学内容，使思政课更加生动有趣、多样化。教师可以引用网络视频展示历史事件，通过多媒体资料呈现政治理论，以此激发学生的学习兴趣，提高他们对思政课的关注度和参与度。

网络资源的互动性和实时性为思政课的教学注入了新的元素。在网络环境下，学生可以通过参与在线讨论、互动答题等方式与教师和同学进行交流和互动，分享学习心得，提出问题和看法。这种互动形式不仅能够促进学生之间的交流和合作，还能够促进师生之间的互动与沟通，拉近彼此的距离，增强教学的互动性

和灵活性。教师可以设置在线讨论话题，鼓励学生就热点问题展开讨论，通过网络平台收集学生的意见和看法，从而激发学生的思考和探索精神。

网络资源的定制化和个性化为思政课的教学提供了更多的选择和可能。在互联网上，存在着大量的教学平台和资源库，教师可以根据自己的教学需求和学生的学习特点，定制和个性化教学内容，满足不同学生的学习需求。教师可以根据学生的兴趣爱好和学习能力选择适合的网络课程或电子书籍，组织学生进行自主学习和探究，培养他们的自主学习能力和学习兴趣。这种个性化教学模式不仅能够提高教学的针对性和有效性，还能够激发学生的学习潜力和创造力，促进他们的全面发展和成长。

网络资源的跨界整合为思政课的教学提供了更广阔的视野和思路。在互联网上，存在着各种各样的学科和领域的资源，教师可以借助网络平台进行跨学科整合，将其他学科的知识与思政课的教学相结合，拓展教学内容，丰富教学形式。教师可以引用其他学科的案例或实践活动，让学生了解和探究其中的政治、伦理等方面的问题，从而加深对思政课知识的理解和应用。这种跨界整合不仅能够提高教学的趣味性和吸引力，还能够促进学生的跨学科思维和创新能力，培养他们的综合素质和能力。

利用网络资源拓展思政课教学内容是适应数字化教育发展趋势的必然选择，通过互联网获取各种学习资源，可以为思政课的教学注入新的活力，丰富教学内容，提升学生的学习体验和教学效果。因此，我们应该进一步加强网络教育平台的建设与应用，积极推动网络资源与思政课教学的深度融合。

2. 开发数字化教学资源以支持多样化教学方式

数字化教学资源的开发对于支持多样化教学方式至关重要。在当今数字化时代，利用先进的技术和工具，可以为教学提供更加灵活、多样的方式和手段，以满足不同学生的学习需求，提升教学效果。通过充分利用数字化教学资源，可以设计出更具互动性和创新性的教学方式，如在线讨论、虚拟实验、网络互动等，为思政课程的教学带来新的活力和可能性。

数字化教学资源的开发为教师提供了更多的教学选择。在传统的教学模式下，教师的教学手段和方式相对单一，主要依靠课堂讲授和教科书。随着数字化教学资源的发展，教师可以利用各种数字化工具和平台，设计多样化的教学活动，如在线讨论、虚拟实验等，以激发学生的学习兴趣和参与度。比如，通过在线讨论平台组织学生展开思想碰撞和交流，可以促进学生思维的活跃，增强他们的自主学习能力。而利用虚拟实验平台进行实验操作，不仅可以减少实验设备和场地的需求，还可以提供更加安全和便捷的实验环境，为学生提供更加丰富和多样的学习体验。

数字化教学资源的开发可以实现教学内容的个性化定制。每个学生的学习需求和学习方式都有所不同，传统的教学模式往往无法满足所有学生的需求。通过数字化教学资源，教师可以根据学生的实际情况和学习特点，量身定制教学内容和教学方式，实现个性化教学。比如，通过网络互动平台，教师可以根据学生的学习水平和兴趣爱好，为他们提供个性化的学习资源和学习任务，以促进他们的学习动力和兴趣。同时，教师还可以通过数字化教学资源，及时监测和评估学生的学习情况，为他们提供针对性的反馈和指导，帮助他们更好地掌握和应用所学知识。

数字化教学资源的开发可以促进教学内容的创新和更新。思政课程作为一门涉及广泛、内容丰富的课程，需要不断更新和创新教学内容，以适应时代的发展和学生的需求。而数字化教学资源的开发为教师提供了更多的创新空间和可能性，可以利用多媒体技术和互动性工具，设计出更加生动有趣、直观形象的教学内容。比如，通过数字化教学资源，教师可以将历史事件、思想理论等抽象概念以图形、动画等形式呈现，使学生更加直观地理解和感受。同时，利用网络平台和社交媒体，教师还可以邀请专家学者、校友等参与教学，为学生提供更加丰富和多元的学习资源，拓展他们的视野和思维。

数字化教学资源的开发对于支持多样化教学方式具有重要意义。通过充分利用数字化技术和工具，教师可以设计出更加灵活、多样的教学方式，满足不同学生的学习需求，提升思政课程的教学效果。数字化教学资源的开发并非一蹴而就，需要教师与技术人员、教学设计师等多方合作，共同努力推动教育信息化建设，为教育事业的发展贡献力量。

（二）教育数字化对思政课教学资源整合的挑战

教育数字化对思政课教学资源整合的挑战是一个日益突显的问题。随着教育数字化技术的不断发展，学校和教育机构逐渐意识到了数字化教学资源在思想政治课程中的重要性。教育数字化技术应用的学习曲线和相应的培训需求成为了教师面临的挑战。

教育数字化技术的应用对教师提出了学习曲线。对于许多教师而言，尤其是那些不太熟悉技术的老师来说，掌握教育数字化技术可能需要一定的时间和精力。他们需要学习如何使用电子教材、在线教学平台、教学软件等工具来辅助教学。对于思想政治课这样注重理论与实践相结合的课程来说，教师还需要深入了解如何通过数字化技术来引导学生进行思辨性思考、开展互动式讨论等活动。这些都需要教师投入时间去学习和探索，因此教育数字化技术的学习曲线成为了他们面临的挑战之一。

教师在使用教育数字化技术时需要进行相关培训。由于教育数字化技术的更新迭代速度较快，教师需要不断地更新自己的技能和知识，以适应新技术的应用。这就需要学校和教育机构提供相关的培训和支持。培训内容可以包括教育数字化技术的基础知识、教学案例分享、技术操作指导等方面。通过培训，教师可以更加系统地了解和掌握数字化教学资源的应用方法，提升教学效果，满足学生的学习需求。

教师在使用教育数字化技术时面临着一些挑战。教师可能会遇到技术操作上的困难，例如如何正确使用教学软件、如何利用网络资源等。这就需要教师具备一定的技术能力和操作技巧，同时也需要学校提供相应的技术支持和培训。教师在教学过程中可能会遇到教育数字化技术的局限性，例如网络不稳定、设备故障等问题，这可能会影响到教学的正常进行。因此，教育机构需要做好相应的技术保障工作，确保教育数字化技术的稳定运行。

教育数字化对思政课教学资源整合提出了一系列挑战，其中包括教育数字化技术应用的学习曲线和相应的培训需求。教师需要不断提升自己的技术能力和

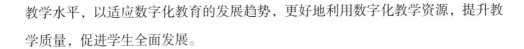

教学水平，以适应数字化教育的发展趋势，更好地利用数字化教学资源，提升教学质量，促进学生全面发展。

二、教育数字化背景下的思政课教学资源建设与优化

（一）教育数字化背景下的思政课资源评估与优化

1. 制定数字化资源评估标准与指标体系

指标体系成为提升教学质量和效果的重要举措。建立科学合理的评估标准和指标体系，能够帮助教育机构和教师对思政课教学资源进行全面客观的评估，及时发现问题并进行优化，从而更好地满足学生的学习需求，提高教学效果。

数字化资源评估标准应包括资源的质量评估。这包括资源的准确性、权威性、全面性等方面。数字化资源的准确性是评价其质量的重要指标之一，必须确保所提供的信息、数据或观点是准确无误的，能够为学生提供可靠的学习依据。同时，资源的权威性也是评估的重点之一，必须确保资源的来源可靠、权威，能够得到学术界或专业领域的认可和信任。资源的全面性也需要被考量，资源是否涵盖了相关领域的各个方面，是否能够满足学生不同层次、不同需求的学习。

适用性是数字化资源评估的关键指标之一。适用性主要包括资源的可访问性、易用性和可操作性。数字化资源应当能够方便快捷地被学生和教师获取和使用，不受时间和地点的限制。资源的界面设计应当简洁明了，功能齐全，易于操作，不需要复杂的技术操作或专业知识。数字化资源还应当具有跨平台性，能够在不同的设备和系统上运行，满足多样化的学习环境需求。

教学效果是评估数字化资源的重要考量因素。教学效果评估主要包括资源对学生学习的促进程度、学习成果的提升情况等方面。数字化资源应当能够有效地激发学生的学习兴趣，提高学习积极性和主动性。同时，资源应当能够促进学生对思政课内容的深入理解和掌握，培养其批判性思维和创新能力。最终，数字化资源的评估应当以学生学习成果和学习体验为核心，通过定量和定性相结合的方法进行综合评估，客观地反映资源对教学效果的影响程度。

建立数字化资源评估标准与指标体系对于优化思政课教学资源、提高教学

质量具有重要意义。评估标准和指标体系的建立应当注重科学性、全面性和操作性，既要考虑资源本身的质量和特点，也要充分考虑资源对教学效果的实际影响。只有如此，才能更好地利用数字化技术推动教育的现代化进程，实现教育教学的可持续发展。

2. 运用数据分析技术优化思政课资源配置

随着信息技术的迅速发展，数据分析技术在教育领域的应用日益广泛。特别是在思想政治课程的教学中，通过对学生的学习行为和反馈进行数据分析，可以更好地了解学生的需求和特点，有针对性地优化资源配置和教学方式，提升教学效果和学生满意度。数据分析技术的运用不仅可以帮助教师更好地把握教学内容和节奏，还可以促进教学资源的合理利用，提高教学的针对性和灵活性。

数据分析技术可以通过收集、整理和分析学生的学习行为数据，为教师提供宝贵的参考信息。可以通过学生的在线学习记录、作业完成情况、课堂参与度等数据，分析学生的学习习惯和学习偏好，了解哪些内容更受学生欢迎，哪些环节存在较大的学习障碍。基于这些数据分析结果，教师可以有针对性地调整教学内容和教学方式，更好地满足学生的学习需求，提高学习的效率和质量。

数据分析技术还可以帮助教师优化思政课资源的配置和使用方式。在传统的教学模式下，教师往往根据经验和直觉来决定教学内容和资源的选择，存在一定的盲目性和随意性。而通过数据分析技术，教师可以基于客观的数据指标来评估教学资源的使用效果，找出存在的问题和改进的空间。比如，可以分析不同教学资源的使用频率和效果，评估其对学生学习成效的贡献程度，进而调整资源的配置和使用方式，提高资源利用效率和教学效果。

数据分析技术还可以为思政课程的个性化教学提供支持。随着教育信息化的发展，个性化教学逐渐成为教育改革的重要方向之一。通过数据分析技术，可以根据学生的个性化需求和特点，量身定制教学计划和教学内容，实现针对性教学和差异化指导。比如，可以根据学生的学习历史和兴趣爱好，推荐相关的学习资源和课程内容，激发学生的学习兴趣和积极性，提高学习的效果和效率。

运用数据分析技术优化思政课资源配置是一种有效的教学改革路径。通过

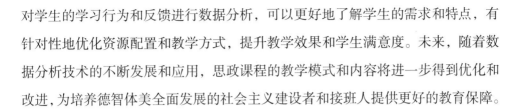

对学生的学习行为和反馈进行数据分析，可以更好地了解学生的需求和特点，有针对性地优化资源配置和教学方式，提升教学效果和学生满意度。未来，随着数据分析技术的不断发展和应用，思政课程的教学模式和内容将进一步得到优化和改进，为培养德智体美全面发展的社会主义建设者和接班人提供更好的教育保障。

（二）教育数字化技术在思政课资源开发中的应用

1. 利用人工智能技术打造个性化学习资源

利用人工智能技术打造个性化学习资源是教育领域的一项重要创新，它能够充分利用大数据和智能算法，根据学生的学习特点和需求，为其量身定制个性化的学习内容和学习路径，从而提升学习动力和效果。在思想政治课程中，借助人工智能技术，我们可以更好地满足学生个性化学习的需求，激发其学习兴趣，提高学习效率。本文将从人工智能技术在个性化学习中的应用、个性化学习资源的设计与优化以及对学生学习效果的影响等方面进行探讨。

人工智能技术在个性化学习中的应用包括但不限于智能推荐系统、智能辅导机器人等。智能推荐系统可以根据学生的学习历史、兴趣爱好和学习能力，为其推荐适合的学习资源，包括课程视频、教材资料、在线习题等，从而帮助学生更好地选择学习内容，提高学习效率。智能辅导机器人则可以根据学生的提问和回答，为其提供个性化的学习指导和解答，解决学生在学习过程中遇到的问题，促进其学习的深入和全面发展。

设计和优化个性化学习资源需要考虑多方面因素，包括学科特点、学生需求、教学目标等。在思想政治课程中，我们可以通过分析学生的学习数据和行为模式，了解其学习特点和需求，从而设计个性化的学习资源。针对不同学生的学习能力和兴趣爱好，可以设置不同难度和风格的学习任务，以满足其学习需求。同时，我们还可以借助人工智能技术对学习资源进行不断优化和更新，确保其与时俱进，符合学生的学习需求和教学目标。

个性化学习资源的设计和应用对学生学习效果有着重要影响。研究表明，个性化学习资源能够更好地激发学生的学习兴趣，提高其学习动力和积极性，从而促进学生的学习效果。通过为学生提供与其学习特点和需求相匹配的学习内容和学习路径，可以增强其学习的自信心和成就感，进而提高学习效果。个性化学习资源还可以帮助学生发现和克服学习中的困难和问题，提高其学习的深度和广度，进而提升学习效果。

利用人工智能技术打造个性化学习资源是提升思想政治课教学质量和效果的重要途径。通过智能推荐系统和智能辅导机器人等技术手段，我们可以更好地满足学生个性化学习的需求，激发其学习兴趣，提高学习效率。未来，我们应该进一步探索人工智能技术在个性化学习中的应用，不断优化和完善个性化学习资源，为学生提供更好的学习体验和学习效果。

2. 开发虚拟现实教学环境提升思政课教学效果

利用虚拟现实（VR）技术开发教学环境，已成为提升思政课教学效果的一项创新措施。这种技术能够为学生提供更加真实、沉浸式的学习体验，通过模拟各种场景和情境，激发学生的学习兴趣，促进他们的思考和探索，从而提升思政课教学的趣味性和互动性。

虚拟现实教学环境为思政课教学提供了更加真实和直观的学习体验。通过VR技术，学生可以身临其境地感受历史事件、社会现象和政治场景，如亲历大革命、参与国家会议等。这种沉浸式的学习体验能够激发学生的情感共鸣，增强他们对所学知识的认知和理解，提高学习效果。学生可以通过VR设备体验抗战胜利的场景，感受战争的残酷和人民的英勇，从而深刻理解国家的历史和民族精神，树立正确的爱国主义观念。

虚拟现实教学环境为思政课教学增加了更多的互动和参与方式。在VR环境中，学生不再是passively接受知识，而是可以积极参与到学习过程中，与虚拟环境进行互动和探索。他们可以自由选择不同的路径和决策，体验不同的结果和后果，从而增强学习的趣味性和灵活性。学生可以在虚拟环境中扮演不同的角色，参与模拟政治决策和社会管理，体验权力运行和政治生活，培养批判性思维和判断力。

虚拟现实教学环境能够提供更加个性化和差异化的学习体验。在VR环境中，教师可以根据学生的学习需求和能力水平，设计不同的教学场景和任务，满足不同学生的学习需求。对于学习能力较强的学生，教师可以设置更加复杂和挑战性的任务，激发他们的学习兴趣和探索欲望，而对于学习能力较弱的学生，教师可以提供更加简单和直观的学习场景，帮助他们理解和掌握基本知识。这种个性化的学习体验能够有效提高教学的针对性和有效性，激发学生的学习动力和积极性。

虚拟现实教学环境还能够促进跨学科的整合和创新。在 VR 环境中，教师可以将思政课的知识与其他学科的内容进行融合，打破学科之间的界限，提供更加综合和全面的学习体验。教师可以将政治理论与经济学原理相结合，让学生在虚拟环境中模拟政府决策和经济管理，体验政治与经济的相互关系和影响。这种跨学科的整合不仅能够拓展学生的知识视野，还能够培养他们的综合素质和能力，促进创新思维和创新能力的培养。

利用虚拟现实教学环境提升思政课教学效果是一种创新的教学模式，它能够为学生提供更加真实、沉浸式的学习体验，增强学生的学习兴趣和参与度，促进他们的全面发展和成长。因此，我们应该进一步加强虚拟现实技术在思政课教学中的应用和推广，不断完善虚拟现实教学环境，为学生提供更加优质、个性化的教育教学资源，助力他们成为具有创新精神和实践能力的社会主义建设者和接班人。

第二节 高校思政课数字化教学资源的开发与利用

一、高校思政课数字化教学资源的开发

（一）教学内容数字化

1.将传统教学内容数字化

将思政课程中的传统教学内容数字化是适应时代发展的必然选择，这种处理方式旨在使教材、讲义等资源能够以数字化形式在线提供，方便学生随时随地获取和学习。这一举措不仅能够提高教学资源的利用效率，还能够拓展学生的学

习渠道，促进思政课程的教学效果和教学质量的提升。

数字化处理传统教学内容可以提高教学资源的利用效率。传统的教材、讲义等教学资源往往以纸质形式存在，学生需要通过购买或借阅的方式获取，存在时间和空间的限制。而将这些资源进行数字化处理，可以将其上传至网络平台，学生可以随时随地通过电子设备在线获取和学习，不受时间和空间的限制。这样一来，不仅方便了学生的学习，还能够提高教师的教学效率，节省教学成本和资源投入。学生可以通过学校的教学平台或者在线图书馆获取数字化的教材和讲义，不再需要到实体书店购买或者到图书馆借阅，极大地方便了学习过程。

数字化处理传统教学内容有利于提升教学的互动性和个性化。通过数字化平台，教师可以根据学生的学习情况和学习需求，灵活调整教学内容和教学方式，为学生提供个性化的学习支持和辅导。教师可以根据学生的学习水平和兴趣爱好，推荐适合的电子书籍或网络课程，让学生自主选择学习内容，提高学习的针对性和有效性。同时，学生在学习过程中也可以通过网络平台与教师和同学进行互动和交流，分享学习心得，提出问题和看法，增强学习的互动性和参与度，促进教学效果的提升。

数字化处理传统教学内容有助于拓展学生的学习渠道和学习资源。传统的教学内容通常受到课程安排和教学资源的限制，学生往往只能接触到有限的教材和讲义，难以获取到更广泛、更深入的学习资源。而通过数字化平台，学生可以轻松访问到各种各样的网络资源，如在线课程、学术论文、多媒体资料等，丰富学习内容，拓展学习视野。学生可以通过网络搜索引擎查找相关的学术资料和研究成果，深入了解和探索思政课程中的重要理论和热点问题，提高学习的广度和深度，促进学术能力和创新意识的培养。

数字化处理传统教学内容还能够促进教育教学的信息化建设和智慧化发展。在数字化环境下，教学资源可以进行集中管理和统一调配，教师可以通过网络平台上传和分享教学资源，学生可以通过网络平台搜索和获取教学资源，实现教学资源的共享和共用。这样一来，不仅能够提高教学资源的利用效率，还能够促进教学内容和教学方式的创新与发展，推动教育教学的信息化和智慧化进程。学校可以建立统一的教学管理平台，集成各种数字化教学资源，为教师和学生提供统一的学习服务和支持，实现教学过程的智能化和个性化。

数字化处理传统教学内容是提高教学效果和教学质量的重要举措，它不仅能够提高教学资源的利用效率，还能够拓展学生的学习渠道和学习资源，促进教育教学的信息化和智慧化发展。因此，我们应该进一步加强数字化教育平台的建设和应用，积极推动传统教学内容的数字化处理，为学生提供更加便捷、个性化的学习体验，助力他们全面发展和成长。

2. 开发新型数字化教学资源

开发新型数字化教学资源是适应时代发展、满足现代学生学习需求的重要举措。在当今数字化时代，随着科技的不断进步和应用，教育领域也在不断探索新的教学方式和工具，以更好地满足学生的学习习惯和需求。因此，开发符合现代学生学习习惯的新型数字化教学资源，如在线课程、教学视频、互动教学应用等，具有重要的意义和价值。

新型数字化教学资源的开发可以提供更加灵活和便捷的学习方式。随着互联网的普及和信息技术的发展，学生们对于获取知识的渠道和方式有了更多的选择。他们习惯于通过网络平台和移动设备获取信息和学习资源，而传统的课堂教学模式已经无法满足他们的需求。因此，开发在线课程、教学视频等数字化教学资源，可以让学生随时随地进行学习，充分利用碎片化的时间，提高学习效率。比如，学生可以通过观看教学视频来复习课堂内容，通过参与在线课程来扩展知识面，从而实现个性化、自主化的学习。

新型数字化教学资源的开发可以提升教学的趣味性和互动性。现代学生善于利用多媒体技术进行学习，他们习惯于通过视听等多种方式获取信息，并且对于与之互动的教学内容更感兴趣。因此，开发教学视频、互动教学应用等数字化教学资源，可以为教学增添新的元素和形式，使学习内容更加生动有趣。比如，通过制作富有创意和趣味性的教学视频，教师可以将抽象的概念和理论以形象化、直观化的方式呈现，吸引学生的注意力，提高他们的学习积极性。同时，利用互动教学应用，可以组织学生进行课堂互动和游戏化学习，促进学生之间的合作交流，激发他们的学习潜力。

新型数字化教学资源的开发可以促进教学内容的个性化定制。每个学生的学习水平、学习兴趣和学习方式都有所不同，传统的教学模式往往无法满足所有学生的需求。通过数字化教学资源，教师可以根据学生的实际情况和学习特点，量身定制教学内容和教学方式，实现个性化教学。比如，通过在线课程平台，教师可以根据学生的学习进度和能力水平，为他们提供个性化的学习计划和学习资源，满足他们的不同学习需求。同时，利用教学应用软件，教师还可以根据学生的学习反馈和表现，及时调整教学策略和内容，帮助他们更好地掌握和应用所学知识。

开发新型数字化教学资源对于适应现代学生的学习需求和习惯具有重要意义。通过充分利用数字化技术和工具，设计出符合学生学习特点和需求的教学资源，可以提供更加灵活、趣味、个性化的学习方式，促进学生的学习兴趣和学习效果。数字化教学资源的开发需要教育者和技术人员共同努力，加强合作与交流，不断创新和完善，为教育事业的发展做出更大的贡献。

（二）教学平台建设与整合

1.建设数字化教学平台

构建数字化教学平台是推动思政课程教学现代化的重要举措。这个平台不仅需要具备基本的在线课堂功能，还需要有完善的资源库和学生管理系统等功能模块，以满足思政课程的教学需求和管理需求。

一个专门用于思政课程的数字化教学平台需要具备稳定可靠的在线课堂功能。这意味着平台应该能够支持教师进行实时的远程教学，包括视频直播、在线讨论、屏幕共享等功能，以实现线上课堂的互动性和生动性。同时，为了提高教学效果，平台还应该支持课程录制和回放功能，方便学生复习和补课。

数字化教学平台需要建立一个资源丰富、分类清晰的资源库。思政课程所涉及的内容广泛，包括政治理论、国情分析、社会问题等多个方面，因此平台需要收录并整合各类相关教学资源，包括教材、课件、视频、文章、案例等，以便教师和学生进行查阅和使用。资源库还应该具有搜索和推荐功能，帮助用户快速找到所需的教学资源。

除此之外，数字化教学平台还需要配备一个完善的学生管理系统。这个系统应该包括学生信息管理、课程选课管理、学生成绩管理等功能，以帮助教师和教育管理者对学生进行有效管理和跟踪。同时，学生管理系统还应该支持学生的在线评价和反馈，以及教师对学生学习情况的实时监控和反馈。

在建设数字化教学平台的过程中，还需要重视平台的用户体验和界面设计。平台应该简洁明了、操作方便，同时要兼顾不同用户群体的需求，包括教师、学生和教育管理者等。平台的安全性也是一个重要考虑因素，需要采取相应的措施保护用户的个人信息和教学数据安全。

搭建专门用于思政课程的数字化教学平台是推动思政课程教学现代化的关键步骤。这个平台需要具备在线课堂、资源库、学生管理系统等功能模块，以满足思政课程的教学和管理需求。在平台建设过程中，需要重视用户体验、界面设计和安全性，以提供优质的教学服务和保障教学数据安全。

2. 整合外部数字化教学资源

在当今数字化时代，整合外部优质数字化教学资源成为了提升本校思政课教学内容丰富度和质量的重要举措。通过引入公开课程、网络课程等来自外部的优秀资源，不仅可以为学生提供更加多样化和权威性的学习内容，还能够促进教学方法的创新和教学效果的提升。

整合外部数字化教学资源可以丰富思政课的教学内容。随着互联网的发展，各类高质量的数字化教学资源不断涌现，覆盖了各个学科和领域。通过整合这些外部资源，可以为思政课注入新鲜的血液，使得课程内容更加全面丰富、生动活泼。引入来自知名高校或机构的公开课程，可以让学生接触到更广泛的学术视野和思想观念，拓展他们的知识面和认知范围。同时，引入国内外优秀的网络课程，如MOOCs（大规模开放在线课程），可以让学生在课堂之外进行深入学习，通过自主学习的方式加深对思政课内容的理解和掌握。

整合外部数字化教学资源有助于提升思政课教学的灵活性和多样性。传统的教学方式受到时间、空间的限制，往往难以满足学生个性化、差异化的学习需求。而通过引入外部数字化教学资源，可以为教学注入新的活力和创新，开拓教学的多样化路径和形式。利用网络课程的互动性和自主性，可以为学生提供更灵活的学习时机和方式，激发他们的学习兴趣和动力。同时，通过引入不同形式的数字化资源，如在线讲座、教学视频、交互式教材等，可以丰富教学手段，提升教学效果，使得思政课的教学更加富有趣味性和互动性。

整合外部数字化教学资源可以促进教学资源共享和合作。在数字化时代，各个学校和机构都拥有丰富的数字化教学资源，但资源的分散和孤立往往导致了资源的重复建设和利用效率的低下。通过建立跨校、跨机构的教学资源共享平台，可以将各方优质资源整合起来，实现资源的共享和互补，提高资源的利用效率和价值。同时，通过与外部教育机构和企业的合作，还可以进一步丰富思政课的教学内容，引入更多前沿的思想观念和实践案例，使得课程更具针对性和时效性。

整合外部优质数字化教学资源对于丰富本校思政课的教学内容、提升教学效果具有重要意义。教育机构应当充分认识到数字化教学资源的重要性，积极引入和整合外部资源，不断优化课程设置和教学方法，提高教学质量和效果，推动思政课教育的深入发展。

二、高校思政课数字化教学资源的利用

（一）教学内容在线化学习

1.线上课程设计与实施

随着信息技术的飞速发展和互联网的普及，线上课程设计与实施已成为现代教育的重要组成部分。特别是在思想政治课教学领域，线上课程的设计和实施不仅可以提高教学的灵活性和适用性，还可以促进学生的自主学习和思辨能力的培养。因此，设计符合思政课教学目标和特点的线上课程内容，并通过在线平台实施，成为当下教育改革的一项重要任务。

线上课程设计应当充分考虑思政课教学的特点和要求。思政课程注重培养学生的思想品德、政治素养和社会责任感，强调学生的综合素质和创新能力的培养。因此，在线上课程设计过程中，应当注重体现思政课程的特色和核心价值观，

合理安排教学内容和教学方式，使之符合思政课程的教学目标和要求。可以设计一系列具有思想性、政治性和时代性的案例分析和讨论，引导学生思考和探讨当今社会和国家面临的重大问题，提高他们的思辨能力和判断力。

线上课程的实施需要借助于先进的教育技术和在线平台。随着互联网技术的不断发展，各种在线教育平台和教学工具层出不穷，为线上课程的实施提供了强有力的支持。教师可以借助于在线视频、网络直播、虚拟实验等多种形式，将思政课程内容生动形象地呈现给学生，激发他们的学习兴趣和积极性。同时，还可以通过在线讨论、网络互动等方式，促进学生之间的交流和合作，拓展他们的视野和思维，提高学习的效果和质量。

线上课程的设计和实施还需要充分考虑学生的学习特点和需求。由于线上学习具有时间灵活、地点自由等优势，可以更好地满足学生个性化学习的需求。因此，在线上课程设计过程中，应当注重差异化教学和个性化指导，根据学生的学习水平和兴趣爱好，量身定制教学内容和教学方式，使之更贴近学生的实际需求和学习情况。同时，还应当重视对学生学习过程的监控和反馈，及时发现和解决问题，确保线上课程的顺利实施和教学效果的达到。

设计符合思政课教学目标和特点的线上课程内容，并通过在线平台实施，是提高思政课教学效果和学生满意度的重要途径。通过充分考虑思政课程的特点和要求、借助先进的教育技术和在线平台、关注学生的学习特点和需求，可以有效地促进线上课程的设计和实施，为培养德智体美全面发展的社会主义建设者和接班人提供更好的教育保障。

2.线上教学资源共享

线上教学资源共享是当今教育领域的一项重要举措，它为教师们提供了一个互相借鉴和分享数字化教学资源的平台，有助于促进教学内容的更新和优化，提升整体教学水平。在数字化技术的支持下，教师们可以轻松地在线分享和获取各种教学资源，包括课件、教学视频、在线习题等，从而丰富教学内容，激发学生学习兴趣，提高教学效果。本文将从线上教学资源共享的意义与价值、实施策略与方法以及对教学水平的影响等方面进行探讨。

线上教学资源共享的意义与价值在于可以充分利用教师们的智慧和经验，实现资源共享和优势互补。教师们可以将自己制作的优质教学资源上传至共享平台，供其他教师借鉴和使用，同时也可以从平台上获取其他教师分享的资源，丰富自己的教学内容。通过这种方式，教师们可以相互学习、相互借鉴，共同提升教学水平，为学生提供更加丰富多样的学习资源和学习体验。

实施线上教学资源共享需要采取一系列策略与方法，包括搭建共享平台、建立资源评价机制、加强教师培训等。学校或教育机构可以搭建线上教学资源共享平台，为教师们提供一个方便快捷的资源交流平台。可以建立资源评价机制，鼓励教师们分享优质教学资源，并对其进行评估和认可，激励更多的教师参与到资源共享中来。还可以加强教师培训，提高教师们的数字化教学能力，使其更加熟练地运用线上教学资源，提升教学效果。

线上教学资源共享对教学水平的影响是多方面的。一方面，它可以促进教学内容的更新和优化，使教师们能够及时获取到最新的教学资源和教学方法，从而更好地满足学生的学习需求。它可以促进教师之间的交流与合作，形成良好的教学互助氛围，提升整体教学水平。同时，线上教学资源共享还可以促进教育公平，使教育资源更加平等地分布在各个地区和学校，为学生提供更加优质的教育服务。

线上教学资源共享是提升教学水平和促进教育公平的重要举措。通过共享和借鉴数字化教学资源，教师们可以更好地更新和优化教学内容，提高教学效果，为学生提供更加优质的教育服务。在未来的教育实践中，我们应该进一步加强对线上教学资源共享的支持与引导，推动教育信息化的深度发展，为教育现代化提供有力支撑。

（二）互动性教学环境构建

构建互动性教学环境是当今教育领域的重要任务，而在线互动教学活动则是实现这一目标的有效途径。通过设计并开展各类在线互动教学活动，如在线讨论、小组合作项目、虚拟实验等，可以有效增强学生的学习参与度和互动性，提升教学效果和学习体验。

在线讨论是一种常见而有效的互动教学活动，它能够促进学生之间的思想交流和知识分享。通过在线讨论平台，教师可以设置不同的讨论话题，引导学生展开深入的思考和讨论，激发他们的学习兴趣和探索欲望。学生们可以在讨论中表达自己的观点和看法，与同学进行交流和辩论，从而增强对所学知识的理解和应用。教师可以组织学生就社会热点问题展开在线讨论，让他们思考问题的各个方面，从不同的角度探讨解决问题的方法和途径，培养他们的批判性思维和判断力。

小组合作项目是一种具有很高互动性的教学活动，它能够促进学生之间的团队合作和协作能力。通过在线平台，教师可以将学生分成小组，共同完成一些实践性项目或任务，如研究报告、案例分析、模拟演练等。在项目过程中，学生们需要相互合作、协调配合，分工负责，共同完成任务，从而提高团队协作和沟通能力。教师可以组织学生开展社会调查和实地考察，让他们分组调研社会问题，收集资料、分析数据、撰写报告，通过合作解决问题，培养他们的实践能力和创新意识。

虚拟实验是一种新颖而具有吸引力的互动教学活动，它能够为学生提供沉浸式的学习体验和实践机会。通过在线虚拟实验平台，教师可以模拟各种实验场景和操作过程，让学生在虚拟环境中进行实验操作、观察现象、收集数据、分析结果，从而加深对实验原理和科学知识的理解和掌握。与传统实验相比，虚拟实验具有成本低、安全性高、操作灵活等优势，能够满足学生在任何时间、任何地点进行实验学习的需求。教师可以利用在线虚拟实验平台进行化学实验模拟，让学生在虚拟实验室中进行化学反应的观察和操作，理解反应原理和实验过程，提高实验技能和实验操作能力。

除了以上几种常见的在线互动教学活动外，还可以结合实际教学需求和学生特点，设计并开展其他形式多样的互动教学活动，如在线问答、网络游戏、虚拟演讲等，以丰富教学内容，激发学生的学习兴趣，提高教学效果和学习体验。

通过设计并开展各类在线互动教学活动，可以有效增强学生的学习参与度和互动性，提升教学效果和学习体验。因此，教育者应该充分利用现代技术和网络平台，不断探索创新教学方法和手段，构建更加丰富、多样的互动性教学环境，为学生提供更加优质、个性化的学习体验，助力他们全面发展和成长。

第三节　教育数字化背景下高校思政课教学资源共享平台构建

一、教育数字化背景下高校思政课教学资源共享平台建设的必要性和基础建设

（一）高校思政课教学资源共享的意义

1.提高资源利用效率

提高资源利用效率是教育领域面临的重要课题，而共享平台的建立则是解决这一问题的有效途径。通过共享平台，高校可以共享优质的思政课教学资源，避免资源重复开发，提高资源的利用效率。这一举措不仅能够节约教学成本和资源投入，还能够促进教学资源的共享和共用，提高教学效果和教学质量。

共享平台可以实现教学资源的集中管理和统一调配。在传统教学模式下，每个教师都需要单独开发和准备教学资源，存在资源重复开发和浪费的问题。而通过共享平台，高校可以建立统一的资源库，将各类优质的思政课教学资源进行整合和汇总，为教师提供便捷的资源获取渠道和选择范围。教师可以通过共享平台搜索和获取所需的教学资源，节约时间和精力，提高教学效率。教师可以在共享平台上上传和分享精心设计的课件、讲义、案例等资源，供其他教师参考和借鉴，实现教学资源的共享和交流。

共享平台可以促进教学资源的共享和共用。在共享平台上，教师可以将自己开发的优质教学资源进行分享，供其他教师和学生免费使用，实现资源共享和共用。这样一来，不仅能够避免资源的重复开发和浪费，还能够充分利用现有资源，提高资源的利用效率。一些优秀的思政课教学资源可以在共享平台上免费下

载和使用，教师可以根据自己的教学需求进行灵活选择和调整，节约教学成本和资源投入，提高教学效果和教学质量。

共享平台可以促进教学资源的更新和优化。在共享平台上，教师可以不断上传和更新自己开发的教学资源，与其他教师和学生进行交流和分享，接受他们的反馈和建议，不断优化和完善教学资源。这样一来，教学资源可以保持与时俱进，紧跟教育发展的步伐，保持教学内容的新颖和活力，提高教学效果和教学质量。教师可以在共享平台上发布自己的教学案例和教学经验，与其他教师进行交流和讨论，共同探讨教学方法和教学策略，从而不断提升教学水平和教学质量。

共享平台还可以促进教师之间的合作和交流。在共享平台上，教师可以与其他教师进行资源共享和教学合作，共同开发教学项目和课程内容，共同研究教学方法和教学技术，实现资源共建共享，共同提升教学水平和教学质量。教师可以在共享平台上发起教学合作项目，邀请其他教师参与，共同开发和完善教学资源，实现资源共享和协作互助，提高教学效果和教学质量。

通过共享平台共享优质的思政课教学资源，可以避免资源重复开发，提高资源的利用效率。同时，共享平台还可以促进教学资源的集中管理和统一调配，促进教学资源的共享和共用，促进教师之间的合作和交流，实现资源共建共享，共同提升教学水平和教学质量。因此，我们应该进一步加强共享平台的建设和应用，积极推动教育资源的共享和共用，为教学工作提供更加便捷、高效的支持和保障。

2. 促进教学经验交流

促进教学经验交流是提升教学水平和教学质量的重要途径。在当今教育领域，每个高校都积累了丰富的教学经验和教学方法，但这些宝贵的资源往往局限于各自校园内部。因此，建立共享平台，促进不同高校之间的教学经验和教学方法交流，具有重要的意义和价值。

共享平台可以让教师们更加方便地获取到来自不同高校的优秀教学资源。在传统的教学模式下，教师们往往只能依靠自己的教学经验和教材来进行教学，难以获取到其他高校的优秀教学案例和教学方法。通过共享平台，教师们可以轻松地浏览和搜索到其他高校分享的教学资源和经验，从中获取灵感和启发，丰富自己的教学内容和教学方法。比如，一些高校可能在课程设置、教学设计、评估方法等方面有着独特的经验和做法，通过共享平台，这些宝贵的经验和做法可以被更多的教师所借鉴和应用，从而提升整体的教学水平和质量。

共享平台可以促进教师之间的交流与合作。教育教学是一个不断探索和创新的过程，而教师之间的交流与合作是推动教育教学不断发展的重要动力。通过共享平台，教师们可以分享自己的教学心得和经验，交流教学中的困惑和挑战，共同探讨解决问题的方法和策略。这种交流与合作不仅可以促进教师之间的专业成长和提升，还可以激发更多的创新和探索精神，推动教学方法的不断创新和改进。比如，通过在线论坛、研讨会等形式，教师们可以分享自己在课堂教学中的成功经验和失败教训，互相学习借鉴，共同提升教学水平和教学质量。

共享平台可以促进跨学科、跨专业的教学经验交流。在现代教育中，跨学科、跨专业的教学已经成为一种趋势，但同时也面临着挑战和困难。因此，建立共享平台，促进不同学科、不同专业之间的教学经验交流，对于推动跨学科、跨专业教学具有重要意义。通过共享平台，教师们可以了解到其他学科、其他专业的教学模式和方法，从中汲取经验和启示，为自己的教学实践提供新的思路和方向。比如，在跨学科课程设计和教学实施过程中，教师们可以通过共享平台分享各自的经验和教训，共同探讨跨学科教学的优势和挑战，找到适合自己学科特点和教学目标的教学策略和方法。

建立共享平台，促进不同高校之间的教学经验和教学方法交流，对于提升教学水平和教学质量具有重要意义。通过共享优秀的教学资源和经验，教师们可以互相学习借鉴，共同提升自己的教学水平和能力。同时，共享平台也可以促进教师之间的交流与合作，推动教育教学的不断创新和发展。因此，各个高校应当积极倡导和支持教学经验交流，共同为教育事业的发展做出贡献。

（二）高校思政课教学资源共享平台的基础建设

在构建高校思政课教学资源共享平台的基础建设中，设计合理的平台技术架构至关重要。一个稳定、高效的技术架构不仅能够保证平台的正常运行，还能够提供良好的用户体验和安全保障。因此，平台技术架构的设计应该考虑到服务器配置、数据库设计、安全性保障等方面的因素。

对于服务器配置的设计，需要根据平台的规模和用户量来确定合适的服务器配置。考虑到思政课程教学资源可能涉及大量的多媒体内容，例如视频、文档等，因此服务器需要具备足够的存储空间和带宽，以支持用户上传、下载和浏览这些资源。同时，为了保证平台的稳定性和性能表现，可以考虑采用分布式服务器架构，将不同功能模块部署在不同的服务器上，以降低单点故障的风险，并提高系统的并发处理能力。

数据库设计是平台技术架构中的关键环节之一。思政课程教学资源共享平台需要建立一个完善的数据库系统，用于存储和管理用户信息、教学资源、课程数据等。在数据库设计过程中，需要考虑到数据的结构化和关联性，以便于快速检索和查询。同时，为了提高数据库的性能和可扩展性，可以采用主从复制或者分布式数据库架构，将数据库分散存储在不同的服务器上，以减轻单一数据库的负载压力。

平台的安全性保障也是技术架构设计中需要重点考虑的因素之一。思政课程教学资源涉及到敏感信息和个人隐私，因此平台需要建立完善的安全机制，保护用户数据的安全性和隐私性。在技术层面上，可以采用数据加密、访问控制、防火墙等技术手段，加强对用户数据的保护。同时，定期进行安全漏洞扫描和修复，及时更新系统补丁，以提高平台的抗攻击能力和安全性。

为了提升平台的易用性和用户体验，可以考虑采用响应式设计和前端优化等技术手段，确保平台能够在不同设备上（如 PC、平板、手机）上正常运行，并提供流畅的用户界面和交互体验。同时，建立用户反馈机制，及时收集和处理用户的意见和建议，不断优化和改进平台的功能和性能。

设计高校思政课教学资源共享平台的技术架构需要综合考虑服务器配置、数据库设计、安全性保障等方面的因素，以确保平台稳定运行、数据安全，同时提供良好的用户体验。通过合理的技术架构设计，可以为高校思政课程的教学资源共享提供有效的技术支持和保障。

二、教育数字化背景下高校思政课教学资源共享平台的运营与管理

（一）教学资源上传与审核

1.教学资源上传流程设计

在建立教学资源上传流程时，必须确保流程清晰、高效，并且能够保证上传资源的质量和合法性。一个完善的上传流程应当包括资源提交、审核、发布等环节，每个环节都需要有相应的规范和控制措施，以保证教学资源的准确性、权威性和安全性。

教学资源提交环节是整个上传流程的起点。在这一环节，教师或其他上传者可以将准备好的教学资源提交到上传平台或系统中。为了保证提交的资源能够满足教学需求和质量标准，上传平台应当提供清晰明确的提交规范和要求，包括资源格式、内容描述、版权声明等。同时，还可以通过在线表单或上传模板的形式，引导上传者提供详细的资源信息，如资源名称、作者、关键词、适用范围等，以便后续的审核和管理。

资源审核环节是确保上传资源质量和合法性的关键环节。在资源提交后，需要经过严格的审核程序，对上传的资源进行内容、版权、技术等方面的审核。审核人员应当具备相关专业知识和经验，能够对教学资源的学术性、准确性和合法性进行评估和判断。对于涉及知识产权的资源，还需要进行版权审查，确保资源的使用不侵犯他人的合法权益。同时，审核人员还需要检查资源的技术规范和格式要求，确保资源能够在教学平台上正常运行和展示。

资源发布环节是将审核通过的资源发布到教学平台或系统中，供师生使用的重要环节。在资源审核通过后，需要及时将资源发布到相应的栏目或分类下，并提供清晰明了的资源链接或下载方式。同时，发布者还可以根据资源的特点和用途，为资源添加相关的标签、描述或说明，方便用户查找和理解。为了确保资源的更新和维护，还可以设立资源更新机制，定期对已发布的资源进行审核和更新，保持资源的及时性和有效性。

上传流程还应当包括资源使用和反馈环节。一旦资源发布到教学平台上，就需要引导师生正确使用资源，并鼓励他们提供使用反馈和评价意见。通过收集

用户的反馈信息，可以及时发现资源存在的问题和不足之处，为资源的优化和改进提供参考和依据。同时，也可以通过用户反馈评价的方式，对资源进行动态管理和调整，提高资源的质量和适用性，满足教学实践的需求。

教学资源上传流程的设计至关重要，直接影响着上传资源的质量和合法性。一个完善的上传流程应当包括资源提交、审核、发布等环节，并且要设立相应的规范和控制措施，确保上传资源能够满足教学需求和质量标准，为教学实践提供有力支持。

2. 资源审核机制建立

在当今数字化教育环境下，建立资源审核机制成为确保教学资源质量和权威性的重要举措。这一机制旨在设立专门的审核团队，对上传的教学资源进行审核，以保证其内容的准确性、权威性和适用性。资源审核的建立不仅可以提高教学资源的质量，还可以增强教育平台的可信度，为教学活动提供更可靠的支持。

资源审核机制的建立需要明确审核标准和程序。审核标准应当涵盖资源内容的准确性、权威性、教学适用性等方面。教学资源的内容应当与教学大纲和课程标准相符，具有较高的学术水平和专业性，资源的来源应当可靠，作者具有一定的学术背景和资质，资源的教学方法和形式应当与目标学生群体的特点和需求相适应。审核程序应当包括资源提交、初审、复审、最终审核等环节，确保审核过程的严密性和规范性。还应当建立资源审核的监督和评估机制，定期对审核结果进行评估和反馈，及时调整和改进审核标准和程序，提高审核效率和质量。

资源审核机制的建立需要配备专业化的审核团队。这一团队应当由具有相关学科背景和教学经验的专家组成，具有较高的学术水平和专业素养。审核团队应当对教学资源的相关领域具有较深的了解和熟悉，能够准确判断资源的学术价值和教学效果。同时，审核团队应当具有良好的团队合作精神和工作责任感，能够积极参与审核工作，保证审核工作的顺利进行和高效完成。还应当建立审核团队的培训和交流机制，定期组织相关培训和学术交流活动，提升审核团队的专业水平和审核能力。

资源审核机制的建立需要借助于先进的技术手段和工具。随着信息技术的不断发展，人工智能、大数据分析等技术已经在资源审核领域得到广泛应用。这些技术可以帮助审核团队更快速、更准确地对大量的教学资源进行审核和评估，提高审核的效率和质量。可以借助人工智能技术对教学资源的内容进行智能识别和分析，发现其中可能存在的问题和风险，可以借助大数据分析技术对教学资源的使用情况和效果进行评估，为审核团队提供科学依据和参考意见。通过充分利用先进的技术手段和工具，可以进一步提升资源审核的水平和能力，保障教学资源的质量和权威性。

建立资源审核机制是确保教学资源质量和权威性的关键举措。通过明确审核标准和程序、配备专业化的审核团队、借助先进的技术手段和工具，可以有效地提高资源审核的效率和质量，保障教学资源的质量和权威性，为教育教学工作提供更加可靠的支持。

（二）平台推广与用户培训

为了增加平台的知名度和用户数量，必须设计一系列有效的平台推广策略，包括宣传推广、合作交流和用户服务等方面的措施。通过这些策略的实施，可以提高平台的曝光度，吸引更多的用户参与平台活动，推动平台的持续发展。

宣传推广是增加平台知名度的关键步骤。我们可以利用多种渠道进行宣传，如社交媒体、网络广告、线下宣传等。在社交媒体上，我们可以通过发布有吸引力的内容、举办线上活动、邀请意见领袖合作推广等方式，吸引目标用户的关注和参与。同时，利用网络广告的方式，在各大门户网站、搜索引擎等平台投放广告，提高平台在用户心中的知名度。还可以通过线下宣传活动，如举办推广会、参加行业展览等方式，增加平台的曝光度，吸引更多的用户了解和使用平台。

合作交流是拓展平台用户群体的有效途径。我们可以与相关行业的机构、组织或个人进行合作，共同推广平台。与学校、教育机构合作，开展线上培训课程或研讨会，向教师和学生介绍平台的功能和优势，引导他们注册和使用平台。还可以与行业内的知名机构或企业建立合作关系，共同举办活动或推出优惠政策，吸引他们的用户加入到平台中来。通过这种方式，可以扩大平台的用户群体，提升平台的影响力和竞争力。

用户服务也是增加平台用户数量的重要环节。我们应该注重提升用户体验，为用户提供优质的服务和支持。在平台的运营过程中，及时解决用户遇到的问题和困惑，为用户提供专业的指导和帮助。同时，定期收集用户的反馈意见和建议，不断改进和优化平台的功能和服务，提高用户的满意度和忠诚度。还可以通过推出用户福利、积分奖励等方式，激励用户积极参与平台活动，增加用户的粘性和活跃度。

平台推广与用户培训是增加平台知名度和用户数量的关键环节。通过宣传推广、合作交流和用户服务等多方面的努力，可以提高平台的曝光度，吸引更多的用户加入到平台中来。在未来的运营中，我们应该持续关注用户需求，不断改进和优化平台的功能和服务，为用户提供更加优质的学习体验，实现平台的可持续发展。

第四节 教育数字化背景下高校思政课教学资源共享的机制与政策保障

一、教育数字化背景下高校思政课教学资源共享机制

（一）教学资源共享平台建设

1. 设立专门的思政课教学资源共享平台

设立专门的思政课教学资源共享平台是促进资源共享和提高教学效率的重要举措。通过建立这样的线上平台或在线社区，高校教师和学生可以共享思政课程的丰富教学资源，包括课件、教案、视频资料等。这一平台的建立不仅有助于避免资源的重复开发和浪费，还能够促进教学资源的共享和共用，提高教学效果和学习体验。

专门的思政课教学资源共享平台可以提供一个集中管理和统一调配资源的平台。在这个平台上，高校教师和学生可以上传和下载各种思政课程的教学资源，

如课件、教案、视频资料等，实现资源的集中存储和管理。这样一来，不仅方便了教师的资源获取和使用，还能够避免资源的分散和丢失，提高资源的利用效率。教师可以在平台上分享自己设计的优质课件和教案，供其他教师参考和借鉴，实现资源共享和共用。

专门的思政课教学资源共享平台可以促进教学资源的共享和交流。在这个平台上，教师和学生可以自由发布和分享各种思政课程的教学资源，与其他教师和学生进行交流和讨论，共同探讨教学方法和教学策略。这样一来，不仅能够促进教学资源的共享和共用，还能够促进教师之间的合作和交流，提高教学水平和教学质量。教师可以在平台上发布自己设计的课程教学视频，供学生观看和学习，增加教学资源的多样性和丰富性。

专门的思政课教学资源共享平台可以促进教学资源的更新和优化。在这个平台上，教师可以不断上传和更新自己设计的教学资源，与其他教师和学生进行交流和分享，接受他们的反馈和建议，不断优化和完善教学资源。这样一来，教学资源可以保持与时俱进，紧跟教育发展的步伐，保持教学内容的新颖和活力，提高教学效果和教学质量。教师可以在平台上发布自己设计的在线互动课程，与学生进行在线互动和讨论，提高教学的灵活性和有效性。

专门的思政课教学资源共享平台还可以为教师和学生提供更加便捷、高效的学习支持和服务。在这个平台上，教师和学生可以随时随地通过网络平台上传和下载教学资源，进行在线交流和讨论，提高学习的灵活性和便利性。这样一来，不仅能够节约时间和精力，还能够提高学习效率和学习质量。学生可以在平台上下载教师上传的优质教学资源，随时随地进行学习和复习，提高学习效果和成绩水平。

通过建立专门的思政课教学资源共享平台，可以实现资源的集中管理和统一调配，促进教学资源的共享和交流，促进教学资源的更新和优化，提高教学效果和学习体验。因此，我们应该进一步加强这样平台的建设和应用，积极推动思政课程的教学资源共享和共建，为高校教学工作提供更加便捷、高效的支持和保障。

2. 教学资源审核与管理

教学资源审核与管理是保证教育教学质量和有效利用教学资源的重要保障。制定资源审核机制，确保共享的教学资源符合相关规范和标准，同时建立资源管理体系，包括权限管理、资源分类等，对于提升教育教学水平和促进教学资源的合理利用具有重要意义。

制定资源审核机制是确保共享教学资源质量的关键。教学资源的质量直接影响着教学效果和学生学习成果，因此，必须建立起严格的资源审核机制，对教学资源进行审核和评估。这一机制应当包括对教学资源的内容、教学设计、知识准确性等方面进行审查，确保教学资源符合教育部门的相关规范和标准。比如，针对教学视频资源，需要审核其制作质量、内容真实性等方面是否符合教学要求，针对在线课程资源，需要审核其教学设计是否合理、教学内容是否准确等方面。只有经过严格审核的教学资源才能够被共享和使用，确保教学质量和教育教学的有效实施。

建立资源管理体系是保障教学资源有效利用的重要途径。教学资源的共享和利用需要建立起完善的管理体系，包括权限管理、资源分类、使用监控等方面。应当建立起严格的权限管理机制，明确教师和学生等不同用户对于教学资源的访问权限和使用权限，防止未经授权的用户获取和使用教学资源。应当建立起科学合理的资源分类体系，将教学资源按照学科、年级、教学内容等进行分类管理，便于教师和学生根据自己的需求和兴趣查找和使用资源。同时，还应当建立起使用监控机制，对教学资源的使用情况进行实时监控和分析，及时发现和解决使用中存在的问题和障碍。

加强教师培训和指导是推动教学资源审核与管理工作的重要举措。教师是教学资源的主要使用者和管理者，他们的素质和能力直接影响着教学资源的有效利用和管理。因此，必须加强对教师的培训和指导，提升其教学资源的审核和管理能力。这包括对教师进行相关政策法规和规范要求的培训，使其清楚了解教学资源审核的标准和流程，同时，还需要对教师进行技术操作和资源管理方面的培训，使其掌握教学资源的有效利用和管理技能。还可以通过定期举办教学资源分享交流会、编写教学资源使用指南等方式，促进教师之间的经验交流和资源共享，共同推动教学资源的审核与管理工作的落实和完善。

教学资源审核与管理是保障教育教学质量和有效利用教学资源的重要保障。必须制定资源审核机制，确保共享的教学资源符合相关规范和标准，同时，建立资源管理体系，包括权限管理、资源分类等，确保教学资源的有效利用和管理。加强教师培训和指导，提升其教学资源的审核和管理能力，对于推动教学资源审核与管理工作的落实和完善具有重要意义。只有不断加强对教学资源的审核与管理，才能够保障教育教学的质量和有效实施。

（二）教学资源共享的跨校合作机制

建立教学资源共享的跨校合作机制是促进高校思政课程教学水平提升和资源优势互补的关键举措。在这一机制下，不同高校之间可以签订资源共享协议，建立起稳定的合作关系，实现思政课程教学资源的跨校借鉴和共享。

跨校合作机制的建立需要各高校之间的积极参与和支持。在整个合作机制的构建过程中，需要有高校领导的重视和推动，以及各级相关部门的配合和协调。同时，还需要建立起一套完善的管理机制和运行机制，明确各方的责任和权利，确保合作的顺利进行。

为了有效促进跨校资源共享，需要签订资源共享协议，明确合作的内容、方式和期限等。这一协议应该包括双方的基本信息、共享资源的范围和内容、共享方式和条件、保密条款等内容，以确保合作的公平、公正和可持续性。在协议签订之前，双方需要进行充分的沟通和协商，明确彼此的需求和利益，以便达成共识并达成协议。

跨校资源共享协议的签订还需要考虑到教学资源的版权和知识产权等法律问题。在合作过程中，需要确保共享的教学资源符合相关法律法规的要求，避免侵犯他人的合法权益。因此，在签订协议之前，双方需要对共享资源进行审核和评估，确保其符合法律规定，并在协议中明确相关的法律责任和保障措施。

除了签订资源共享协议，还需要建立起一套有效的资源共享机制和平台。这一平台可以是一个在线平台或者是一个专门的机构，用于收集、管理和共享各校的教学资源。通过这一平台，教师和学生可以方便地获取和分享各校的优质教学资源，促进资源的互相借鉴和共享，提高教学效果和教学水平。

为了保障跨校资源共享机制的顺利运行，需要建立起一个完善的监督和评估机制。通过定期的评估和监督，及时发现和解决合作过程中的问题和困难，确保合作机制的稳定和持续发展。同时，还需要及时总结和分享合作的经验和成果，以便不断改进和完善跨校资源共享机制，促进思政课程教学水平的提升和创新。

二、教育数字化背景下高校思政课教学资源共享的政策保障

（一）法律政策及规范建设

1.制定思政课教学资源共享管理规定

在推动思政课教学资源共享的过程中，制定相关管理规定和政策是至关重要的，这些规定和政策应当明确共享的目的、范围、权限、责任等方面的内容，以确保共享活动的合法性、规范性和有效性。

明确教学资源共享的目的是推动教育教学的现代化，促进思政课程的建设与发展。教学资源共享旨在整合和利用各方优质资源，提高资源的利用效率和价值，丰富思政课程的内容和形式，提升教学质量和效果。通过共享教学资源，可以实现优势互补，弥补各方资源不足之处，实现资源共享、优势互补，提高思政课程的教学水平和影响力。

明确教学资源共享的范围和内容。共享的教学资源包括课件、教学视频、案例分析、试题库等各类与思政课程相关的教学资源。资源内容应当涵盖思想政治理论、国家政策法规、时事热点、社会问题等多个方面，能够全面覆盖思政课程的核心内容和重点知识点。同时，也可以包括一些教学实践经验、教学方法、教学案例等方面的资源，以促进教学经验和教学成果的交流和共享。

明确教学资源共享的权限和管理机制。在资源共享过程中，需要明确各方的权限和责任，确保资源的合法性和安全性。教学资源的上传、审核、发布等环节应当设立相应的权限管理机制，明确资源管理者和审核者的责任和权限范围。同时，也需要建立资源使用和访问的权限控制机制，确保资源的合理使用和保护

个人隐私和知识产权。还需要建立资源共享的监督和评估机制，定期对共享活动进行评估和检查，及时发现和解决存在的问题和隐患。

明确教学资源共享的激励和保障措施。为了促进教学资源的积极共享，可以设立相应的激励机制，对贡献突出的教学资源上传者给予表彰和奖励，鼓励更多的教师和机构参与到共享活动中来。同时，也需要加强对教学资源的保护和安全措施，建立完善的资源保护和安全管理制度，保障教学资源的合法性、安全性和稳定性。

制定思政课教学资源共享管理规定是推动教育教学改革和发展的重要举措，有助于促进教学资源的共享和优化利用，提高教学质量和效果。管理规定应当明确共享的目的、范围、权限、责任等方面的内容，建立健全的资源管理和监督机制，推动教学资源共享活动的合法、规范进行，为教育事业的发展和进步提供有力支持。

2. 知识产权保护与合作协议

在当今数字化教育环境下，加强对教学资源的知识产权保护是至关重要的。教学资源的创作和分享涉及到知识产权的问题，必须建立合作协议和保密机制，以规范共享过程中的权益和责任。这不仅有利于保护教师和学校的合法权益，还可以促进教育资源的共享和交流，推动教育事业的发展和进步。

加强知识产权保护需要建立健全的法律制度和法律意识。教学资源作为知识产品，受到知识产权法律的保护。因此，教育机构和教师必须充分了解知识产权法律的相关规定，自觉维护自己的知识产权。同时，政府部门也应当加强知识产权保护的宣传和教育，提高全社会的知识产权保护意识，共同构建知识产权保护的法治环境。

建立合作协议和保密机制是保护教学资源知识产权的有效手段。合作协议可以明确参与教学资源创作和分享的各方权益和责任，规范共享过程中的行为和关系。保密机制可以保护教学资源的机密性和独立性，防止未经授权的侵权行为。合作协议和保密机制应当细化具体的合作内容和方式，明确知识产权的归属和使用权限，确保各方的合法权益不受侵害。

　　加强对教学资源知识产权保护还需要加强技术手段和管理措施。技术手段可以采用数字水印、加密技术等方式，对教学资源进行技术保护，防止盗版和篡改行为。管理措施可以建立健全的教育资源管理制度，明确资源的管理责任和流程，加强对资源使用情况的监控和管理，及时发现和解决可能存在的问题。

　　加强对教学资源知识产权保护还需要加强国际合作和交流。教育资源的创作和分享不仅局限于国内，还涉及到国际合作和交流。因此，各国教育机构和教师应当加强国际合作，共同制定和落实知识产权保护的国际标准和规范，加强跨国合作和交流，共同推动全球教育资源的共享和交流，促进教育事业的全球化发展。

　　加强对教学资源的知识产权保护是教育事业发展的重要保障。通过建立健全的法律制度和法律意识、建立合作协议和保密机制、加强技术手段和管理措施、加强国际合作和交流等措施，可以有效地保护教学资源的知识产权，促进教育资源的共享和交流，推动教育事业的发展和进步。

（二）技术保障及信息安全管理

　　在教学资源共享平台的运行中，技术保障和信息安全管理是确保平台稳定性、安全性和易用性的关键。通过建立完善的技术支持体系和信息安全管理机制，可以有效地保障教学资源共享平台的正常运行，提高资源共享的效率和质量。

　　建立强大的技术支持团队是保障教学资源共享平台技术运行和维护的基础。这个团队应该由技术专家和工程师组成，具有丰富的技术经验和专业知识。他们负责监控平台的运行情况，及时发现和解决技术故障和问题，保障平台的稳定性和可靠性。同时，技术支持团队还应该定期对平台进行维护和升级，确保其始终能够满足用户的需求和期望。

　　信息安全管理是保障教学资源共享平台安全性的重要措施。在数字化时代，信息安全已成为互联网应用的重要问题，任何一个漏洞都可能导致严重的安全风险和损失。因此，我们必须建立健全的信息安全管理机制，包括数据加密、访问控制、漏洞修复等方面的措施。还需要加强用户教育和意识培养，提高用户的信息安全意识，防范各种网络安全风险和威胁。

除此之外，还需要重视用户体验和易用性，提高教学资源共享平台的用户满意度。通过优化平台的界面设计、提升用户交互体验、加强用户反馈与沟通等方式，可以让用户更加愿意使用平台，并推动资源共享的深入开展。同时，平台还应该支持多种设备和操作系统，满足用户在不同终端的需求，提高平台的可访问性和可用性。

技术保障和信息安全管理是确保教学资源共享平台稳定性、安全性和易用性的关键。通过建立强大的技术支持团队、健全的信息安全管理机制以及优化的用户体验，可以有效地保障平台的正常运行，并提高资源共享的效率和质量。在未来的发展中，我们应该进一步加强技术创新和安全管理，不断提升平台的技术水平和服务质量，为用户提供更加优质的教学资源共享服务。

第五章　教育数字化背景下高校思政课评价体系建构

第一节　教育数字化背景下高校思政课教学评价的必要性

一、教育数字化背景下高校思政课教学评价必要性分析

（一）提升教学质量与效果

1.确保教学目标的实现

为了确保教学目标的实现，评价是至关重要的。通过评价，可以检验思政课程是否达到了预期的教学目标，促进教学质量的提升。评价不仅是对学生学习情况的监测，也是对教学过程的反思和改进。只有通过科学有效的评价方法，才能全面客观地了解教学效果，指导教学实践，进一步提高思政课程的教学质量。

评价应该贴近教学目标，具有针对性和有效性。在设计评价方案时，教师需要明确思政课程的教学目标，从认知、情感、态度、行为等多个层面全面考量。评价内容应该覆盖教学目标的各个方面，既包括知识水平的考核，也包括思想观念的引导和情感态度的培养。同时，评价方法和工具也应该多样化，既包括定量评价，也包括定性评价，以确保评价的全面性和客观性。可以采用问卷调查、课堂观察、作业评定、小组讨论等方式进行评价，全面了解学生的学习情况和教学效果。

评价应该注重过程性和动态性。教学评价不仅要关注学生的学习成绩，更要关注学习过程中的参与情况和表现，及时发现问题，及时调整教学策略，及时提供帮助和支持。因此，评价应该是一个持续的过程，贯穿于整个教学过程中。

教师可以通过课堂观察、学生讨论、作业检查等方式实时了解学生的学习情况，及时调整教学进度和内容，及时解决学生的学习困难，确保教学目标的逐步实现。同时，教师还可以定期组织评价活动，如期中考试、期末考试、教学反馈等，对教学效果进行总结和反思，及时调整和改进教学方案，提高教学质量。

评价应该是多元化和综合化的。教学评价应该综合运用各种评价方法和工具，综合考量学生的学习成绩、学习态度、学习方法等方面的情况，全面客观地了解学生的学习情况和教学效果。评价内容应该涵盖认知、情感、态度、技能等多个层面，既注重学科知识的掌握，也注重思想观念的引导和品德修养的培养。只有综合考量学生的多方面表现，才能真实客观地评价教学效果，指导教学实践。教师可以根据学生的考试成绩、课堂表现、作业完成情况等方面的情况综合评价学生的学习水平和教学效果，及时发现问题，及时调整教学策略。

评价应该注重反馈和指导。评价不仅是对学生的一种检验，更是对教学过程的一种反思和改进。教师应该及时向学生提供评价反馈，帮助他们了解自己的学习情况和不足之处，指导他们制定学习计划和改进措施，提高学习效率和学习质量。同时，教师还应该利用评价结果指导自己的教学实践，及时调整和改进教学方法和教学内容，提高教学质量和教学效果。教师可以根据学生的评价反馈，调整课堂教学方式，增加互动环节和实践活动，激发学生的学习兴趣和积极性，提高教学效果和学习体验。

通过科学有效的评价方法，可以全面客观地了解教学目标的实现情况，促进教学质量的提升。因此，我们应该重视评价工作，不断探索创新评价方法和手段，为教学工作提供有力的保障和支持，实现教育教学的高质量发展。

2.发现教学中存在的问题

评价在教学中扮演着至关重要的角色，它不仅可以帮助发现教学中的弱点和问题，还能够及时进行改进和调整，从而提高思政课程的教学效果。教学评价是一个系统性的过程，旨在收集、分析和解释与教学活动相关的信息，以便做出合理的判断和决策。通过对教学活动进行评价，可以全面了解教学过程中存在的问题和不足之处，为进一步改进和提高教学质量提供重要依据。

评价能够帮助教师发现教学中的弱点和问题。在教学实践中，教师可能会面临各种各样的困难和挑战，比如教学内容的理解难度、教学方法的选择不当、学生学习兴趣不高等。而通过评价过程，教师可以收集到学生、同行和专家的反馈意见，了解他们对教学活动的看法和评价，从而发现教学中存在的问题和弱点。比如，教师可以通过问卷调查、学生讨论等方式了解学生对教学内容的理解程度和学习兴趣，通过同行评审、教学观摩等方式了解其他教师对自己教学的看法和建议，进而发现自己教学中存在的不足之处，为进一步改进和提高教学质量提供参考。

评价能够为教学改进提供重要依据。教学评价不仅仅是对教学过程和结果的检查，更重要的是对教学活动进行分析和反思，找出其中存在的问题和短板，并提出改进的建议和措施。通过评价过程，教师可以深入分析教学活动中的各个环节，找出问题产生的原因和根源，从而有针对性地制定改进计划和措施。比如，如果评价发现学生对某一部分教学内容理解不够透彻，教师可以通过调整教学方法、增加案例分析等方式加强教学的针对性和实效性，如果评价发现学生学习兴趣不高，教师可以通过增加趣味性和互动性的教学活动，激发学生的学习热情，提高教学效果。

评价能够促进教师的专业成长和发展。教学评价不仅是对学生学习情况的评估，也是对教师教学水平和教学效果的评估。通过评价过程，教师可以全面了解自己的教学表现和教学效果，找出自己的优势和不足，从而有针对性地进行专业成长和发展。比如，教师可以通过参加教学培训、教学观摩等方式不断提升自己的教学能力和教学水平，加强对教学理论和方法的学习和掌握，提高自己的教学水平和专业素养。同时，教师还可以通过参与教学研究、教学团队等方式加强与同行的交流与合作，共同探讨教学改革和发展的路径和方向，促进个人和集体的专业成长和发展。

评价是发现教学中问题和弱点、促进教学改进和提高教学效果的重要手段和方法。通过评价过程，教师可以深入了解教学活动中存在的问题和不足之处，为进一步改进和提高教学质量提供重要依据，同时，评价还能够促进教师的专业成长和发展，提升教师的教学水平和教学效果。因此，教育机构和教师应当重视评价工作，建立起科学合理的评价体系，促进教学质量的不断提高和教育教学的全面发展。

（二）促进学生学习动力与成长

促进学生学习动力与成长是教育工作者长期关注和努力的目标之一。而激发学生学习兴趣则是实现这一目标的重要途径之一。评价在这一过程中扮演了关键的角色，因为有效的评价可以反馈学生的学习情况和表现，从而激发他们的学习兴趣，提高学习积极性。

为了激发学生的学习兴趣，评价应该具有针对性和及时性。评价不仅仅是对学生学习成绩的反馈，更应该关注学生的学习过程和学习态度。因此，教师在评价学生时应该注重综合评价，包括课堂表现、作业完成情况、参与讨论的积极程度等方面。同时，评价应该及时进行，及时反馈学生的学习情况，让他们能够及时调整学习策略和方法，提高学习效果。

评价应该是积极的和正向的。过于严厉或者过于苛刻的评价可能会打击学生的学习积极性和自信心，反而起到了负面的作用。因此，教师在评价学生时应该注重给予鼓励和肯定，及时发现学生的优点和长处，激发他们的学习动力和成长潜力。同时，也要善于引导学生接受批评和建议，帮助他们不断改进和进步。

评价应该是个性化的和差异化的。不同学生具有不同的学习特点和学习需求，因此评价也应该因人而异，针对性地进行。教师可以根据学生的兴趣爱好、学习能力和发展水平，采用不同的评价方式和方法，为他们提供个性化的学习支持和指导。这样一来，学生会感受到教师的关心和关注，更加积极地投入到学习中去。

评价应该是多样化和综合化的。单一的评价方式和方法可能会忽略学生的某些方面表现和能力，造成评价的不全面性。因此，教师应该采用多种评价手段，包括笔试、口试、实验报告、项目作业等，以全面了解学生的学习情况和表现。同时，评价也应该综合考虑学生的各个方面表现，给予综合评价，以更加客观公正地反映学生的学习水平和成长进程。

通过有效的评价可以反馈学生的学习情况和表现，从而激发他们的学习兴趣，提高学习积极性。评价应该具有针对性和及时性，是积极的和正向的，是个性化和差异化的，同时也是多样化和综合化的。只有这样，才能够更好地促进学生的学习动力与成长，实现教育的有效教与有效学的目标。

二、教育数字化背景下高校思政课教学评价的方法与体系建设

（一）建立多维度的评价体系

1.结合课程目标设定评价指标

在思政课程中，评价指标的设定至关重要，它直接关系到学生对于知识、思想和价值观念等方面的全面发展。因此，我们需要建立一个与思政课程目标相符的评价指标体系，以全面评价学生在课程中的表现和成长。这个评价指标体系应该包括知识掌握、思想态度、价值观念等多个方面。

对于知识掌握方面的评价指标，我们可以考虑包括课程内容的掌握程度、知识的应用能力以及对于相关概念的理解深度等。学生是否能够准确描述思想政治课程中涉及的重要概念和理论？是否能够运用这些知识分析和解决现实生活中的问题？是否能够理解这些知识背后的思想内涵？通过考察这些方面，可以客观地评价学生对于思政课程知识的掌握情况。

在思想态度方面的评价指标也至关重要。思政课程的目标之一就是要引导学生形成正确的思想态度，包括积极向上、理性客观、审慎求真等。因此，我们可以考虑评价学生对于学习的态度、对待问题的态度以及对待他人的态度等。学生是否具有积极主动的学习态度？是否能够理性客观地看待问题，不受情绪或偏见影响？是否能够尊重他人的观点，包容不同的意见？通过考察这些方面，可以评价学生在思想态度上的成长和进步。

价值观念方面的评价指标也是必不可少的。思政课程旨在培养学生正确的价值观念，包括社会责任感、民主意识、法治观念等。因此，我们可以考虑评价学生对于这些价值观念的认识和实践情况。学生是否具有良好的社会责任感？是否能够理解并尊重民主制度的重要性？是否具有正确的法治观念，自觉遵守法律

法规？通过考察这些方面，可以评价学生在价值观念上的培养和提升情况。

建立与思政课程目标相符的评价指标体系对于全面评价学生的学习表现和成长至关重要。这个评价指标体系应该包括知识掌握、思想态度、价值观念等多个方面，通过科学的评价方法，客观地反映学生在思政课程中的表现和发展情况，为他们的进一步成长提供有效的指导和帮助。

2. 运用多种评价方法

在当今教育环境中，全面客观地评估思政课教学效果是至关重要的。为了实现这一目标，采用多种评价方法是必不可少的。问卷调查、观察记录以及学生自评等方式相辅相成，能够提供多维度、多角度的评价数据，从而更全面地了解思政课的教学效果。

问卷调查作为一种量化的评价方法，能够直接获取学生的意见和反馈。通过设计问卷，可以针对思政课的内容、教学方法、师资水平等方面进行评价。问卷中的定量数据可以帮助教师量化地了解学生对教学的满意度和认可度，进而对教学进行调整和改进。同时，问卷调查还可以发现学生的需求和期望，为优化教学提供有益参考。

观察记录是一种直接观察和记录教学过程的评价方法。通过观察教学现场，可以了解教师的教学态度、教学方法的实施情况以及学生的学习状态等方面的情况。观察记录可以捕捉到一些问卷调查无法涵盖的细节信息，例如学生的课堂表现、教师的教学技巧等。通过分析观察记录，教师可以及时发现问题并加以改进，提高教学效果。

学生自评也是一种重要的评价方法。通过让学生自主评价自己在思政课上的表现和收获，可以促使他们更加深入地反思自己的学习过程。学生自评可以帮助他们认识到自己的优势和不足，激发其自我提升的动力。同时，学生自评还可以提供教师以外的视角，从学生的角度出发评价教学效果，为教师提供宝贵的改进建议。

综合运用问卷调查、观察记录和学生自评等多种评价方法，可以实现对思政课教学效果的全面客观评估。通过定量和定性相结合的方式，可以更加全面地了解教学的优势和不足，为进一步改进教学提供科学依据。同时，这也符合教育评价的多元化趋势，能够更好地满足不同利益主体的需求，提高教学质量，促进学生全面发展。因此，在思政课教学评价中，应该充分发挥各种评价方法的优势，实现评价的多样化和全面化。

（二）优化评价过程与机制

优化评价过程与机制以及建立评价结果反馈机制是现代教育领域中至关重要的环节。在当今信息时代，教育评价不再仅仅是对学生学习成果的简单检验，而是应该成为促进教学质量提升、推动教育发展的有效工具。为了实现这一目标，评价过程需要不断优化，并建立起有效的反馈机制，以及时将评价结果反馈给教师和学生，从而促进问题的及时解决和改进。

优化评价过程与机制需要从多个方面入手。评价过程应当注重全面性和客观性，不仅仅关注学生的考试成绩，还应该考察学生的综合素养、创新能力、沟通能力等方面。因此，评价工具和方法需要多样化，既包括传统的笔试、口试等形式，也应该引入项目评价、作品评价、实践能力评价等方式，从而更加全面地了解学生的学习状况。评价过程中还需要注重科学性和公正性，避免主观偏见对评价结果的影响，确保评价结果的客观性和准确性。

建立评价结果反馈机制是优化评价过程的关键一环。及时将评价结果反馈给教师和学生，能够帮助他们更好地了解学生的学习情况，发现问题并及时进行调整和改进。对于教师而言，评价结果反馈可以帮助他们更好地了解学生的学习需求和问题所在，调整教学方法和内容，提升教学质量，对于学生而言，评价结果反馈可以帮助他们了解自己的学习状态和不足之处，及时调整学习策略，提升学习效果。因此，建立起有效的评价结果反馈机制，对于促进教学改进和学生学习提升具有重要意义。

在建立评价结果反馈机制时，需要注意以下几点。反馈应该及时有效。评价结果应该在最短的时间内反馈给教师和学生，以便他们能够及时了解情况并进行调整。反馈应该具有针对性和个性化。不同学生的学习情况不同，因此反馈内容应该针对性地指出学生的优势和不足，并给予个性化的建议和指导。反馈应该是双向的。教师和学生不仅需要接受评价结果的反馈，也应该能够提出自己的意见和建议，共同探讨问题的解决办法。反馈应该是持续的。评价结果反馈不应该是一次性的活动，而是应该建立起长期稳定的机制，持续不断地推动教学和学习的改进。

优化评价过程与机制，建立评价结果反馈机制，是现代教育发展的必然要求。通过不断优化评价过程，建立起有效的评价结果反馈机制，可以帮助教师更好地开展教学工作，促进学生学习的全面发展，推动教育事业不断向前发展。在未来的教育实践中，我们应该更加重视评价工作的重要性，不断探索创新评价方法，建立起科学、公正、有效的评价体系，为教育事业的持续发展贡献力量。

第二节　高校思政课数字化评价体系的构建原则与框架

一、高校思政课数字化评价体系的构建原则

（一）教学目标导向

1. 确定清晰的教学目标

在现代教育的框架下，明确的教学目标是任何教育活动的基石。特别是对于思政课这样旨在塑造学生思想、价值观的课程而言，教学目标的清晰性显得尤为重要。这不仅有助于确保教学的有效性，还能够为评价体系的建立提供坚实的基础。因此，我们需要明确思政课的教学目标，并基于这些目标建立相应的评价体系。

思政课的教学目标之一是知识传授。尽管思政课的重点不在于传授专业知识，但它仍然需要向学生传授一定的基础知识，以便他们理解政治、历史、哲学等领域的基本概念和原理。这些知识不仅仅是为了应付考试，更是为了培养学生的综合素养和批判思维能力。因此，教学目标中的知识传授需要明确界定所需传授的内容和学生应具备的掌握程度。

思政课的教学目标还包括思想引导。这一目标是思政课与其他学科的重要区别之一。通过思想引导，我们旨在激发学生的思维，引导他们对社会、政治、人生等重要议题进行深入思考，并形成独立、理性的见解。因此，教学目标需要明确指出希望学生在思想引导方面所达到的水平，包括批判性思维、逻辑思维、价值观念等方面的培养。

思政课的教学目标也涉及到价值观塑造。作为一门关乎社会、文化、伦理的课程，思政课应当积极引导学生树立正确的价值观，包括民主、平等、法治、诚信等。这不仅是对学生个人品质的培养，更是对整个社会的建设和发展具有重要的意义。因此，教学目标中的价值观塑造需要具体明确所希望学生形成的哪些价值观，以及如何通过课程内容和教学方法来实现这些目标。

思政课的教学目标应当涵盖知识传授、思想引导、价值观塑造等方面。这些目标不仅需要明确界定，还需要与课程内容、教学方法相结合，形成有机的整体。只有确立了清晰的教学目标，才能够更好地指导教学实践，并建立相应的评价体系，以评估学生是否达到了预期的教育效果。因此，教育者应当充分重视思政课的教学目标，将其作为教学设计和评价体系的核心内容，从而更好地完成思政课程的育人使命。

2. 量化目标指标

在教育领域，将教学目标转化为可量化的指标是评价体系建立和数据收集的关键一步。这一过程不仅有助于评估学生的知识掌握程度，还能够追踪他们的思想政治态度变化情况等方面。量化目标指标的确立既为教师提供了更具体的评估工具，也为学生提供了明确的学习目标，从而促进了教学的有效实施和学生的全面发展。

将教学目标转化为可量化的指标可以提高评价的客观性和准确性。传统上，教学目标常常是抽象的描述，如"提高学生的阅读能力"或"培养学生的创新思维"。这样的描述往往难以量化和具体化，导致评价过程主观性较强，难以为学生提供明确的反馈和改进方向。通过将这些目标转化为可量化的指标，例如"提高学生阅读速度至每分钟200字"或"提高学生创新思维能力的评估分数至80分以上"，可以使评价更加客观、具体和可操作，有助于教师更准确地了解学生的学习情况。

量化目标指标的建立有助于教育评价体系的科学化和规范化。教育评价是教育质量保障的重要环节，而科学、规范的评价体系是保障评价公正性和有效性的基础。通过将教学目标转化为可量化的指标，可以建立起系统完善的评价指标体系，明确不同目标的衡量标准和评价方法，从而提高评价的科学性和可信度。在评价学生的知识掌握程度时，可以制定具体的知识点覆盖率和考察难度，以确保评价结果的客观性和准确性。

量化目标指标的确立有助于提升教学效果和学生学习动力。明确的量化目标能够为学生提供清晰的学习方向和目标，激发他们的学习动力和积极性。同时，通过定期对量化指标进行评估和反馈，学生可以清晰地了解自己的学习进展和不足之处，从而及时调整学习策略和提升学习效果。当学生意识到自己的阅读速度还未达到目标要求时，他们可能会更加努力地进行阅读训练，以达到或超越设定的目标。

量化目标指标的建立对于教育改革和发展具有重要意义。随着教育理念的不断更新和教学模式的不断变革，教育评价体系也需要与时俱进，更好地适应教育发展的需要。通过将教学目标转化为可量化的指标，可以更好地把握教育发展的方向和重点，及时调整和优化教育评价体系，推动教育改革和发展。因此，量化目标指标的建立是教育评价体系不断完善和提升的重要途径之一。

将教学目标转化为可量化的指标对于评价体系的建立和数据收集具有重要意义。通过建立明确的量化指标，可以提高评价的客观性和准确性，推动教育评价体系的科学化和规范化，激发学生的学习动力和提升教学效果，促进教育改革和发展。因此，应重视量化目标指标的建立和应用，不断完善和优化教育评价体系，为教育质量提升和学生全面发展提供有力支撑。

（二）多元化评价视角

多元化评价视角在学生综合素质评价中扮演着至关重要的角色。传统的学业成绩评价虽然在一定程度上反映了学生的知识水平和学习成绩，但它却无法全面地评价学生的综合素质。因此，为了更准确地了解学生的综合素质，评价体系应该从多元化的视角出发,充分考量学生的思想品德、实践能力、创新意识等方面。

思想品德是评价学生综合素质的重要指标之一。一个人的思想品德直接关系到其道德水平和行为表现。在学生综合素质评价中,应该重点考察学生的思想道德素养、社会责任感以及团队合作精神等方面。通过观察学生在日常生活和学习中的言行举止,了解他们的品行表现,可以更加全面地评价其思想品德水平。

实践能力也是评价学生综合素质的重要组成部分。学生通过实践活动能够将所学知识与实际问题相结合,提高解决问题的能力和实际操作的技能。因此,在学生综合素质评价中,应该注重对学生实践能力的考量,包括但不限于动手能力、实验设计能力以及实际操作技能等方面。通过参与各类实践活动并进行评价,可以更好地了解学生的实践能力水平。

创新意识也是评价学生综合素质的重要内容之一。在当今社会,创新已经成为推动社会发展的重要驱动力,而培养学生的创新意识和创新能力已经成为教育的重要任务之一。因此,在学生综合素质评价中,应该重点考察学生的创新思维、创新能力以及创新成果等方面。通过开展各类创新实践活动,并对学生的创新成果进行评价,可以更加全面地了解学生的创新意识水平。

学生综合素质评价应该从多元化的视角出发,充分考量学生的思想品德、实践能力、创新意识等方面。只有通过综合评价,才能更准确地了解学生的综合素质水平,并为他们的全面发展提供有效的指导和帮助。因此,我们应该不断完善评价体系,构建科学合理的评价机制,为学生的综合素质提供更加精准的评价和指导。

二、高校思政课数字化评价体系的框架构建

（一）数据采集与处理

1.确定数据采集方法

确定适当的数据采集方法对于建立综合评价体系至关重要。在思政课程中,我们需要选择合适的方法和工具来收集学生在知识掌握、思想态度、价值观念等方面的数据。这些方法和工具应该能够客观、全面地反映学生的学习情况和成长

进展。

对于知识掌握方面的数据采集，问卷调查是一种常用的方法。可以设计针对性的问卷，通过学生自评、教师评价和同学评价等多方面的信息收集，来了解学生对于课程内容的掌握情况。可以结合课堂测试、作业成绩等定量数据，来评价学生的知识水平和应用能力。同时，还可以通过学习记录和课堂表现等方式来获取更加具体的信息，例如学生在讨论中的参与程度、提问的质量等。

在思想态度方面的数据采集，观察记录是一种有效的方法。通过观察学生在课堂上的表现、言行举止等，可以初步了解其思想态度的基本情况。可以结合小组讨论、案例分析等活动，来观察学生在与他人交流互动时的表现，以及对于敏感话题的态度等。同时，可以设计开放性的问题或情境模拟，观察学生的反应和回答，从而深入了解其思想态度的形成和变化。

在价值观念方面的数据采集，学习记录是一种常用的方法。可以通过记录学生在课堂上的言行举止、讨论发言内容等，来了解其对于重要价值观念的认识和实践情况。同时，可以设计情境模拟或案例分析等活动，观察学生在特定情境下的行为选择和价值判断，从而深入了解其价值观念的内在逻辑和变化趋势。可以结合问卷调查等方法，收集学生对于价值观念的自我评价和他人评价，以及对于相关话题的看法和态度等信息。

确定适当的数据采集方法对于建立综合评价体系至关重要。在思政课程中，可以选择问卷调查、观察记录、学习记录等多种方法和工具，来全面、客观地收集学生在知识掌握、思想态度、价值观念等方面的数据。通过科学的数据采集和分析，可以更好地评价学生的学习表现和成长进展，为他们的思想道德素养培养提供有效的指导和支持。

2. 数据质量与有效性检验

在评价思政课教学效果时，对采集到的数据进行质量和有效性检验至关重要。只有确保数据的准确性和可信度，才能够有效地评估教学效果，并据此制定合理的改进措施。因此，数据的质量和有效性检验是评价过程中不可或缺的环节。

针对问卷调查所得数据，需要进行质量和有效性检验。在问卷设计阶段，应该确保问题清晰明了，避免引导性问题和模糊不清的表述，以减少受访者的误解和偏差。在数据采集后，需要对问卷进行筛查，排除填写错误或漏填的情况，保证数据的完整性和一致性。还可以通过统计分析方法，如信度分析和因子分析，评估问卷的信度和效度，进一步验证数据的质量和有效性。

观察记录的数据质量和有效性也需要得到保证。在进行观察记录时，观察者应该尽可能客观、准确地记录教学过程中的各种情况。同时，为了提高数据的可信度，可以采取多人观察或录像录音的方式，以便后续进行交叉验证和对比分析。观察记录的内容应该具体明确，避免主观臆断和一刀切的情况，以保证数据的准确性和客观性。

学生自评的数据质量和有效性也需要得到重视。在引导学生进行自评时，应该给予清晰的评价标准和指导，避免主观感受和情绪因素对评价结果的影响。同时，教师可以通过与学生进行沟通和反馈，了解其自评过程中的思考和理解，以进一步评估数据的准确性和可信度。可以结合其他评价方法，如同行评价或专家评价，对学生自评的结果进行交叉验证，从而提高数据的有效性和可靠性。

对采集到的数据进行质量和有效性检验是评价思政课教学效果的重要保障。通过对问卷调查、观察记录和学生自评等数据进行综合分析和验证，可以确保评价结果的客观性和准确性，为教学改进提供科学依据。因此，在评价过程中，应该重视数据质量和有效性的检验，以保证评价结果的可信度和说服力。

（二）评价指标体系建立

建立评价指标体系是教育评价中至关重要的一环，它直接关系到评价的全面性、科学性和有效性。确定评价指标体系应该基于教学目标和多元化评价视角，旨在全面、客观地反映教育教学的各个方面，从而为评价提供科学依据和有效工具。这个过程需要综合考虑教学目标的设定、学生的学习需求、教学内容和方法以及评价工具和方法等因素，以确保评价指标体系的完整性和准确性。

在确定评价指标体系时，需要充分考虑教学目标。教学目标是教育活动的核心，评价指标体系应该围绕教学目标展开，反映教学目标的各个方面，包括知识、技能、情感态度和价值观等方面。因此，在确定评价指标时，应该明确教学目标的具体内容和要求，将其作为评价的参照标准，确保评价指标体系与教学目标相一致。

在建立评价指标体系时，需要采用多元化评价视角。传统的评价方法往往只注重学生的考试成绩，而忽略了学生的综合素养、创新能力、沟通能力等方面。因此，评价指标体系应该包括多种评价方法和指标，既包括定量指标，如考试成绩、作业完成情况等，也应该包括定性指标，如项目评价、作品评价、实践能力评价等。这样可以更全面地了解学生的学习状况和发展水平，从而更准确地评价教学效果。

在确定评价指标体系时，还需要注意以下几点。评价指标应该具有科学性和客观性。评价指标应该能够客观地反映学生的学习情况和教学效果，避免主观偏见对评价结果的影响。评价指标应该具有操作性和可操作性。评价指标应该能够清晰明确地表达评价对象的特征和要求，便于评价者进行评价和判断。评价指标应该具有可比性和稳定性。评价指标应该能够跨越不同时间和不同环境，保持一定的稳定性，便于对不同对象进行比较和分析。

建立评价指标体系是教育评价工作的重要组成部分。通过基于教学目标和多元化评价视角，建立完整的评价指标体系，可以更全面、客观地反映教学效果和学生学习情况，为教育教学的改进和提升提供科学依据和有效工具。在未来的教育实践中，我们应该更加重视评价指标体系的建立和完善，不断探索创新评价方法，提升评价工作的科学性和有效性，为教育事业的发展做出更大的贡献。

第三节　高校思政课数字化评价指标体系设计与优化

一、高校思政课数字化评价指标体系的设计

（一）理论指标的建立

1.思政课程目标与指标

在确定思政课程的教学目标时，我们需要综合考虑学生思想道德素质、学

习态度和社会责任感等方面。这些目标不仅涉及到学生个体的成长与发展，也关系到他们对社会的贡献和影响。因此，在建立评价指标时，需要确保其能够全面、客观地反映学生在这些方面的表现和成长。

思政课程的教学目标之一是培养学生的思想道德素质。这包括学生对于道德规范和社会价值观念的认同与理解，以及他们的思维品质和道德行为。因此，在建立评价指标时，可以考虑包括以下方面，学生对于道德准则和社会价值观念的理解程度，学生的自我意识和自我修养水平，学生在面对道德困境时的判断和行为表现等。通过对这些方面的评价，可以全面了解学生的思想道德素质发展情况。

思政课程的教学目标还包括培养学生积极的学习态度。这涉及到学生对于学习的主动性、积极性和持续性等方面。因此，在建立评价指标时，可以考虑包括以下方面，学生对于知识的探索和求知欲，学生的学习目标和计划制定能力，学生在学习过程中的自我反思和改进能力等。通过对这些方面的评价，可以全面了解学生的学习态度和学习能力发展情况。

思政课程的教学目标还包括培养学生的社会责任感。这涉及到学生对于社会问题的认识和反思，以及他们对于社会发展和改革的参与和贡献。因此，在建立评价指标时，可以考虑包括以下方面，学生对于社会现实问题的理解和分析能力，学生对于公民责任和社会义务的认同和实践能力，学生在实际行动中展现的社会责任感和奉献精神等。通过对这些方面的评价，可以全面了解学生的社会责任感和社会参与能力发展情况。

思政课程的教学目标涉及到学生思想道德素质、学习态度和社会责任感等多个方面。在建立评价指标时，需要确保其能够全面、客观地反映学生在这些方面的表现和成长。通过科学的评价方法和工具，可以更好地评价学生的学习表现和成长进展，为他们的综合素质发展提供有效的指导和支持。

2. 教学内容与方法指标

为了评价思政课教学内容与方法的质量，需要制定一系列科学的评价指标，涵盖课程设计的科学性、教学方法的多样性和互动性、以及教学资源的有效利用等方面。这些评价指标将有助于全面、客观地评估教学质量，为进一步改进和提升教学水平提供有效的参考。

评价教学内容的科学性是至关重要的。教学内容应当与思政课程的目标和要求相契合，具有科学性和针对性。评价指标可以包括课程设置的合理性、内容的前沿性和丰富性，以及知识点的层次和难度等。科学性的教学内容能够有效引导学生深入理解和思考，提升他们的综合素养和能力水平。

评价教学方法的多样性和互动性是衡量教学质量的重要标志。教师应当灵活运用多种教学方法，包括讲授、讨论、案例分析、角色扮演等，以满足不同学生的学习需求和学习风格。评价指标可以包括教学方法的多样性、灵活性和创新性，以及教师与学生之间的互动程度和质量等。多样性和互动性的教学方法能够激发学生的学习兴趣和积极性，提高教学效果和效率。

评价教学资源的有效利用也是评价教学质量的重要内容。教学资源包括教材、课件、多媒体设备、实验设备等，应当得到充分的利用和发挥。评价指标可以包括教学资源的更新与完善程度、利用率和效率等。有效利用教学资源能够丰富教学内容和手段，提高教学的吸引力和趣味性，促进学生的深度学习和全面发展。

在制定评价指标时，需要考虑到教学内容与方法的特点和实际情况，尽量量化和具体化评价标准，以便实际操作和评价。同时，评价指标应当具有综合性和系统性，能够全面、客观地反映教学质量的各个方面。通过科学的评价指标，可以及时发现教学存在的问题和不足，为进一步改进和提升教学水平提供有力支撑。

制定衡量教学内容与方法的评价指标是评价思政课教学质量的关键环节。科学性的教学内容、多样性和互动性的教学方法，以及有效利用的教学资源，是评价指标的重要组成部分。通过制定科学合理的评价指标，可以全面、客观地评价教学质量，为提高教学效果和水平提供有效的保障。

（二）技术指标的考量

在考虑教学所需的技术设备和平台的评价指标时，必须综合考虑多个方面，包括设备性能、平台稳定性、数据安全性等因素。这些指标对于教学的顺利进行至关重要，因此需要在评价过程中给予充分的重视。

对于技术设备的评价，设备性能是一个至关重要的指标。教学所需的技术设备应该具备足够的性能，能够满足教学过程中的各种需求。这包括设备的处理器性能、内存容量、存储空间等方面。在进行多媒体教学时，需要确保设备具有足够的处理能力来流畅播放视频、音频等内容，在进行实时互动时，需要确保设备具有较低的延迟和高速的数据传输能力。

平台稳定性是评价技术设备和平台的另一个重要指标。教学过程中，技术设备和平台的稳定性直接影响到教学的顺利进行。如果设备或平台经常出现故障或崩溃，将会严重影响教学效果和教学质量。因此，评价指标体系中应包括对设备和平台稳定性的考量，包括设备和平台的稳定性测试结果、历史故障率等方面的数据。

数据安全性也是评价指标体系中必须考虑的因素之一。在教学过程中产生的各种数据，包括学生的个人信息、学习成绩等，都需要得到充分的保护。因此，评价指标体系应包括对数据安全性的考量，包括设备和平台的数据加密功能、访问权限控制、安全更新等方面的情况。

除了上述几点外，还应考虑设备的易用性、维护成本等因素。易用性指设备是否容易操作，是否符合教师和学生的使用习惯，是否需要额外的培训等，而维护成本指维护设备所需的人力、物力和财力成本等。这些因素同样会影响到教学过程的顺利进行和教学质量的提升。

在确定技术设备和平台的评价指标时，应综合考虑教学的实际需求和技术发展的趋势。随着教育技术的不断发展，新的技术设备和平台不断涌现，评价指标体系也需要不断更新和完善，以适应教学实践的需求。同时，评价指标体系的建立需要多方参与，包括教师、技术人员、管理者等，以确保评价指标的科学性和全面性。

考虑教学所需的技术设备和平台的评价指标时，需要综合考虑设备性能、平台稳定性、数据安全性等多个方面的因素。只有通过科学合理的评价，才能为教学提供更好的技术支持，提升教学效果和教学质量。

二、高校思政课数字化评价指标体系的优化与应用

（一）指标体系的优化与调整

1.根据实际情况调整指标

在教学实践中，评价指标体系的科学性和有效性对于确保教学质量至关重要。针对实际教学情况和评价需求，我们需要对评价指标进行优化和调整，以确保其与教学目标的契合度，并能够客观、全面地评价学生的学习情况。

针对知识传授这一教学目标，评价指标体系需要关注学生对基础知识的掌握程度，但也应当注重知识的应用和拓展能力。除了考察学生是否能够熟练掌握课程所涉及的知识点外，还应该考察他们是否能够将所学知识运用到实际问题解决中，以及是否具备继续深入学习的基础。因此，在评价指标体系中，除了传统的知识考核指标外，还应当包括应用能力和学习动力等方面的指标，以全面反映学生的知识水平。

思想引导作为思政课的重要目标之一，评价指标体系应当更加注重学生的思维能力和思想品质。除了简单的知识理解能力外，评价指标还应当包括学生是否具备批判性思维、创新性思维以及跨学科思维等能力。同时，也应当考察学生在价值观念、社会责任感等方面的培养情况，以及他们对于社会、政治等重要议题的独立见解和思考能力。因此，在评价指标体系中，需要增加与思想引导相关的指标，如批判性思维能力、社会责任感、价值观念等，以更好地反映思政课对学生思想品质的培养效果。

价值观塑造是思政课的重要任务之一，评价指标体系应当重点关注学生的价值观念和道德品质的培养情况。除了传统的道德行为评价外，还应当考察学生是否具备正确的社会主义核心价值观，以及是否能够在实际生活中践行这些价值观。同时，也应当关注学生的团队合作能力、领导能力等与社会价值观相关的能力指标。因此，在评价指标体系中，需要增加与价值观塑造相关的指标，如社会主义核心价值观的认同程度、道德品质表现、团队合作能力等，以更全面地评价

思政课对学生的价值观塑造效果。

根据实际教学情况和评价需求，我们需要对评价指标体系进行优化和调整，以确保其科学性和有效性。这包括对知识传授、思想引导、价值观塑造等方面的评价指标进行调整，使之更加贴近教学实际，更能够全面、客观地评价学生的学习情况和思想品质。只有如此，才能够更好地指导教学实践，提升教学质量，实现思政课程的育人目标。

2. 评价指标权重的确定

确定评价指标的权重是评价体系建立中至关重要的一步，它直接影响到评价结果的客观性和准确性。通过根据重要性和影响程度对指标进行排序，并赋予相应的权重，可以更好地反映评价对象的综合情况，从而提高评价的科学性和可信度。

确定评价指标的权重需要考虑各指标对评价对象整体表现的影响程度。有些指标可能对于评价结果的形成具有更大的影响力，因此应当赋予较高的权重。在评价学生学习成绩时，考试成绩往往是最直接的反映，因此可以给予较高的权重。而在评价教师教学质量时，学生评价和同行评价可能更能客观地反映教师的教学水平，因此也应当赋予较高的权重。

确定评价指标的权重还需要考虑指标之间的相互关系和互补性。有些指标可能存在一定的相关性，或者可以相互补充，因此在确定权重时需要综合考虑。在评价学生的学习成绩时，考试成绩和课堂表现可能存在一定的相关性，因此在赋予权重时需要综合考虑这两个指标的贡献。又如，在评价教师的教学质量时，学生评价和同行评价可能互为补充，因此也需要综合考虑这两个指标的权重分配。

确定评价指标的权重还需要考虑社会和利益相关者的期望和需求。教育评价往往不仅仅是为了提供给教师和学生反馈，还可能涉及到社会对教育质量的关注和评判。因此，在确定权重时，还需要考虑到社会和利益相关者的期望和需求，以确保评价结果的公正和合理。在评价学校教育质量时，学生的学习成绩和教师的教学质量可能是社会和利益相关者最为关注的指标，因此在确定权重时可能需要优先考虑这两个指标。

确定评价指标的权重还需要考虑评价目的和使用场景。不同的评价目的和使用场景可能对评价指标的重要性和权重分配产生不同的影响。在评价学生学习成绩时，如果评价目的是为了选拔优秀学生，那么考试成绩可能会被赋予较高的权重，而如果评价目的是为了发现学生的潜能和特长，那么课外活动参与度和兴趣爱好可能会被赋予更高的权重。

确定评价指标的权重是评价体系建立中至关重要的一步，它直接影响到评价结果的客观性和准确性。在确定权重时，需要综合考虑各指标对评价对象整体表现的影响程度、指标之间的相互关系和互补性、社会和利益相关者的期望和需求，以及评价目的和使用场景等因素，从而确保评价结果的科学性和可信度。

（二）评价指标的应用与效果分析

应用评价指标的实践在教学中具有重要的意义和价值。通过将设计的评价指标体系应用于实际教学中，可以对教学效果和教学质量进行评估，为教学改进提供依据。评价指标的应用实践不仅可以帮助教师更加客观地了解教学过程和效果，还可以促进学校的教学质量提升，推动教育教学事业的持续发展。

评价指标的应用实践能够促进教学效果的全面评估。通过设计科学合理的评价指标体系，可以针对教学目标和内容进行全面、系统的评价。教师可以根据评价指标体系对学生的知识掌握情况、能力水平以及综合素质进行多方面、立体化的评价，从而更加准确地了解学生的学习状况和教学效果。

评价指标的应用实践有助于发现教学中存在的问题和不足。通过对教学过程和效果进行评估，可以及时发现存在的教学问题和难点，帮助教师认清自身的教学特点和不足之处。同时，评价指标的应用还可以帮助学校和教育管理部门了解教学工作的实际情况，及时采取措施进行改进和提高教学质量。

评价指标的应用实践可以促进教学改进和优化。通过对评价结果的分析和总结，可以为教学改进提供有效的依据和方向。教师可以根据评价指标的反馈意见，调整教学方法和策略，优化教学过程，提高教学效果。同时，学校和教育管理部门也可以根据评价结果采取相应的措施，优化教学管理机制，促进教育教学质量的不断提升。

评价指标的应用实践在教学中具有重要的作用和意义。通过科学合理地设计评价指标体系，并将其应用于实际教学中，可以全面评估教学效果，发现问题和不足，促进教学改进和优化，提高教学质量。因此，我们应该重视评价指标的应用实践，不断完善评价机制，为教育教学事业的发展提供有力支撑。

第四节　高校思政课数字化评价体系的应用与实践

一、高校思政课数字化评价体系的设计与建设

（一）评价指标体系的建立

1. 确定评价指标体系的框架

确定思政课数字化评价的指标体系是为了全面客观地评估教学质量和学生学习表现，并为教学改进提供有效的数据支持。这一评价体系应该包括教学内容质量、教学方法效果、学生学习表现等方面，以确保对思政课程的综合评价。

在教学内容质量方面，评价指标可以包括课程设置的合理性、内容的丰富性和更新性等。评价这些指标可以通过分析课程大纲、教材内容、课堂讨论等来进行。权重可根据课程大纲中不同章节或主题的重要程度来确定，基础理论课程的权重可能较高。评分标准可以根据教学内容的完整性、准确性和实用性来制定，是否涵盖了当代社会和国家发展的相关内容。

在教学方法效果方面，评价指标可以包括教学活动设计的合理性、教学资源利用的充分性和互动性等。评价这些指标可以通过观察课堂教学过程、学生作业完成情况、课后作业反馈等来进行。权重可根据不同教学方法对于学生学习效果的影响程度来确定，针对不同学习风格的教学方法可能具有不同的权重。评分标准可以根据学生对于教学方法的反馈和课堂效果来制定，学生是否积极参与、是否理解并应用了所学知识等。

在学生学习表现方面，评价指标可以包括学习态度、知识掌握程度和思想

态度等。评价这些指标可以通过学生参与课堂讨论的频率、作业完成情况、考试成绩等来进行。权重可根据不同指标对于学生综合素质培养的重要程度来确定，思想态度的培养可能具有较高的权重。评分标准可以根据学生在不同指标上的表现来制定，学生是否具有积极的学习态度、是否理解并运用了所学知识、是否具有正确的思想态度等。

思政课数字化评价的指标体系应该包括教学内容质量、教学方法效果、学生学习表现等方面，以确保对思政课程的综合评价。在制定评价指标的权重和评分标准时，需要充分考虑各个指标的重要性和实际情况，以确保评价体系的科学性和有效性。通过建立这样一个完善的评价体系，可以更好地指导教学实践和学生学习，提高思政课程的教学质量和教学效果。

2. 不断优化和更新评价指标体系

为了确保评价指标体系与教学实际情况的契合度和有效性，必须根据教学实践和评价反馈不断进行优化和更新。这一过程是持续的，需要紧密结合教学实践，及时反馈和调整，以确保评价指标能够真实地反映教学质量和效果。

通过教学实践的积累和总结，可以发现评价指标体系中的不足和问题。教师可以结合自身的教学经验和观察，对现有评价指标进行分析和反思，找出存在的缺陷和局限性。这包括评价指标的科学性、可操作性、适用性等方面。通过教学实践的积累，教师能够更加深入地了解教学过程中的挑战和需求，为评价指标的优化提供实际基础。

通过评价反馈的收集和分析，可以了解评价指标体系在实际应用中的表现和效果。教师可以通过问卷调查、学生反馈、同行评议等方式，收集评价反馈数据，分析教学效果和评价结果。评价反馈可以揭示评价指标体系的局限性和不足之处，为其优化和更新提供有力依据。同时，教师还可以结合评价反馈，了解学生和同行对评价指标的看法和建议，进一步完善和调整评价指标体系。

紧密结合教学实践和评价反馈，可以根据教学需要和发展趋势不断更新评价指标体系。随着教学理念和技术的不断发展，评价指标体系也需要与时俱进，保持与教学实践的紧密联系。教师可以结合教育政策、学科发展和教学需求，更新和完善评价指标体系，使其更加贴近实际教学，更加有效地反映教学质量和效果。

不断优化和更新评价指标体系需要教师的持续投入和努力。教师应当保持对教学实践和评价理论的关注和研究，积极参与评价指标体系的建设和更新工作。同时，教师还应当加强与同行和专家的交流与合作，借鉴他人的经验和观点，共同推动评价指标体系的不断完善和更新。

根据教学实践和评价反馈不断优化和更新评价指标体系是保持其与教学实际情况的契合度和有效性的重要途径。通过教学实践的积累、评价反馈的收集和分析，以及与教学发展趋势的紧密结合，可以不断完善和更新评价指标体系，使其更加科学、合理和有效，为教学质量的提升和改进提供有力支持。

（二）评价工具与数据收集方法

设计适用于思政课数字化评价的问卷和调查表是至关重要的，它们可以帮助收集学生、教师和管理者对课程的评价意见，并为进一步改进和优化思政课提供重要参考。在设计这些评价工具时，需要考虑到评价的全面性、科学性和有效性，同时结合定性和定量的评价方法，以充分反映各方的意见和需求。

对于学生的评价，问卷和调查表应该涵盖多个方面，包括课程内容的吸引力、教学方法的有效性、学习资源的充足性、教师的教学水平等。可以采用定量评价方法，设计多个评价项，要求学生对每一项进行评分，以便量化评价结果。同时，也可以设计开放性问题，鼓励学生自由表达对课程的看法和建议，以获取更为细致和深入的意见。

对于教师的评价，问卷和调查表应该关注教学水平、教学态度、教学方法等方面。可以设计评价项，要求学生对教师的表现进行评分，以量化教师的教学效果。同时，也可以设计开放性问题，邀请学生对教师的优缺点、教学方法的适用性等方面进行评价，以获取更为具体和实质性的意见。

对于管理者的评价，问卷和调查表应该关注课程管理、资源配置、课程效果等方面。可以设计评价项，要求管理者对课程的管理情况进行评分，以量化课程管理效果。同时，也可以设计开放性问题，邀请管理者对课程的管理策略、资源配置方案等方面提出意见和建议，以获取更为系统和全面的评价信息。

在设计评价工具时，需要注意以下几点。评价项的设计应该具有科学性和客观性。评价项应该能够全面、准确地反映课程的各个方面，避免主观偏见对评价结果的影响。评价工具应该具有灵活性和针对性。评价工具应该能够根据不同的评价对象和评价目的进行灵活调整，以满足不同需求。评价工具应该具有可操作性和可行性。评价工具应该易于使用，能够方便快捷地收集评价信息，避免给评价对象造成不必要的困扰和压力。

在收集评价数据时，需要注意数据的准确性和可靠性。评价数据的收集应该严格按照设计的评价工具进行，确保数据的完整性和真实性。同时，还需要注意保护评价对象的隐私权，确保评价过程的公正、公开和透明。

设计适用于思政课数字化评价的问卷和调查表是教育评价工作中的重要环节。通过科学合理地设计评价工具，可以充分收集各方对思政课的评价意见，为进一步改进和优化思政课提供重要参考，推动思政课程的不断发展和进步。

二、高校思政课数字化评价体系的应用与实践研究

（一）教学过程的评价与改进

1. 教学效果评估

随着数字化技术的发展，数字化评价体系成为对思政课教学效果进行评估的重要工具。通过数字化评价，可以更加全面、客观地了解学生的学习情况、教学方法的有效性以及课程内容的吸收程度等方面的情况。因此，数字化评价体系为思政课的教学效果评估提供了新的可能性和方法。

通过数字化评价可以更加准确地了解学生的学习情况。传统的学生评价往往局限于定性描述和主观感受，难以客观反映学生的实际学习水平。而数字化评价可以通过数据分析和统计，全面收集和分析学生的学习表现，包括考试成绩、作业完成情况、参与讨论的频率等指标，从而更加准确地评估学生的学习情况。通过对学生学习情况的分析，可以及时发现学习困难和问题，有针对性地进行教学调整和辅导指导，提高教学效果。

数字化评价可以评估教学方法的有效性。教学方法是影响教学效果的重要因素之一，而数字化评价可以通过收集和分析学生的反馈数据，评估不同教学方法的效果。可以通过在线问卷调查或学习日志分析等方式，了解学生对于不同教学方法的接受程度和反馈意见，从而评估教学方法的有效性。通过比较不同教学方法下学生的学习表现和反馈意见，可以找到最适合学生学习特点和教学内容的教学方法，提高教学效果。

数字化评价也可以评估课程内容的吸收程度。思政课的内容广泛而深刻，而数字化评价可以通过分析学生对课程内容的理解和应用情况，评估课程内容的吸收程度。可以通过在线测验或作业分析等方式，了解学生对课程内容的掌握程度和应用能力，从而评估课程内容的吸收程度。通过评估课程内容的吸收程度，可以及时调整教学内容和教学方法，提高教学效果。

数字化评价体系为思政课的教学效果评估提供了新的可能性和方法。通过数字化评价，可以更加准确地了解学生的学习情况、评估教学方法的有效性以及评估课程内容的吸收程度，从而提高教学质量，实现思政课的育人目标。因此，教育者应积极借助数字化技术，建立完善的数字化评价体系，推动思政课教学效果的持续改进和提高。

2. 问题识别与教学改进

问题识别与教学改进是教育评价的重要环节，通过评价结果发现存在的问题和不足之处，并及时进行识别和分析，可以帮助教师更好地了解教学中的挑战和难点，进而制定相应的改进措施和教学策略，从而提升教学质量和效果。

问题识别与教学改进需要建立有效的评价体系和评价机制。评价体系应当全面、科学地反映教学过程和教学结果，包括学生的学习成绩、学习态度、思维能力等方面。评价机制应当及时、准确地收集和分析评价数据，并对教学过程和教学效果进行综合评估。只有建立了科学合理的评价体系和评价机制，才能够有效地发现教学中存在的问题和不足之处，为教学改进提供有效支持。

问题识别与教学改进需要教师具备一定的评价能力和分析能力。教师应当能够熟练运用各种评价方法和工具，对学生的学习情况进行全面客观的评价。同时，教师还应当具备分析评价数据的能力，能够从评价结果中发现问题和不足，并深入分析问题的原因和影响，从而有针对性地制定改进措施和教学策略。只有教师具备了良好的评价能力和分析能力，才能够有效地开展问题识别与教学改进工作。

问题识别与教学改进还需要与教学实践相结合，形成闭环反馈机制。教师应当将评价结果与实际教学情况相结合，及时对评价结果进行解读和分析，并根据评价结果调整教学策略和方法。同时，教师还应当不断地进行教学实践，积累教学经验，发现和解决教学中的问题，从而不断提升教学质量和效果。只有建立了教学实践与评价反馈的闭环机制，才能够有效地实现问题识别与教学改进的目标。

问题识别与教学改进需要注重多方参与和合作。教师应当与学生、家长、同行教师、学校管理人员等多方进行沟通和合作，共同关注教学中存在的问题和困难，并共同探讨和制定改进措施和教学策略。同时，教师还应当积极借鉴和吸收其他学科领域和教育领域的先进经验和做法，不断完善自己的教学理念和方法。只有形成了多方参与和合作的良好氛围，才能够更好地发现问题和挑战，并有效地制定改进措施和教学策略，提升教学质量和效果。

问题识别与教学改进是教育评价的重要环节，通过评价结果发现存在的问题和不足之处，并及时进行识别和分析，可以帮助教师更好地了解教学中的挑战和难点，进而制定相应的改进措施和教学策略，从而提升教学质量和效果。要实现问题识别与教学改进的目标，需要建立有效的评价体系和评价机制，提升教师的评价能力和分析能力，形成教学实践与评价反馈的闭环机制，注重多方参与和合作，共同推动教育质量的提升。

（二）教学成果的评价与展示

评价和展示教学成果在教育领域中扮演着至关重要的角色。而学生学习成果评估则是其中一个关键方面。评价学生的学习成果和综合素养水平不仅需要考虑知识掌握程度，还应该包括对思想品德发展、社会责任感等方面的评价。通过全面的学生学习成果评估，可以更好地了解学生的学习状况和综合素质，为其个人发展和未来职业规划提供有益的参考。

评价学生的学习成果需要充分考虑其知识掌握程度。知识是学生学习的核心内容，评价学生的学习成果首先需要关注其对所学知识的掌握情况。这包括了解学生在各个学科领域的学习成绩、考试表现以及课堂作业完成情况等。通过对学生学习成绩的评价，可以客观地了解其学习水平和知识储备，为进一步教学提供指导和帮助。

评价学生的学习成果还需要考虑其思想品德发展情况。思想品德是一个人综合素质的重要组成部分，对于评价学生的学习成果具有重要意义。评价学生的思想品德发展包括了解学生的道德品行、价值观念以及社会责任感等方面。通过观察学生的言行举止、参与社会实践活动以及班级集体活动等，可以客观地评价学生的思想品德发展水平，为其综合素质评价提供重要依据。

评价学生的学习成果还需要考虑其社会责任感和公民素养。作为当代社会的一员，学生不仅需要具备良好的学习成绩，还需要具备积极的社会责任感和良好的公民素养。评价学生的社会责任感和公民素养包括了解其参与社会实践活动的情况、关注社会热点问题的态度以及积极参与公益活动的行为等。通过评价这些方面，可以全面地了解学生的社会责任感和公民素养水平，为其综合素质评价提供重要参考。

评价学生的学习成果是教育教学工作中的重要任务之一。评价应该从多个方面综合考虑，包括知识掌握程度、思想品德发展、社会责任感等方面。只有通过全面的学生学习成果评价，才能更准确地了解学生的学习状况和综合素质，为其个人发展和未来职业规划提供有益的参考。

第六章 教育数字化背景下高校思政课课程体系构建

第一节 教育数字化视角下高校思政课课程体系的构建思路

一、课程体系的整体规划

（一）课程目标与内容设计

1.确定思政课程的核心目标与理念

在教育数字化的视角下，明确思政课程的核心目标和理念至关重要。这不仅是为了适应数字化时代的教育需求，更是为了有效地引导学生在思想品德、价值观念、社会责任感等方面的全面发展，以此为课程设计提供明确的指导方向。

思政课程的核心目标之一是培养学生的思想品德。在数字化时代，思政课程应当致力于引导学生树立正确的思想观念，提高他们的思想素养和道德修养。这包括培养学生独立思考、批判性思维和创新能力，以及提高他们的道德意识、自律意识和责任意识。因此，思政课程应当通过理论学习、案例分析、讨论互动等多种方式，引导学生思考道德问题、价值取向和人生意义，从而提升其思想品德水平。

思政课程的核心目标还包括培养学生的价值观念。在数字化时代，社会价值观念日益多元化和复杂化，因此，思政课程应当致力于引导学生树立正确的社会主义核心价值观，弘扬中华优秀传统文化，培养他们积极向上、阳光向善的价值观念。这包括培养学生的民族自信、文化自觉和社会责任感，以及提高他们的公民意识、法治观念和国际视野。因此，思政课程应当通过课堂教学、社会实践、志愿服务等多种方式，引导学生积极参与社会实践，增强他们的社会责任感和使命感。

思政课程的核心目标还包括培养学生的社会责任感。在数字化时代，社会变革和发展对于每个公民的责任感和担当意识提出了更高的要求。因此，思政课程应当致力于引导学生树立正确的社会责任观念，培养他们勇于担当、乐于奉献的精神品质。这包括培养学生的社会责任感、环境保护意识和全球意识，以及提高他们的团队合作能力、领导才能和创新创业能力。因此，思政课程应当通过项目设计、实践活动、跨学科合作等多种方式，引导学生认识社会问题、关注社会热点，积极参与社会实践和社会治理，为社会发展和进步作出积极贡献。

教育数字化的视角下，思政课程的核心目标应当包括培养学生的思想品德、价值观念和社会责任感等方面。这些目标既符合时代发展的要求，又符合社会主义核心价值观的要求，是教育数字化时代思政课程设计的重要指导理念。通过明确这些核心目标和理念，可以更好地引导思政课程的教学实践，为学生的全面发展和社会主义建设提供坚实的思想道德基础。

2. 设计丰富多样的课程内容和教学资源

充分利用教育数字化的优势，设计丰富多样的课程内容和教学资源是当今教育领域的重要趋势。通过结合文本、图像、视频等形式的教学资源，可以更好地满足学生多样化的学习需求，提高教学的吸引力和效果。

设计丰富多样的课程内容是提高教学质量的关键。教育数字化为教师提供了丰富的资源和工具，可以创造出生动有趣的课程内容。教师可以根据课程目标和学生特点，设计丰富多样的教学内容，包括文字资料、图片、图表、动画等形式，以激发学生的学习兴趣和积极性。通过多样化的课程内容设计，可以提高学生的学习参与度和效果，促进他们的全面发展。

利用教育数字化的优势，可以打造丰富多样的教学资源。教学资源包括教材、课件、多媒体资料等，是支撑教学的重要基础。通过数字化技术，可以将教学资源呈现为多种形式，包括文本、图像、视频等，以适应学生不同的学习方式和需求。教师可以利用各种数字化工具和平台，创造出丰富多样的教学资源，为教学提供更多元化的选择和支持。

教育数字化还为个性化学习提供了更多可能。通过数字化技术，可以实现个性化教学的定制化和精细化。教师可以根据学生的学习水平、兴趣爱好和学习风格，为其量身定制相应的学习资源和任务，以实现个性化的学习体验和效果。个性化学习能够更好地满足学生的学习需求，提高其学习动机和成绩表现。

教育数字化还为教学创新和教学研究提供了更广阔的空间。教师可以通过数字化技术，开展教学实验和教学研究，探索更有效的教学方法和策略。数字化技术还可以支持教学资源的共享和交流，促进教师之间的合作与互动，推动教学改革和提高教学水平。

利用教育数字化的优势，设计丰富多样的课程内容和教学资源具有重要意义。通过多样化的课程内容设计和丰富多样的教学资源，可以提高教学的吸引力和效果，促进学生的全面发展。同时，教育数字化还为个性化学习、教学创新和教学研究提供了更多可能，推动教育的不断进步和发展。因此，教育工作者应当充分利用教育数字化的优势，不断创新和完善教学内容和教学资源，以提高教学质量和效果。

（二）教学方法与技术应用

在教学过程中，采用互动性教学方法是非常重要的，特别是结合教育数字化的特点，更是能够充分激发学生的参与性和反思能力。通过采用各种互动性教学方法，如讨论、案例分析、小组活动等，可以有效地促进学生的思辨能力和自主学习能力的培养，从而提高教学效果和学生的学习动力。

互动性教学方法能够激发学生的学习兴趣和主动性。相比于传统的单向授课模式，互动性教学方法更能够引起学生的兴趣和好奇心。通过组织讨论、展示案例、进行小组活动等形式，可以让学生更加积极地参与到课堂中来，从而提高学生的学习主动性和参与度。这样的教学方式不仅能够激发学生的学习兴趣，还能够培养学生的自主学习能力和团队合作能力。

互动性教学方法有利于促进学生的思维能力和批判性思维能力的培养。在互动性教学过程中，学生需要积极参与讨论、分析案例、解决问题等活动，这种过程需要学生动脑筋、深入思考，从而促进了学生的思维能力和批判性思维能力的培养。通过与教师和同学的交流互动，学生不仅能够获取知识，还能够培养批判性思维能力，提高问题解决能力，增强综合运用知识的能力。

互动性教学方法有助于培养学生的沟通能力和合作精神。在互动性教学过程中，学生需要积极参与讨论、交流意见、与同学合作完成任务等活动，这种过程不仅能够提高学生的口头表达能力和书面表达能力，还能够培养学生的合作意识和团队精神。通过与同学之间的互动交流，学生能够学会倾听、尊重他人的意见，培养良好的沟通技巧和合作精神，为将来的学习和工作打下良好的基础。

结合教育数字化的特点，采用互动性教学方法还能够充分利用现代科技手段，丰富教学内容和形式。通过利用教育数字化平台，教师可以提供丰富多样的学习资源和工具，如网络课件、在线教学视频、互动学习游戏等，从而增加学生的学习趣味性和参与度。同时，学生也可以通过数字化平台进行在线讨论、协作编辑、实时互动等活动，更加方便快捷地获取知识，拓展思维，提高学习效率。

采用互动性教学方法结合教育数字化的特点，能够有效地促进学生参与和反思能力的培养。通过积极参与讨论、分析案例、进行小组活动等形式，学生不仅能够增强学习兴趣和学习动力，还能够培养批判性思维能力、沟通能力和合作精神，从而提高教学效果和学生的学习成效。

二、课程体系的实施与管理

（一）师资队伍建设与培训

1. 培养专业化思政教师队伍

培养专业化的思政教师队伍是提升思政课教学水平和教育素养的关键举措。通过系统的培训和培养计划，可以有效地提高思政教师的专业水平和教学能力，使其更好地履行育人使命，为学生的全面发展贡献力量。

建设专业化的思政教师队伍需要制定完善的培训计划。这个计划应该包括针对不同层次的教师的培训内容和方法，以及培训的时间安排和培训效果的评估机制。通过系统的培训，可以帮助思政教师深入了解思政课程的教学理念、教学内容和教学方法，提高其专业水平和教学能力。

建设专业化的思政教师队伍需要注重实践教学能力的培养。思政课程的特点是需要结合实际情况进行教学，因此思政教师需要具备良好的实践教学能力。通过实践教学能力的培训，可以帮助思政教师更好地组织课堂教学、设计教学活动，培养学生的思想品质和道德情操，提高教学效果。

同时，建设专业化的思政教师队伍还需要注重教师的教育素养培养。思政教师作为学生思想道德教育的主要实施者，其自身的思想道德素质和教育素养至关重要。通过提供丰富的思政理论培训和道德实践教育，可以帮助思政教师树立正确的人生观、价值观和道德观，提高其教育素养和职业道德水平。

建设专业化的思政教师队伍需要加强团队建设和交流合作。思政教师应该形成良好的团队合作氛围，通过相互交流、互相学习，共同提高教学水平和教育素养。同时，还可以组织一些研讨会、讲座等活动，邀请专家学者进行学术交流和教学指导，促进教师队伍的共同成长。

通过系统的培训和培养计划，建设专业化的思政教师队伍是提升思政课教学水平和教育素养的重要举措。这不仅有助于提高教师的专业水平和教学能力，还可以提高其教育素养和职业道德水平，更好地履行育人使命，为学生的全面发展贡献力量。因此，教育管理部门和学校领导应该高度重视思政教师队伍建设工作，加强组织领导和资源保障，共同推动思政教育事业的发展。

2. 开展数字化教学培训与交流

开展数字化教学培训与交流是当今教育领域的一项重要举措，它旨在为教师提供必要的数字化教学能力和应用技能，并促进教师之间的交流与分享，以推动教育教学的现代化发展。

数字化教学培训应当注重教师的专业知识和技能的提升。现代教育已经进入了数字化时代，教师需要掌握各种数字化教学工具和技术，如在线教学平台、教学管理系统、多媒体教学资源等，以便更好地应对教学挑战和满足学生多样化的学习需求。因此，数字化教学培训应当围绕这些内容展开，帮助教师掌握数字化教学的核心理念、方法和技巧，提升其数字化教学能力。

数字化教学培训应当注重实践性和针对性。教师在数字化教学培训中不仅需要了解理论知识，还需要通过实际操作和实践活动来巩固所学知识和技能。因此，数字化教学培训应当注重实践性，为教师提供丰富的实践机会和教学案例，让他们能够亲自动手、体验实践，从而更好地掌握数字化教学的应用技能。同时，数字化教学培训还应当根据不同教师的需求和水平，开设针对性强的培训课程和内容，满足不同教师的学习需求。

数字化教学培训应当注重教师之间的交流与分享。教师之间的交流与分享是提升教学水平的重要途径，通过与他人交流和分享，教师可以了解他人的教学经验和教学方法，从而借鉴他人的成功经验，发现和解决自己教学中的问题。因此，数字化教学培训应当为教师提供良好的交流平台和分享机会，鼓励教师之间进行经验交流和教学成果展示，促进教师之间的学习互动和共同进步。

数字化教学培训应当注重持续性和跟进服务。教育是一个不断发展和变化的领域，数字化教学技术也在不断更新和演进，因此，数字化教学培训应当是一个持续性的过程，不断跟进教育发展的最新趋势和技术，为教师提供持续性的培训和跟进服务。同时，数字化教学培训还应当为教师提供反馈和评估机制，帮助他们及时发现和解决教学中存在的问题，持续提升自己的教学水平和数字化教学能力。

开展数字化教学培训与交流是推动教育教学现代化发展的重要举措。数字化教学培训应当注重教师的专业知识和技能的提升，注重实践性和针对性，注重教师之间的交流与分享，以及注重持续性和跟进服务，从而帮助教师更好地应对数字化教学的挑战，提升教学质量和效果。

（二）课程质量监控与评估

课程质量监控与评估是教育管理中至关重要的一环。为了确保课程的有效实施和持续改进，建立完善的课程质量评估体系是至关重要的。这一评估体系应当包含多维度的评估方法，以确保全面客观地评价课程的质量，包括教学效果评估、学生评价以及教师评价等方面。

教学效果评估是课程质量评估体系的重要组成部分。教学效果评估旨在衡量教学活动对学生学习成果的影响程度。这一评估方法可以通过课程结束后的考试成绩、学生的作业表现以及课程实践活动的效果等多种方式进行。通过对教学效果的评估，可以客观地了解课程的教学质量，及时调整教学策略和方法，提高教学效果。

学生评价也是课程质量评估的重要内容之一。学生是课程实施的主体，他们的评价反馈直接关系到课程的质量和效果。因此，建立学生评价机制，听取学生对课程的意见和建议，对于课程质量评估至关重要。学生评价可以通过问卷调查、小组讨论、个别面谈等形式进行，以全面了解学生对课程的满意度、课程内容的难易程度以及教学方法的有效性等方面的评价意见。

教师评价也是课程质量评估的重要环节之一。教师是课程实施的主要负责人，他们的教学水平和教学态度直接影响着课程的质量和效果。因此，建立教师评价机制，对教师的教学能力、教学态度以及课程设计能力进行评价，对于提高课程质量具有重要意义。教师评价可以通过同行评教、学生评教、教学观摩以及教学档案评审等形式进行，以全面客观地了解教师的教学水平和教学效果。

建立完善的课程质量评估体系是保障教学质量的重要举措。这一评估体系应当包含教学效果评估、学生评价以及教师评价等多维度的评估方法，以全面客观地评价课程的质量和效果。只有通过建立完善的评估体系，及时发现问题，不断改进和提高课程质量，才能确保教学工作的顺利开展和学生的全面发展。

第二节　高校思政课主干课程设置与优化

一、高校思政课主干课程设置

（一）主干课程设置原则

1.以国情国策为指导

以国情国策为指导，将国家的政策、方针和政治实践融入主干课程设置，是思政课程设计的关键之处。这种设计能够紧密结合国家的发展需要，突出思政课程的时代性和现实性，为学生提供符合国情的思想政治教育，引导他们树立正确的政治理念和社会责任感。

主干课程设置应当充分体现国家的政策导向。这意味着课程设置要紧密围绕国家的中心任务和战略部署，突出国家发展的重点领域和关键问题。针对当前中国社会主要矛盾转变、全面建设社会主义现代化国家的目标，思政课程可以设置关于中国特色社会主义理论和实践、全面深化改革开放、创新驱动发展、生态文明建设等内容，引导学生深入理解和把握国家的发展方向和路径。

主干课程设置应当注重国家的发展战略和政策措施。这意味着课程设置要紧密围绕国家的重大政策和重要倡导，引导学生了解和认同国家的发展战略，培养他们积极参与国家建设的意识和能力。思政课程可以设置关于乡村振兴战略、精准扶贫、科技创新等内容，引导学生关注国家的重点领域和政策举措，激发他们的创新创业热情，为国家的发展贡献力量。

主干课程设置应当突出国家的政治实践和成就。这意味着课程设置要围绕国家的政治实践和经验总结，引导学生深入了解和研究国家的政治制度、政治文化和政治生活，增强他们的爱国主义情怀和民族自豪感。思政课程可以设置关于中国共产党的光辉历程、中国特色社会主义制度的优势和特点、中国特色大国外交等内容，引导学生自觉维护国家的政治安全和发展利益，为国家的长治久安作出贡献。

以国情国策为指导，主干课程设置应当紧密结合国家的政策、方针和政治实践，突出思政课程的时代性和现实性。这种设计能够使思政课程更加贴近学生的实际需求，更具吸引力和感染力，更好地发挥思想政治教育的育人功能，培养德智体美全面发展的社会主义建设者和接班人。通过这样的思政课程设置，可以更好地引导和推动学生树立正确的政治信仰和社会理念，促进国家的长期繁荣稳定和社会的和谐进步。

2.体现思政课核心价值

为了体现思政课程的核心价值观，特别是社会主义核心价值观和中国特色社会主义理论体系，主干课程设置必须具有明确的导向性和价值引领作用。通过主干课程设置，可以引导学生树立正确的世界观、人生观和价值观，从而培养德智体美劳全面发展的社会主义建设者和接班人。

主干课程应该贯彻社会主义核心价值观。社会主义核心价值观是中国特色社会主义的重要理论基础和精神支柱，是引领全社会思想道德建设的根本遵循。在主干课程设置中，应该注重贯彻社会主义核心价值观的要求，通过教学内容和教学方法，引导学生树立正确的人生观、价值观和行为规范，培养社会主义建设者和接班人的道德情操和社会责任感。

主干课程应该体现中国特色社会主义理论体系的思想内涵。中国特色社会主义理论体系是马克思主义中国化的最新成果，是中国共产党团结带领人民进行伟大斗争、伟大工程、伟大事业的根本指导思想。在主干课程设置中，应该突出中国特色社会主义理论体系的重要内容，如中国梦、共同富裕、生态文明、国家治理等，引导学生深入理解和把握这一理论体系的核心观点和基本要求，从而增强爱国主义情感和社会责任感。

主干课程还应该注重培养学生的创新精神和实践能力。作为社会主义建设者和接班人，学生不仅需要具备扎实的理论功底和优秀的思想品德，还需要具备创新精神和实践能力，能够在不同领域不同岗位中发挥自己的作用。因此，在主干课程设置中，应该注重理论教育与实践教育的结合，通过案例分析、课外实践、社会实践等方式，培养学生的创新意识和实践能力，使其能够在未来的社会生活和工作中做出积极贡献。

主干课程还应该注重国际视野和全球意识的培养。作为社会主义建设者和接班人，学生需要具备开放包容的国际视野和全球意识，能够在不同文化背景和国际环境下独立思考、自信自强。因此，在主干课程设置中，应该注重国际化教育和全球化视野的培养，通过开设国际交流课程、组织国际交流活动等方式，拓展学生的视野和思路，提高其在国际舞台上的竞争力和影响力。

主干课程设置应该体现思政课程的核心价值观，包括社会主义核心价值观和中国特色社会主义理论体系等。通过引导学生树立正确的世界观、人生观和价值观，培养社会主义建设者和接班人的道德情操和社会责任感，实现教育的育人目标。同时，还应该注重培养学生的创新精神和实践能力，拓展他们的国际视野和全球意识，使其成为具有国际竞争力和影响力的新时代青年。

（二）主干课程内容设计

确定主干课程的核心教学内容是设计一门科学性和系统性的课程的基础。主干课程通常涵盖了思政理论、时事政治、国际形势等多个方面的内容，这些内容既是当代大学生必须掌握的基础知识，也是培养学生综合素质和社会责任感的重要组成部分。因此，在确定主干课程的核心教学内容时，需要综合考虑教学目标、学生需求、社会发展趋势等因素，确保课程内容的科学性和系统性。

思政理论是主干课程中的重要内容之一。作为一门关于思想政治理论的课程，思政理论不仅涵盖了马克思主义基本原理，还包括了中国特色社会主义理论体系等内容。因此，在设计思政理论的教学内容时，应该从马克思主义基本原理、中国特色社会主义理论等方面展开，围绕国家、民族、人民、社会等方面的基本问题，引导学生深刻理解和把握马克思主义的基本观点、基本原理、基本方法，培养学生的马克思主义思想觉悟和政治素养。

时事政治是主干课程中的另一个重要内容。随着社会的发展变化，时事政治的内容也在不断更新和扩展，涉及政治、经济、文化、社会等多个领域。因此，在设计时事政治的教学内容时，应该关注国内外政治形势的变化和发展趋势，包括国家政策、国际关系、社会热点等方面的内容。通过讲解、分析时事政治事件，引导学生关注国家大事、世界大事，提高他们的政治敏感性和社会责任感，培养他们独立思考和分析问题的能力。

国际形势也是主干课程中不可忽视的部分。随着全球化进程的加速和国际关系的日益复杂化，国际形势的变化对每个国家都产生着重大影响。因此，在设计国际形势的教学内容时，应该关注世界各地区的政治、经济、安全等方面的发展情况，包括主要国家的政策动向、国际组织的活动、全球性问题的发展趋势等。通过分析国际形势的变化和演变，引导学生深入了解世界格局和国际关系，提高他们的国际视野和全球意识，培养他们适应国际竞争和合作的能力。

在确定主干课程的核心教学内容时，需要注意以下几点。教学内容应该具有科学性和权威性。教学内容应该基于权威的理论体系和实践经验，确保内容的科学性和可信度。教学内容应该具有系统性和完整性。教学内容应该涵盖思政理论、时事政治、国际形势等多个方面的内容，构建起一个完整的知识体系。教学内容应该具有针对性和实用性。教学内容应该能够满足学生的学习需求和社会实践的要求，使学生能够运用所学知识解决实际问题，提高实践能力和创新能力。

确定主干课程的核心教学内容是设计一门科学性和系统性的课程的关键环节。通过科学合理地确定思政理论、时事政治、国际形势等内容，可以为学生提供全面、深入的学习体验，培养他们的综合素质和社会责任感，为他们的成长和发展打下坚实的基础。

二、高校思政课主干课程优化

（一）课程内容更新与完善

1. 定期更新教学内容

随着社会的不断发展变化和学生需求的不断变化，定期更新主干课程的教学内容显得尤为重要。这一举措能够及时反映社会的新动向和新变化，使课程内容更具时效性和吸引力，从而提高教学效果和学生的学习积极性。

定期更新教学内容可以保持课程的时效性。随着科技、文化、经济等领域的不断发展，社会变化的速度日益加快。如果教学内容长期不更新，就容易出现内容滞后、与实际脱节的情况。因此，定期对主干课程的教学内容进行更新，可以及时反映最新的社会发展动态和学术研究成果，保持课程的时效性，使学生所学内容与实际情况更加贴近，提高教学的实效性和吸引力。

定期更新教学内容可以满足学生的学习需求。随着社会的不断进步和发展，学生对知识的需求也在不断变化。如果教学内容过时或不符合学生的需求，就难以引起学生的兴趣和投入，影响教学效果。因此，定期更新教学内容可以根据学生的学习需求和兴趣爱好，调整课程内容和教学方法，使之更符合学生的学习需求，激发他们的学习热情，提高学习效果。

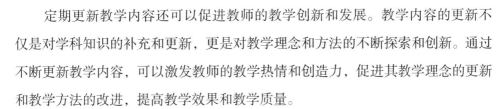

定期更新教学内容还可以促进教师的教学创新和发展。教学内容的更新不仅是对学科知识的补充和更新，更是对教学理念和方法的不断探索和创新。通过不断更新教学内容，可以激发教师的教学热情和创造力，促进其教学理念的更新和教学方法的改进，提高教学效果和教学质量。

定期更新主干课程的教学内容是保持课程时效性和吸引力的重要举措。通过及时反映社会发展变化和学生需求，满足学生的学习需求，促进教师的教学创新和发展，可以提高教学效果和学生的学习积极性，推动课程建设和教学改革的不断深入。因此，教育管理部门和教师应高度重视教学内容的更新工作，不断完善课程体系，提高教学质量，推动教育事业的发展。

2. 强化跨界教学合作

强化跨界教学合作是教育领域的一项重要举措，它旨在促进不同学科之间的交流与融合，加强学校与社会机构之间的合作，以丰富主干课程的教学内容和形式，为学生提供更加综合和多样化的学习体验。

强化跨界教学合作可以促进学科之间的交流与融合。在当今知识爆炸和跨学科发展的背景下，单一学科的知识已经不能满足学生综合发展的需求，而需要通过跨界合作将不同学科的知识和技能进行有机融合。将艺术与科学、人文与技术相结合，可以创造出更加丰富和有趣的学习内容和体验，激发学生的学习兴趣和创造力。因此，强化跨界教学合作可以打破学科之间的壁垒，促进学科之间的交流与融合，为学生提供更加综合和多样化的学习体验。

强化跨界教学合作可以丰富主干课程的教学内容和形式。传统的主干课程往往以学科知识为主，内容单一、形式单一，难以激发学生的学习兴趣和创造力。而通过与其他学科和社会机构的合作，可以引入新颖的课程内容和教学资源，丰富主干课程的教学内容和形式。通过与艺术机构合作，将艺术元素融入到主干课程中，可以提升课程的趣味性和吸引力，通过与科技企业合作，引入科技创新项目，可以提升课程的实践性和应用性。因此，强化跨界教学合作可以丰富主干课程的教学内容和形式，提升课程的吸引力和实效性。

学校和社会机构是教育资源的重要载体，通过加强学校与社会机构之间的合作与交流，可以充分利用社会资源，丰富学校的教学资源和服务。通过与企业合作开展实践项目，学生可以接触到真实的工作场景和问题，提升实践能力和就业竞争力，通过与社区机构合作开展社会实践活动，学生可以参与到社会服务和公益活动中，培养社会责任感和公民意识。因此，强化跨界教学合作可以促进学校与社会机构之间的合作与交流，为学生提供更加丰富和多样化的学习机会和资源。

教育教学理念和方法的创新是推动教育教学发展的关键，而跨界教学合作正是一个促进教育教学理念和方法创新的重要途径。通过跨界合作开展项目式教学、合作式学习、问题导向学习等多种教学方法，可以激发学生的学习兴趣和动力，提升学习效果和质量。因此，强化跨界教学合作需要教育机构和教师不断探索和实践新的教育教学理念和方法，推动教育教学的不断创新与发展。

强化跨界教学合作是促进教育教学现代化发展的重要举措。它可以促进学科之间的交流与融合，丰富主干课程的教学内容和形式，促进学校与社会机构之间的合作与交流，推动教育教学理念和方法的创新与实践。因此，应当积极倡导和推动跨界教学合作，为学生提供更加综合和多样化的学习体验，推动教育教学的不断发展和进步。

（二）教学方法与手段创新

教学方法与手段的创新是教育教学领域的必然趋势。在这个信息化、网络化的时代，引入新型的互动教学模式尤为重要。问题导向教学、案例教学、团队合作学习等互动教学模式的引入，不仅能够增强学生的参与度，还可以提升他们的学习效果。通过探索互动教学模式，教师可以更好地激发学生的学习兴趣，促进他们的深度思考和自主学习。

问题导向教学是一种重要的互动教学模式。在这种教学模式下，教师将学习内容组织成一系列问题，并引导学生通过解决问题来学习知识。问题导向教学能够激发学生的好奇心和探究欲望，培养他们的问题解决能力和批判性思维。通过提出开放性的问题，引导学生思考，让他们在解决问题的过程中逐步建立起对知识的理解和认识，从而达到更深层次的学习效果。

案例教学是另一种重要的互动教学模式。在案例教学中，教师通过真实的案例或情境来引导学生学习知识和解决问题。案例教学能够将抽象的理论知识与实际问题相结合，帮助学生理解知识的应用场景和实际意义。通过分析案例，学生可以更好地理解知识的内涵和外延，培养他们的分析和解决问题的能力，提高学习效果。

团队合作学习是一种具有前景的互动教学模式。在团队合作学习中，学生通过分工合作、共同探讨来完成学习任务，促进彼此之间的交流和合作。团队合作学习能够培养学生的团队精神和合作意识，提高他们的协作能力和沟通能力。通过团队合作学习，学生可以相互学习、相互启发，共同进步，从而达到更好的学习效果。

探索互动教学模式是教学方法与手段创新的重要方向之一。问题导向教学、案例教学、团队合作学习等互动教学模式的引入，能够增强学生的参与度和学习效果，提高教学质量。通过不断探索和实践，教师可以更好地满足学生的学习需求，激发他们的学习兴趣，促进他们的全面发展。

第三节　高校思政课选修课程设计与实施

一、高校思政课选修课程设计

（一）选修课程的定位与目标设定

1. 确定选修课程的定位

确定选修课程的定位是思政教育中的重要问题，它涉及到如何更好地拓展学生的思想视野和加深思政教育内容的问题。选修课程在思政教育中可以扮演多种角色，既可以作为延伸拓展的补充，也可以作为加深融合的延伸。因此，我们需要综合考虑学生的需求和教育的目标，合理确定选修课程的定位，使其更好地为思政教育服务。

选修课程可以作为拓展学生思想视野的重要途径。通过开设丰富多彩、具有前瞻性和创新性的选修课程，可以引导学生深入探讨各种新颖、跨学科的思想观念和学科知识，开阔他们的思维视野，激发他们的求知欲望和创造力。可以开设关于人工智能、生物技术、环境保护、文化艺术等领域的选修课程，让学生接触到新兴的学科领域和前沿的科技成果，增强他们的创新精神和探索意识。

选修课程也可以作为加深思政教育内容的重要途径。通过开设与思政核心内容相关、深度挖掘的选修课程，可以进一步加深学生对于国家政策、社会现实、人文精神等方面的理解和认识，巩固他们的思想政治基础，强化他们的社会责任感和使命感。可以开设关于中国特色社会主义理论、党史党建、社会主义核心价值观等方面的选修课程，深入探讨中国特色社会主义发展道路、中国共产党的历史使命和中国梦的实现路径，引导学生树立正确的世界观、人生观和价值观。

在确定选修课程的定位时，需要充分考虑学生的实际需求和特点，结合学校的办学定位和教育目标，合理设置选修课程内容和设置方向。同时，还需要充分调研和分析社会发展的趋势和需求，紧密结合国家的政策导向和战略部署，确定选修课程的主题和方向，使其既符合学生的兴趣和发展需求，又能够服务于国家的发展战略和教育政策。

选修课程在思政教育中既可以拓展学生的思想视野，又可以加深思政教育内容。在确定选修课程的定位时，需要综合考虑学生的需求和教育的目标，合理设置选修课程内容和设置方向，使其更好地为思政教育服务，促进学生全面发展和国家长治久安。

2. 设定选修课程的目标

设定选修课程的教学目标是确保学生在学习过程中能够全面提升自身素养，包括知识、能力和情感等多个层面。这些目标旨在指导学生在课程结束时所期望达到的预期效果，为他们的学习和成长提供清晰的方向和指引。

选修课程的知识目标是确保学生掌握课程所涉及的基础知识和专业知识。这些知识目标应当具体明确，涵盖课程的主要内容和重点领域。通过选修课程的学习，学生应该能够熟悉相关领域的基本概念、理论框架和研究方法，建立起对

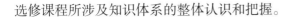

选修课程所涉及知识体系的整体认识和把握。

选修课程的能力目标是培养学生的综合能力和实践能力。除了传授知识，选修课程还应该注重培养学生的分析思维、创新能力、问题解决能力等方面的能力。通过选修课程的学习，学生应该能够运用所学知识，分析和解决实际问题，具备批判性思维和创新意识，具备良好的团队合作和沟通能力，为未来的学习和工作做好充分准备。

选修课程的情感目标是培养学生的情感态度和社会责任感。选修课程不仅仅是知识的传授，更是价值观的塑造和人格的培养。通过选修课程的学习，学生应该能够树立正确的人生观和价值观，增强爱国主义情感和社会责任感，具备良好的道德品质和社会公德，成为有理想、有道德、有文化、有纪律的社会主义建设者和接班人。

设定选修课程的教学目标应该全面考虑知识、能力和情感三个层面，旨在确保学生在课程结束时能够全面提升自身素养，实现预期效果。这些目标应该具体明确，可量化可达成，有助于指导学生在学习过程中的方向和重点，为其未来的学习和发展奠定坚实基础。因此，在制定选修课程的教学目标时，应该注重全面性和可操作性，结合实际情况和学生需求，确保教学目标的达成和效果的实现。

（二）选修课程内容与教学方法设计

设计丰富多样的选修课程内容是为了满足学生个性化学习需求，激发其学习兴趣，提升学习动力和效果。在设计选修课程的内容时，需要综合考虑理论知识、案例分析、实践活动等多种形式，以丰富课程内容，让学生在学习过程中获得更为广泛和深入的体验，从而更好地提升其综合素质和学术能力。

在设计选修课程的内容时，应该注重理论知识的传授和学习。选修课程作为一门有针对性的深度学习课程，应该通过讲解、阅读、讨论等形式，向学生传授相关的理论知识，并引导他们深入理解和掌握所学知识。这些理论知识可以涵盖学科的基础理论、前沿研究、专业技能等方面，以满足学生的不同学习需求和兴趣。

案例分析是设计选修课程内容的重要组成部分。通过案例分析，可以将抽象的理论知识与实际情况相结合，帮助学生更好地理解和应用所学知识。选修课程可以选取与学科相关的典型案例，通过分析案例中的问题、挑战和解决方案，引导学生思考、探索和解决实际问题的能力，提高他们的综合素质和创新能力。

实践活动是设计选修课程内容的另一个重要方面。通过实践活动，可以让学生将所学理论知识应用到实际情境中，加深对知识的理解和掌握。选修课程可以组织学生参加实践性的项目、实验、实习等活动，让他们亲身体验、实践所学知识，培养他们解决实际问题和应对挑战的能力，提升其综合素质和实践能力。

在设计选修课程的内容时，还需要注意以下几点。内容设计应该具有前瞻性和针对性。选修课程的内容应该能够反映当前学科的发展趋势和前沿研究领域，满足学生的学术兴趣和发展需求。内容设计应该具有灵活性和可变性。选修课程的内容应该能够根据学生的不同需求和兴趣进行调整和扩展，以满足不同学生的学习需求。内容设计应该具有实用性和可操作性。选修课程的内容应该能够与实际工作和生活紧密结合，为学生提供实用的知识和技能，帮助他们更好地应对未来的挑战和机遇。

设计丰富多样的选修课程内容是为了满足学生个性化学习需求，激发其学习兴趣，提升学习动力和效果。通过理论知识的传授、案例分析的深入和实践活动的开展，可以让学生在学习过程中获得更为广泛和深入的体验，从而更好地提升其综合素质和学术能力。

二、高校思政课选修课程实施

（一）课程实施组织与管理

1.选修课程的教学组织

在教学活动中，组织选修课程的教学是一项关键任务。有效的教学组织需要进行周密的计划安排，充分准备教学资源，以及合理组织教学活动，以确保教学有序进行，达到预期的教学效果。

对选修课程的教学活动进行周密的计划安排至关重要。教学计划应该合理安排教学内容和教学进度，明确教学目标和教学重点，设计合适的教学方法和教学活动。在教学计划中，还需要考虑到学生的学习特点和学习需求，以及教师的教学经验和教学资源，确保教学活动的有效性和实效性。

准备教学资源是组织选修课程教学活动的关键环节。教学资源包括教材、教具、多媒体课件、实验设备等，它们是教学活动的重要支撑。教师应该根据教学计划的要求，及时准备好所需的教学资源，确保教学过程的顺利进行。同时，还需要不断更新和完善教学资源，以适应教学内容和教学方法的变化，提高教学质量和教学效果。

合理组织教学活动也是组织选修课程教学活动的重要环节。教学活动可以包括讲授、讨论、实验、实践、案例分析等多种形式，教师应根据教学内容和教学目标，灵活运用不同的教学方法和教学活动，激发学生的学习兴趣，提高教学效果。在教学活动中，教师还应该注重学生的参与和反馈，及时调整教学方法和教学策略，确保教学活动的顺利进行，达到预期的教学效果。

有效组织选修课程的教学活动需要进行周密的计划安排，充分准备教学资源，以及合理组织教学活动。只有这样，才能确保教学有序进行，达到预期的教学效果。因此，教师应该高度重视教学组织工作，不断提升教学水平，为学生提供优质的教学服务。

2. 课程评价与反馈机制

课程评价与反馈机制是选修课程管理中至关重要的一环，它能够帮助学校及教师了解课程的质量和效果，及时收集学生、教师以及专家的反馈意见，从而进行课程改进和优化，提升教学质量和学生满意度。

建立选修课程的评价与反馈机制需要充分考虑不同评价主体的角色和权重。学生、教师和专家在课程评价中各自扮演着不同的角色，他们对课程的评价标准和侧重点可能有所不同。因此，在建立评价机制时，应当平衡各方利益，确定合理的评价权重，确保评价结果全面客观。学生评价主要反映课程的教学效果和学习体验，教师评价主要反映课程的设计和实施情况，专家评价主要反映课程的学科内涵和学术水平，三者相辅相成，共同构成了对课程综合质量的评价。

建立选修课程的评价与反馈机制需要注重评价指标的合理选择和设计。评价指标应当既能够全面反映课程的各个方面，又能够量化和具体化，便于评价结果的分析和对比。学生评价指标可以包括课程内容的兴趣度、教学方法的实用性、教师的教学态度等方面，教师评价指标可以包括课程设计的合理性、教学组织的严谨性、教学效果的显著性等方面，专家评价指标可以包括课程设置的科学性、课程内容的前沿性、教学资源的丰富性等方面。通过合理选择和设计评价指标，可以更加全面客观地评价选修课程的质量和效果。

建立选修课程的评价与反馈机制需要注重反馈意见的及时性和有效性。及时收集和分析反馈意见，及时采取措施进行课程改进和优化，是评价与反馈机制能否发挥作用的关键。因此，在建立评价机制时，应当明确反馈意见的收集渠道和处理流程，确保反馈意见能够及时传达给相关部门和责任人，并能够得到有效的回应和处理。同时，还应当建立长效的反馈循环机制，不断优化评价与反馈流程，促进课程质量的持续改进和提升。

建立选修课程的评价与反馈机制需要注重评价结果的公开透明和有效利用。评价结果应当及时公布，向学生、教师和社会公众公开，让相关利益主体了解课程的质量和效果，增强评价结果的公信力和可信度。同时，还应当充分利用评价结果，为课程改进和优化提供参考依据，指导课程设计和教学实践。通过公开透明和有效利用评价结果，可以促进教学质量的提升，推动教育教学的不断发展和进步。

建立选修课程的评价与反馈机制是促进教学质量和学生满意度的重要举措。在建立评价机制时，应当充分考虑不同评价主体的角色和权重，合理选择和设计评价指标，注重反馈意见的及时性和有效性，以及公开透明和有效利用评价结果。只有建立了完善的评价与反馈机制，才能够全面客观地评价选修课程的质量和效果，为课程改进和优化提供有力支持，推动教育教学的不断发展和进步。

（二）选修课程效果评估与持续改进

评估选修课程效果并持续改进教学质量是高等教育中的一项重要任务。学生学习成果评估是评价选修课程教学效果的关键环节之一。除了考察学生的知识掌握情况外，还应该关注学生的能力提升程度、情感态度变化等方面，以客观评价选修课程的教学效果。通过对学生学习成果的评估，可以及时发现问题，为持续改进和提高选修课程质量提供有力支撑。

评估学生的知识掌握情况是选修课程效果评估的基础。知识是选修课程的核心内容，学生是否掌握了课程所涉及的知识点直接关系到课程教学效果的好坏。因此，评估学生的知识掌握情况需要采用多种方式，包括考试、作业、项目报告、课堂参与等。通过对学生知识掌握情况的综合评价，可以客观地了解选修课程的教学效果，为后续的教学改进提供依据。

评估学生的能力提升程度也是选修课程效果评估的重要内容之一。选修课程不仅要求学生掌握一定的知识，更重要的是培养学生的能力和素质。因此，评估学生的能力提升程度需要关注学生在课程学习过程中所获得的技能、思维能力、创新能力等方面的提升情况。这可以通过实际案例分析、项目实践、团队合作等方式进行评估，以客观地了解学生的能力水平提升情况。

评估学生的情感态度变化也是选修课程效果评估的重要内容之一。选修课程不仅仅是传授知识，更重要的是影响学生的情感态度和价值观念。因此，评估学生的情感态度变化需要关注学生对课程内容的兴趣度、对学习的积极态度以及对职业发展的规划等方面的变化情况。这可以通过问卷调查、小组讨论、个别访谈等方式进行评估，以客观地了解学生的情感态度变化情况。

评估学生学习成果是评价选修课程教学效果的重要手段之一。评估应该综合考虑学生的知识掌握情况、能力提升程度以及情感态度变化等多个方面，以客观地评价选修课程的教学效果。只有通过持续不断地评估和改进，才能不断提高选修课程的教学质量，更好地满足学生的学习需求，促进他们的全面发展。

第四节　高校思政课跨学科、跨专业课程建设与拓展

一、高校思政课跨学科、跨专业课程建设

（一）跨学科思政课程设计

1.跨学科课程整合

跨学科课程整合是思政教育的一项重要创新举措，旨在将思政课程与其他学科的内容相融合，设计出具有跨学科特色的课程，例如思政与文学、思政与艺术等。这种整合不仅可以拓展思政课程的知识范围和深度，还可以促进学科之间的交叉学习和综合应用，为学生提供更加丰富多彩、立体全面的思想政治教育。

跨学科课程整合可以促进思政课程与其他学科的深度融合。将思政课程与文学课程整合，可以通过文学作品深入探讨人性、社会伦理、道德观念等问题，引导学生从文学作品中汲取人生智慧和道德观念，增强他们的思想品德修养。同时，将思政课程与艺术课程整合，可以通过艺术形式表现社会现实、人文情怀、价值观念等内容，激发学生的审美情感和道德感悟，提升他们的艺术鉴赏能力和审美素养。

跨学科课程整合可以促进学科之间的交叉学习和综合应用。通过思政与文学的整合，可以使学生在文学作品中深刻领会思想政治的重要理念和核心价值观，同时提升他们的文学修养和人文素养。通过思政与艺术的整合，可以使学生在艺术作品中感受思想政治的深刻内涵和文化底蕴，同时提升他们的审美情趣和艺术修养。这种跨学科的学习与应用有助于打破学科壁垒，促进学生综合素质的全面提升。

跨学科课程整合可以丰富思政课程的教学内容和方法。通过引入文学作品和艺术作品等丰富多彩的教学资源，可以使思政课程更加生动有趣、富有感染力，

激发学生的学习兴趣和探索欲望。同时，通过采用跨学科的教学方法和手段，例如文学赏析、艺术鉴赏、作品分析等，可以提升思政课程的教学效果和教学质量，培养学生的综合素养和创新能力。

在跨学科课程整合的实施过程中，需要充分考虑学科之间的融合程度和课程设置的合理性，确保整合后的课程既能够达到思政教育的目标，又能够符合学生的学习需求和能力水平。同时，还需要充分调动教师和学生的积极性和创造力，激发他们的学习热情和创新意识，共同推动跨学科课程整合的深入发展，为学生提供更加优质的思想政治教育。

2. 跨学科教学方法创新

在教学领域中，跨学科教学方法的创新是一种重要的教学策略，能够促进不同学科之间的融合和交流，提升学生的综合学习能力。采用跨学科的教学方法，如案例分析、项目式教学等，不仅能够激发学生的学习兴趣，还能够培养学生的综合思维能力和解决问题的能力。

跨学科的教学方法能够打破学科之间的界限，促进知识的交叉融合。通过将不同学科的知识和概念相互串联和整合，可以帮助学生更好地理解和应用所学知识，从而提升他们的综合学习能力。通过案例分析的方式，可以将数学、语言、社会等多个学科的知识有机地结合起来，让学生在解决实际问题的过程中，深入探索和理解知识的内涵和应用。

跨学科的教学方法能够培养学生的综合思维能力和创新意识。在跨学科的教学环境中，学生需要运用不同学科的知识和技能，分析和解决复杂的问题。这种综合思维的训练能够激发学生的创新潜力，培养他们的跨学科思维和创造性思维，从而为未来的学习和工作打下坚实的基础。

跨学科的教学方法还能够提升学生的团队合作能力和沟通能力。在跨学科的教学项目中，学生通常需要与来自不同学科背景的同学合作，共同完成任务和解决问题。这种团队合作的过程能够培养学生的合作意识和团队精神，提高他们的沟通和协作能力，为未来的团队工作和社会交往打下坚实基础。

跨学科的教学方法能够提供更加贴近实际的学习体验和应用场景。通过将学科知识与实际问题相结合，学生能够更加深入地理解和应用所学知识，增强学习的实效性和可持续性。通过项目式教学，学生可以参与到真实的项目中，感受和体验专业知识在实际应用中的价值和意义，从而增强学习的主动性和积极性。

跨学科的教学方法创新是一种重要的教学策略，能够促进不同学科之间的融合和交流，提升学生的综合学习能力。通过跨学科的教学方法，学生能够打破学科界限，培养综合思维能力和创新意识，提高团队合作能力和沟通能力，同时提供更加贴近实际的学习体验和应用场景。因此，在教学实践中，应该积极探索和应用跨学科的教学方法，为学生的综合素养和全面发展提供有力支持。

（二）跨专业思政课程开设

跨专业思政课程的开设提供了一种新的教育模式，旨在将思政课程与专业课程有机结合，使思政教育更贴近学生的专业学习实际，增强教育实效性。这一新模式既能够加强学生的思想政治教育，又能够提高学生的专业素养和实践能力，为学生的全面发展和未来的职业生涯打下坚实基础。

在跨专业思政课程的开设中，可以设计专业导论课程。这门课程旨在向学生介绍所选择的专业领域的基本概念、发展历程、学科特点等内容，帮助学生了解所学专业的基本情况和发展趋势。同时，可以通过专业导论课程引导学生思考所学专业与社会发展、人类文明等方面的关系，激发学生对所学专业的兴趣和热情，增强其对专业学习的自信心和动力。

跨专业思政课程还可以设计专业伦理课程。这门课程旨在向学生介绍所选择的专业领域的伦理道德规范、职业操守、社会责任等内容，引导学生树立正确的职业道德观和价值观，培养学生良好的职业道德和社会责任感。通过专业伦理课程的学习，可以帮助学生建立正确的职业道德观念，提高其职业素养和社会担当，为其未来的职业发展打下良好的基础。

在设计跨专业思政课程的内容时，需要注意以下几点。内容设计应该具有实践性和针对性。课程内容应该与学生所学专业的实际情况和发展需求相结合，体现出明确的实践性和针对性，使学生能够通过学习获得实际的知识和技能。内容设计应该具有前瞻性和创新性。课程内容应该能够反映当前社会发展的新趋势和新问题，具有一定的前瞻性和创新性，能够引导学生关注社会热点、关注时事动态，提高其综合素质和创新能力。

内容设计应该具有系统性和完整性。跨专业思政课程的内容应该能够构建起一个系统完整的知识体系，涵盖专业导论、专业伦理等多个方面的内容，从而为学生提供全面、深入的学习体验，增强其专业素养和实践能力。内容设计应该具有灵活性和可变性。课程内容应该能够根据学生的不同需求和兴趣进行调整和扩展，以满足不同学生的学习需求，提高其学习动力和效果。

跨专业思政课程的开设是一种有益的教育探索，能够有效地将思政教育与专业学习相结合，增强教育实效性，提高学生的综合素质和实践能力。通过设计专业导论、专业伦理等课程内容，可以帮助学生了解所学专业的基本情况和发展趋势，树立正确的职业道德观念，增强其对专业学习的自信心和动力，为其未来的职业发展打下坚实基础。

二、高校思政课跨学科、跨专业课程拓展

（一）跨学科课程实施与效果评估

1. 课程实施与教学效果

跨学科思政课程的实施是当前教育领域的一个重要趋势，它不仅能够拓宽学生的知识视野，还能够促进学科之间的融合与交流。在实施这样的课程时，必须对其教学效果进行评估，以确保其能够达到预期的教学目标。评估的内容包括学生对跨学科课程的反馈、学习成绩等方面，这有助于发现问题、改进教学方法，并进一步提高课程的质量和效果。

为了评估跨学科思政课程的教学效果，我们需要关注学生的反馈。学生的反馈是评价教学效果的重要指标之一，因为他们直接参与课程学习，能够提供直观、真实的感受和看法。通过收集学生的反馈意见，包括课程内容的兴趣度、难易程度、教学方法的有效性等方面，可以了解到学生对课程的整体感受和认识，为进一步改进教学提供重要参考。

学习成绩也是评估跨学科思政课程教学效果的重要指标之一。学生成绩反

映了他们在课程学习中的表现和水平，是评价教学效果的客观指标之一。通过对学生的学习成绩进行分析和比较，可以了解到课程的教学效果如何，哪些方面需要加强和改进。同时，还可以通过与其他课程的成绩进行比较，评估跨学科思政课程对学生成绩的影响程度，从而更加全面地了解到其教学效果。

课程评估还应考虑到学生的综合素养和能力发展。跨学科思政课程旨在培养学生的综合素养和跨学科思维能力，因此在评估教学效果时，还应该关注学生在思想品德、创新能力、批判性思维等方面的发展情况。通过考察学生在这些方面的表现，可以更加全面地评估课程的教学效果，从而为进一步提高课程质量提供有力支持。

实施跨学科思政课程是当前教育的一个重要趋势，但要确保其教学效果，就需要对其进行科学的评估。评估内容包括学生的反馈、学习成绩以及综合素养和能力发展等方面，这有助于发现问题、改进教学方法，提高课程的质量和效果。因此，教育者应该高度重视跨学科思政课程的评估工作，不断完善评估体系，促进课程的不断改进和提高。

2.跨学科课程互动与交流

跨学科课程互动与交流是教育领域推动学科融合与发展的一项重要举措，旨在组织各种形式的互动与交流活动，如学术讲座、学生论坛等，以促进不同学科间的学术交流和合作，推动跨学科教育的发展。

组织跨学科课程的互动与交流活动有助于打破学科之间的壁垒，促进学科间的深度交流与合作。在传统的学科体系中，学科之间往往存在着界限和分隔，学生和教师难以跨越学科边界，进行深度交流与合作。而通过组织跨学科课程的互动与交流活动，如学术讲座、学生论坛等，可以为不同学科的学生和教师提供交流与合作的平台，促进跨学科思维和创新能力的培养，推动学科融合与发展。

组织跨学科课程的互动与交流活动有助于拓展学生的学术视野和知识广度。在传统的学科体系中，学生往往局限于自己所学专业的知识范围，难以接触到其他学科领域的知识和思想。而通过参与跨学科课程的互动与交流活动，学生可以与其他学科的学生和教师进行广泛的交流与合作，了解其他学科的最新研究成果和前沿理论，拓展自己的学术视野和知识广度，提升综合素养和学术能力。

组织跨学科课程的互动与交流活动还有助于促进教师之间的学术交流和合作。在传统的学科体系中，教师往往局限于自己所学专业的教学和研究工作，难以与其他学科的教师进行广泛的交流与合作。而通过组织跨学科课程的互动与交流活动，教师可以与其他学科的教师共同设计和开发跨学科课程，分享教学资源和教学经验，共同探讨教学方法和教学理念，促进教学水平和教学质量的提升。

组织跨学科课程的互动与交流活动需要注重活动形式和内容的多样化和针对性。不同形式的互动与交流活动适用于不同的目标和场景。学术讲座适用于向学生介绍前沿研究成果和专业知识，学生论坛适用于学生之间的学术交流和讨论，合作项目适用于教师之间的合作研究和教学实践。因此，在组织跨学科课程的互动与交流活动时，应当根据活动的目标和参与人群的需求，灵活选择活动形式和内容，以达到最佳的效果和效益。

组织跨学科课程的互动与交流活动是促进学科融合与发展的重要途径。通过组织各种形式的互动与交流活动，可以打破学科之间的壁垒，拓展学生的学术视野和知识广度，促进教师之间的学术交流和合作，推动跨学科教育的发展。因此，应当积极倡导和推动跨学科课程的互动与交流活动，为学生和教师提供更加丰富和多样化的学习与教学体验，推动教育教学的不断创新与发展。

（二）跨专业课程实践与发展

跨专业课程的实践与发展在当今高等教育中变得日益重要。评估跨专业思政课程的实践效果，则需要综合考量学生的实践项目成果以及学习能力的提升情况等多方面因素。这样的评估不仅可以客观地了解课程的实际效果，还能够为进一步改进和发展跨专业课程提供有益的参考。通过系统的评估，可以促进跨专业课程的持续优化和提升，以更好地满足学生的需求和教育目标。

评估跨专业课程的实践效果需要重点关注学生的实践项目成果。跨专业思政课程旨在通过实践活动促进学生的思想品德和综合素质的提升。因此，评估实践效果时，应该重点考察学生参与实践项目后所取得的成果和收获。这包括了解学生在实践中的表现、解决问题的能力、团队合作能力以及实际成果的产出情况等方面。通过对学生实践项目成果的评估，可以客观地了解实践活动对学生的影响和作用，为进一步的教学改进提供依据。

评估跨专业课程的实践效果还需要考虑学生学习能力的提升情况。跨专业思政课程不仅要求学生参与实践活动，还要求他们在实践中不断提升自己的学习能力和综合素质。因此，评估实践效果时，应该关注学生在实践过程中所展现出的学习能力和自主学习的能力。这包括了解学生的学习态度、学习方法、学习策略以及自主学习的意愿和能力等方面。通过对学生学习能力提升情况的评估，可以客观地了解实践活动对学生学习能力的影响和作用，为进一步提高教学质量提供指导和建议。

评估跨专业课程的实践效果是跨专业教育发展中的重要环节。评估应该综合考虑学生的实践项目成果和学习能力的提升情况等多个方面，以全面客观地了解课程的实际效果。只有通过持续不断地评估和改进，才能不断提高跨专业课程的教学质量和实践效果，为学生的全面发展和社会需求的满足提供更好的教育支持。

第七章　教育数字化背景下高校思政课教学改革成果展望与实践路径

第一节　教育数字化背景下高校思政课教学改革成果概述

一、教育数字化背景下高校思政课教学改革的意义

（一）提升学生思想境界和素养

1.加强思想教育

随着教育数字化背景下思政课的教学改革，思想教育得到了进一步加强，这一改革通过多样化的教学内容和方法，有效提升了学生的思想境界和思想素养。教育数字化的时代背景为思政教育注入了新的活力与可能性，通过创新的教学手段和方式，使思政课程更贴合学生的学习习惯和社会发展的需求，进而更有效地实现思想教育的目标。

在教育数字化的背景下，思政课程的教学内容得以更加多样化和丰富化。通过数字化技术，教师可以更便捷地获取和整合各种资源，例如网络资料、教学视频、数字图书等，为思政课程提供了丰富多彩的教学内容。教师可以根据学生的实际需求和兴趣特点，灵活选择和组织教学内容，使课程更具吸引力和感染力。同时，数字化技术还可以为思政课程提供更丰富的教学手段和方式，例如利用在线讨论、虚拟实验、多媒体展示等，激发学生的学习兴趣和参与热情，促进他们的思想境界和思想素养的提升。

在教育数字化的背景下，思政课程的教学方法得以更加灵活和多样化。传

统的课堂教学模式通常以教师为中心，学生为被动接受者，而教育数字化为思政课程的教学提供了更多元化的可能性。教师可以采用基于互联网的教学平台和工具，例如在线课堂、教学博客、微信公众号等，为学生提供更加灵活和便捷的学习环境。同时，教师还可以通过个性化教学、小组合作学习、问题解决学习等方式，激发学生的学习主动性和参与度，促进他们的思维开拓和能力提升。这种灵活多样的教学方法有助于打破传统教学的束缚，激发学生的学习兴趣和创造力，提升他们的思想境界和思想素养。

在教育数字化的背景下，思政课程的教学评价得以更加科学和客观。传统的教学评价主要依靠教师的主观判断和学生的考试成绩，而教育数字化为思政课程的教学评价提供了更多元化和全面化的可能性。通过利用数字化技术，教师可以更全面地收集和分析学生的学习表现和学习反馈，例如利用在线问卷调查、学习记录分析、作业评价等，为教学评价提供更科学和客观的依据。同时，数字化技术还可以为思政课程的教学评价提供更及时和个性化的反馈，帮助学生及时调整学习策略，提高学习效果和学习质量。这种科学客观的教学评价有助于激发学生的学习积极性和自主性，促进他们的思想境界和思想素养的提升。

在教育数字化的背景下，思政课教学改革加强了思想教育，通过多样化的教学内容和方法，有效提升了学生的思想境界和思想素养。教育数字化为思政教育的创新和发展提供了新的契机和动力，将进一步推动思政课程的教学改革和发展，为培养德智体美全面发展的社会主义建设者和接班人提供更加优质的思想政治教育。

2. 培养社会责任感

在当今社会，培养学生的社会责任感已经成为教育改革中的重要任务。通过注重社会责任感的培养，不仅可以引导学生思考社会问题，关心国家大事，还能够增强学生的社会责任意识，从而培养出更为全面发展的人才。在这个过程中，教学改革必须从多个方面入手，包括课程设置、教学方法和校园文化等方面，以确保学生在学习过程中真正地理解和内化社会责任感的重要性。

教学改革应该从课程设置入手。学校应该设计涵盖社会责任感教育的专门课程，例如公民教育、社会学等，这些课程不仅可以向学生传授相关知识，更重要的是通过案例分析、讨论等方式，引导学生认识到自己作为社会成员应该承担的责任和义务。这些课程应该贯穿于学生的整个学习过程，从小学开始就培养学生的社会责任感，逐步加深学生对社会问题的认识和理解。

教学改革还需要注重教学方法的创新。传统的教学方法往往以灌输式教学为主，学生被动接受知识，缺乏主动思考和参与的机会。而现代教学方法应该更加注重学生的主体地位，鼓励他们通过小组讨论、项目研究等方式参与到课堂中来，从而培养他们的批判性思维和解决问题的能力。通过这种方式，学生不仅可以更好地理解社会责任感的概念，还能够将其运用到实际生活中，成为积极的社会参与者。

校园文化的建设也是培养学生社会责任感的重要途径。学校应该营造尊重和关爱的氛围，让学生在这样的环境中感受到社会责任感的重要性。可以组织各种志愿活动，让学生亲身参与到社会服务中来，体验到帮助他人的快乐和意义。同时，学校还应该加强对学生的引导和教育，引导他们树立正确的人生观和价值观，使他们自觉地承担起社会责任，成为社会的栋梁之才。

教学改革应该注重培养学生的社会责任感，这不仅是教育的责任，也是社会的需要。通过课程设置、教学方法和校园文化的改革，可以有效地引导学生思考社会问题，关心国家大事，从而增强他们的社会责任意识。只有这样，我们才能培养出真正有担当、有责任心的社会主义建设者和接班人，为国家的繁荣和发展做出更大的贡献。

（二）提升学生综合素质和能力

1.培养学生综合素质

培养学生综合素质是当今思政课教学改革的核心目标之一。这一目标的实现对于学生的全面发展至关重要，不仅需要教师们在教学中注重培养学生的思维能力、表达能力、合作能力等方面的能力，还需要通过多种教学方法和手段，从课程设置到教学实践，全方位地促进学生的综合素质提升。思政课教学改革的推进，使得学生在思维、表达和合作等方面得到了更加全面和系统的培养，进一步提升了其综合素质水平。

思政课教学改革强调了培养学生的思维能力。思维能力是学生进行分析、推理、判断和解决问题的重要能力，对于学生的学习和成长具有重要意义。在思政课教学中，教师们注重通过启发式教学、问题解决等方式引导学生进行思维训练，激发学生的思考意识和创新能力。通过分析各种社会现象和问题，引导学生运用系统思维和批判性思维，培养学生的理性思维和创造性思维，提高其解决问题的能力和水平。

思政课教学改革注重了培养学生的表达能力。表达能力是学生进行交流、沟通和表达观点的重要能力，对于学生的学习和发展具有重要意义。在思政课教学中，教师们注重通过课堂演讲、论文写作、小组讨论等方式提升学生的表达能力。通过培养学生的语言组织能力、逻辑表达能力和文笔表达能力，教师们帮助学生提高自己的表达水平，增强其沟通交流的能力和效果。

思政课教学改革还注重了培养学生的合作能力。合作能力是学生进行团队合作、协作交流的重要能力，对于学生的学习和发展具有重要意义。在思政课教学中，教师们注重通过小组讨论、团队合作等方式培养学生的合作意识和团队精神，激发学生的集体智慧和创造力。通过组织各种形式的合作活动，教师们帮助学生学会倾听他人、尊重他人、团结合作，提高其合作能力和团队协作的能力。

在思政课教学改革中，教师们还注重通过课程设置和教学实践，全方位地促进学生综合素质的提升。教师们通过课程内容的设计和教学方法的选择，注重培养学生的思维、表达和合作等方面的能力，帮助学生全面提升自己的综合素质水平。同时，教师们还注重通过课堂教学、课外实践等方式提供学生综合素质培养的机会和平台，引导学生积极参与社会实践和志愿服务活动，提高其社会责任感和实践能力。

思政课教学改革注重培养学生的综合素质，包括思维能力、表达能力、合作能力等方面的能力，进一步提升了学生的综合素质水平。通过教学方法和手段的不断创新和完善，学生在思维、表达和合作等方面得到了更加全面和系统的培养，为其未来的学习和发展奠定了良好的基础。

2. 强化创新意识和实践能力

要强化学生的创新意识和实践能力，问题导向教学和实践教学是关键方法。这些教学方式能够让学生在解决实际问题的过程中，培养出创新思维和实践技能，从而增强他们的创造力和实践能力。

问题导向教学是激发学生创新意识的有效途径。通过提出开放性问题和挑战性任务，引导学生主动思考、探索和解决问题的方法，从而激发其创新意识。问题导向教学能够培养学生的批判性思维和创造性思维，使他们能够从多角度思考问题，寻找问题的解决方案，从而提高其创新能力。

实践教学是培养学生实践能力的重要途径。通过实践活动，学生能够将所学知识应用于实际问题解决中，从而提高其实践能力。实践教学可以包括实验、实地考察、社会实践等形式，通过这些实践活动，学生能够更加深入地了解知识，培养实际操作能力，增强解决实际问题的能力。

问题导向教学和实践教学相结合，能够更好地促进学生创新意识和实践能力的发展。在问题导向教学中，教师可以提出实际问题，并引导学生通过实践活动进行解决。通过实践过程中的思考和探索，学生能够更加深入地理解问题的本质，并找到解决问题的方法，从而培养出创新意识和实践能力。

通过问题导向教学和实践教学，可以有效地培养学生的创新意识和实践能力，增强其创造力和实践能力。教育者应该重视这些教学方法的应用，设计相应的教学活动，激发学生的学习兴趣，提高其创新能力和实践能力。只有这样，才能更好地适应社会发展的需要，为学生的终身发展打下坚实的基础。

二、教育数字化背景下高校思政课教学改革成果展示

（一）教学内容的丰富与多样化

1. 引入多媒体教学手段

引入多媒体教学手段在高校思政课教学中的应用，标志着教学模式的现代化和教育教学手段的更新换代。这一举措不仅让传统的思政课教学更具活力和吸引力，同时也提升了学生对课程内容的理解和接受。数字化背景下，多媒体教学

手段，如 PPT、视频等，为思政课的教学改革带来了新的发展机遇，为提高教学效果、促进学生发展提供了有力支持。

引入多媒体教学手段丰富了教学内容和形式，使得思政课更加生动直观。传统的思政课教学往往以讲述为主，文字和图表为辅，缺乏直观性和生动性，难以吸引学生的注意力和激发学习兴趣。而通过引入多媒体教学手段，教师可以利用图片、音频、视频等多种形式，生动展示课程内容，使得抽象的思想理论变得具体可见，让学生更加容易理解和接受。利用 PPT 展示历史文献、名人事迹、社会现象等，通过视频展示案例、演讲等，可以生动地展现课程内容，激发学生的学习兴趣，提高课堂效果。

引入多媒体教学手段提升了教学效率和教学质量。传统的思政课教学往往依赖于教师口头讲解和学生课堂笔记，教学效率低下，学生接受程度参差不齐。而通过引入多媒体教学手段，教师可以利用图文并茂的 PPT、生动有趣的视频等，直观地传递课程内容，提高学生的学习效率。同时，多媒体教学手段还可以增强课堂互动和学生参与度，例如通过在线投票、讨论等功能，激发学生思考和表达，促进学生积极参与课堂，提升教学质量。

引入多媒体教学手段为思政课的教学改革提供了技术支持和保障。随着信息技术的发展，多媒体教学手段已经得到广泛应用，教育技术平台也日益完善，为教师提供了丰富多样的教学工具和资源。通过利用现代化的教学设备和网络平台，教师可以轻松制作和分享 PPT、视频等教学资源，开展在线教学、课堂互动等教学活动，为思政课的教学改革提供了技术保障和便利条件。

引入多媒体教学手段还可以促进教学资源的共享和交流。随着数字化教育的发展，越来越多的教育资源得到了数字化处理和整合，包括各种教学视频、课件资料、在线课程等。通过引入多媒体教学手段，教师可以分享自己制作的教学资源，也可以利用互联网平台获取其他教师或教育机构的教学资源，从而丰富课程内容，提高教学质量。同时，学生也可以通过网络平台自主学习和查找相关资料，拓展知识面，提升学习效果。

引入多媒体教学手段在高校思政课教学中具有重要意义。它丰富了教学内容和形式，提升了教学效率和质量，为教学改革提供了技术支持和保障，促进了教学资源的共享和交流。因此，应当进一步推动多媒体教学手段在思政课教学中的应用，不断创新教学方法，提高教学水平，以更好地满足学生的学习需求。

2. 开发线上课程资源

开发线上课程资源是利用教育数字化技术的一项重要举措，其目的在于使学生能够随时随地进行学习，从而提升了教学的灵活性和便捷性。这种方式的教学资源开发不仅可以满足学生的个性化学习需求，还能够充分发挥数字化技术在教育领域的优势，为教育教学带来全新的可能性和机遇。通过充分利用线上课程资源，可以更好地促进教学质量的提升，推动教育教学向更加开放、灵活、多样化的方向发展。

开发线上课程资源可以实现教学内容的随时随地访问。传统的教学模式受限于时间和空间，学生只能在特定的时间和地点接受教学。而通过线上课程资源的开发，学生可以通过网络平台随时随地访问教学内容，无需受到时间和地点的限制。这种灵活的学习方式使得学生可以根据自己的时间安排和学习节奏进行学习，更好地掌握和消化知识，提高学习效率。

开发线上课程资源可以实现教学形式的多样化。线上课程资源可以以文字、图片、音频、视频等多种形式呈现，丰富了教学内容的表现形式，使得学生可以通过不同的方式获取和理解知识。教师可以通过录制视频讲解、制作幻灯片课件、设计在线测验等形式来呈现教学内容，使得学生可以在视听、互动等方面获得更丰富的学习体验。

开发线上课程资源可以提高教学的个性化和差异化。线上课程资源可以根据学生的学习情况和需求进行个性化定制，为不同的学生提供不同的学习内容和学习路径。通过分析学生的学习行为和学习数据，可以为学生推荐适合其水平和兴趣的学习资源，帮助他们更加有效地学习和提高。

开发线上课程资源是利用教育数字化技术的重要举措，有助于提升教学的灵活性和便捷性。通过线上课程资源的开发，可以实现教学内容的随时随地访问，丰富教学形式，提高教学的个性化和差异化，从而更好地满足学生的学习需求，促进教育教学质量的提升。

（二）教学方法的创新与改进

1.引入互动性教学模式

在数字化背景下，高校思政课教学改革引入了互动性教学模式，这一举措对于学生思维能力和合作意识的培养具有重要意义。互动性教学模式的引入不仅使得思政课堂更加生动活泼，也更好地适应了学生的学习方式和需求，从而有效地提升了教学质量和学习效果。

互动性教学模式的引入丰富了思政课堂的教学内容和形式。传统的思政课堂往往以教师的讲述为主，学生的角色相对被动。通过引入互动性教学模式，课堂上的教学形式更加多样化，例如小组讨论、案例分析、角色扮演等，学生更加积极参与到教学过程中，使得课堂氛围更加活跃。这样的教学形式不仅能够激发学生的学习兴趣，也能够促进他们的思维活动，提高他们的学习效率。

互动性教学模式的引入有助于培养学生的思维能力和合作意识。在互动性教学模式下，学生之间需要进行积极的交流和合作，共同解决问题和完成任务。在小组讨论中，学生需要充分发挥自己的思维能力，提出问题、分析问题、解决问题，同时还需要与小组成员进行有效的沟通和合作。通过这样的教学活动，学生不仅能够提高自己的思维能力和问题解决能力，也能够增强自己的合作意识和团队精神，培养自己的领导能力和组织能力。

互动性教学模式的引入能够促进师生之间的良好互动。在传统的思政课堂中，师生之间往往是单向的传授和接受，学生缺乏机会表达自己的看法和想法。在互动性教学模式下，师生之间的互动更加平等和积极，教师不再是唯一的知识传授者，而是更像是学习的引导者和组织者，与学生共同探讨问题、交流思想。这种互动性教学模式能够建立起师生之间更加紧密的关系，增强学生对于思政课程的兴趣和信心，进而提高教学的质量和效果。

数字化背景下，高校思政课教学改革引入了互动性教学模式，对于促进学生思维能力和合作意识的培养具有积极的意义。这种教学模式的引入不仅使得课堂更加生动活泼，也更好地满足了学生的学习需求和学习方式，从而有效地提升

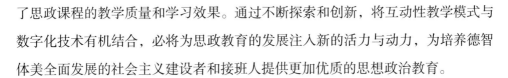

了思政课程的教学质量和学习效果。通过不断探索和创新，将互动性教学模式与数字化技术有机结合，必将为思政教育的发展注入新的活力与动力，为培养德智体美全面发展的社会主义建设者和接班人提供更加优质的思想政治教育。

2. 探索问题导向教学

在当今数字化时代，教学改革已经朝着更为创新和前瞻的方向迈出了重要一步。借助数字化技术，教育领域探索了一种全新的教学模式——问题导向教学。这一模式不再强调教师的单向传授，而是鼓励学生自主探索、提出问题和解决问题，从而培养了他们的批判性思维和创新意识。问题导向教学的引入，意味着教学活动不再是简单地灌输知识，而是更多地关注学生的思考能力和实际应用能力。通过这一改革，学生不仅可以更好地理解所学知识，还能够将其运用到实际情境中，培养出更为全面的素养。

问题导向教学模式的核心在于激发学生的好奇心和求知欲。教师不再是简单地向学生传授知识，而是通过提出引人思考的问题，引导学生主动探索并找到解决问题的方法。这种方式能够让学生在解决问题的过程中逐渐建立起自信心和自主学习的能力，培养出积极主动、富有责任感的学习态度。在数学课上，教师可以提出一个实际生活中的问题，让学生动手解决并探索其中的数学规律，从而激发学生对数学的兴趣和学习动力。

问题导向教学模式注重培养学生的批判性思维。在这种模式下，学生需要通过分析问题、收集信息、进行推理等一系列思维活动，从而找到问题的解决方案。这样的过程不仅能够提高学生的逻辑思维能力，还能够培养他们对问题的深度理解能力。在社会科学课上，教师可以提出一个争议性的社会问题，让学生从不同的角度去思考和分析，最终形成自己的观点并给出合理的论据，从而培养学生的批判性思维能力和综合分析能力。

问题导向教学模式还能够有效地促进学生的创新意识。在这种模式下，学生需要不断地探索和尝试新的解决方案，从而培养他们的创新意识和实践能力。在科学实验课上，教师可以提出一个实验问题，让学生自主设计实验方案并进行实施，从而培养他们的实验设计能力和创新意识。通过这样的实践活动，学生不仅可以提高自己的动手能力，还能够培养出勇于探索和创新的精神，为未来的科学研究和创新工作打下坚实的基础。

问题导向教学模式的引入为教育教学带来了新的活力和机遇。通过激发学生的好奇心和求知欲，培养他们的批判性思维和创新意识，这一模式不仅能够提高学生的学习效果，还能够培养他们成为具有创造力和实践能力的未来人才。因此，教育界应该进一步推广和深化问题导向教学模式，为学生的全面发展提供更加有力的支持和保障。

第二节　教育数字化背景下高校思政课教学改革的启示与经验总结

一、教育数字化背景下高校思政课教学改革的启示

（一）教学模式创新

1.引入多元化教学手段

在当今教育数字化的背景下，引入多元化的教学手段已成为教育界的共识。随着技术的发展和教育理念的更新，教学模式也在发生着深刻的变革。面对学生多样化的学习需求，教育者们应该积极采用各种新兴的教学手段，如在线课程、虚拟实验室、互动教学应用等，以满足学生不同的学习需求，提升教学效果和学习体验。

引入在线课程是多元化教学手段中的一项重要举措。在线课程通过网络平台提供教学资源，学生可以根据自己的时间和地点自由选择学习内容，实现学习的自主性和灵活性。在线课程不受时间和空间的限制，能够为学生提供更为丰富和多样化的学习资源，包括教学视频、电子书籍、在线测验等，满足学生个性化的学习需求，提高学习的效率和质量。

引入虚拟实验室是多元化教学手段中的另一个重要组成部分。虚拟实验室

利用计算机技术和模拟仿真技术，模拟实际实验环境，为学生提供实验操作的场景和工具。虚拟实验室不受时间和地点的限制，学生可以通过网络平台随时随地进行实验操作，观察实验现象，分析实验数据，提高实验操作技能和科学研究能力，扩展学生的实践经验和科学素养。

引入互动教学应用也是多元化教学手段中的一项重要举措。互动教学应用可以通过移动设备、平板电脑等终端设备实现学生与教师之间的互动和交流。教师可以利用互动教学应用设计课堂互动环节、答题游戏、小组讨论等活动，激发学生的学习兴趣，促进课堂氛围，增强学生的参与度和投入度，提高学习效果和教学质量。

在引入多元化教学手段的过程中，教育者们需要充分考虑以下几点。教育者们需要充分了解学生的学习需求和学习习惯，根据学生的实际情况合理选择教学手段，以满足学生个性化的学习需求。教育者们需要不断提升自己的教学技能和教学水平，熟练掌握各种教学手段的使用方法，灵活运用，以提高教学效果和学习体验。学校和教育机构需要提供必要的技术支持和教学资源，为教育者们的教学活动提供良好的条件和环境。

引入多元化的教学手段是教育数字化背景下教学改革的重要举措。通过引入在线课程、虚拟实验室、互动教学应用等手段，可以满足学生多样化的学习需求，提高学习效果和学习体验，促进教育的持续发展。

2. 推动线上线下融合教学

借助教育数字化技术，推动线上线下教学的融合已成为当前教育领域的重要趋势。通过结合线上教学平台和线下实体课堂，可以提升教学效果、增强互动性，为学生提供更加丰富多样的学习体验和更有效的教学方式。

数字化技术的应用可以为线上线下教学融合提供强大支持。通过建设线上教学平台，教师可以轻松地上传课件、录制视频、发布作业等，为学生提供丰富的学习资源。同时，学生也可以通过线上平台随时随地获取教学资料、参与讨论、完成作业，极大地方便了学习过程。与此同时，线下实体课堂则提供了面对面的互动和交流环境，有助于加强师生之间的沟通和互动，促进学习效果的提升。

线上线下教学融合可以提升教学效果。通过线上平台，教师可以根据学生的学习情况和需求，提供个性化的学习资源和教学指导，帮助学生更好地掌握知识。而在线下实体课堂中，教师可以结合线上学习内容，进行案例分析、讨论互动等教学活动，加深学生的理解和应用能力。这种线上线下相结合的教学模式，能够充分发挥数字化技术的优势，提高教学效果，为学生提供更好的学习体验。

线上线下教学融合还可以增强教学的互动性。通过线上平台，学生可以参与各种互动性强的学习活动，如在线讨论、小组合作等，促进学生之间的交流和合作。而在线下实体课堂中，教师可以根据线上学习的情况，组织各种互动性的教学活动，如案例分析、角色扮演等，增强师生之间的互动和交流。这种线上线下结合的教学模式，不仅可以提升教学效果，还可以增强学生的学习动力和积极性。

利用教育数字化技术推动线上线下教学的融合，是当前教育领域的重要任务。通过建设线上教学平台、加强线下实体课堂教学，可以提升教学效果、增强教学互动性，为学生提供更加丰富多样的学习体验和更有效的教学方式。因此，教育机构和教育者应该积极借助数字化技术，推动线上线下教学的融合，为学生的学习提供更好的支持和服务。

（二）学习资源开放共享

学习资源的开放共享是推动教育教学现代化的重要举措，而建设开放式教学资源平台则是实现资源共享和互动的关键。特别是在高校思政课的教学中，建设开放式教学资源平台不仅可以为学生和教师提供丰富多样的学习资源，还能促进教学内容的更新与优化，提升教学效果和质量。

建设开放式教学资源平台能够提供丰富多样的学习资源，为学生和教师提供学习和教学的便利。在传统的教学模式中，学生和教师往往依赖于教材和课堂讲义，获取学习和教学资料的途径受限。而通过建设开放式教学资源平台，学校可以汇集和整合各类教学资源，包括教学视频、课件资料、教学案例等，为学生和教师提供丰富多样的学习资源，满足不同学习和教学需求。

建设开放式教学资源平台能够促进教学内容的更新与优化，推动教学方法的创新与发展。在数字化时代，知识更新和技术变革日新月异，传统的教学资源难以满足学生和教师的需求。而通过开放式教学资源平台，学校可以及时更新和发布最新的教学资源，引入前沿的教学理念和方法，促进教学内容的更新与优化，推动教学方法的创新与发展。引入互动式课件、在线教学视频等新型教学资源，可以提升学生的学习兴趣和参与度，促进学生的主动学习和深度思考。

建设开放式教学资源平台还能促进学生和教师之间的交流与合作，实现教学资源的共享和互动。在传统的教学模式中，学生和教师往往处于信息孤岛状态，难以获取和分享教学资源。而通过开放式教学资源平台，学生和教师可以随时随地访问和共享各种教学资源，参与在线讨论和交流，共同探讨学习和教学问题，促进学习资源的共享和互动。学生可以在平台上分享自己的学习心得和学习资料，教师可以在平台上发布教学计划和教学资源，实现学生和教师之间的双向互动和交流。

建设开放式教学资源平台还能提升教学管理的效率和水平，为学校教学管理工作提供便利和支持。在传统的教学管理模式中，学校往往面临着教学资源管理不规范、教学管理信息化程度低等问题。而通过建设开放式教学资源平台，学校可以实现教学资源的集中管理和统一发布，提升教学管理的效率和水平。同时，平台还可以为教学管理部门提供实时的教学数据和反馈信息，帮助学校及时了解教学情况和教学需求，优化教学资源配置和教学组织，提升教学管理。

二、教育数字化背景下高校思政课教学改革的经验总结

（一）教学策略与方法优化

1.强化学生主体地位

强化学生主体地位是教学改革的重要方向，它要求我们更加重视学生的参与和主导作用，倡导学生参与教学决策和评价，从而激发学生的学习动力和创造力。这一举措不仅有助于培养学生的自主学习能力和创新意识，还能够提高教学质量，推动教育教学向更加开放、民主和多元化的方向发展。

强化学生主体地位意味着将学生置于学习的中心位置。传统的教学模式往

往以教师为中心，学生则处于被动接受的地位。而强化学生主体地位则要求将学生置于学习的主导地位，让他们成为学习的主体和参与者。教师应该从知识传授者转变为学习的引导者和组织者，倾听学生的意见和建议，尊重学生的学习兴趣和需求，激发他们的学习动力和创造力。

强化学生主体地位需要倡导学生参与教学决策和评价。学生是教学活动的直接受益者，因此他们应该在教学过程中发挥更加积极的作用。教师可以邀请学生参与课程设置、教学方法选择、教学资源开发等方面的决策，让他们成为教学活动的合作伙伴和参与者。同时，教师还应该重视学生的反馈意见，通过问卷调查、小组讨论、个别面谈等方式了解学生对教学活动的评价和建议，不断改进教学方法和策略，提高教学质量。

强化学生主体地位有助于激发学生的学习动力和创造力。学生作为学习的主体，他们的学习动力和创造力是教学活动的关键。通过强化学生主体地位，可以激发学生的学习热情和积极性，提高他们的学习主动性和创新能力。学生参与教学决策和评价，能够增强他们的责任感和归属感，从而更加积极地投入到学习中去，不断探索和实践，提高学习效果。

强化学生主体地位是教学改革的必然要求，它有助于培养学生的自主学习能力和创新意识，提高教学质量，推动教育教学向更加开放、民主和多元化的方向发展。只有通过重视学生的主体地位，尊重他们的主体性和个性化需求，才能更好地促进教育事业的发展，培养更加优秀的人才。

2. 推崇探究性学习

推崇探究性学习已成为当今教育领域的主流趋势，它倡导学生通过问题解决和实践探索来获取知识和经验，旨在培养学生的批判性思维和创新能力。这种学习方式强调学生的主动参与和自主探索，远离了传统的单向灌输式教学模式，更加符合现代社会对于人才培养的需求，有助于培养学生的综合素质和核心竞争力。

探究性学习注重学生的主动参与和自主探索。传统的教学模式往往是教师为中心，以教师的讲述和授课为主，而学生则是 passively 接受知识。探究性学习强调学生的自主性和积极性，鼓励他们主动提出问题、开展调查研究、进行实验探索，从而深入理解和掌握知识。通过参与问题解决和实践探索的过程，学生不仅能够积极主动地获取知识，还能够培养自己的探究精神和创新意识，提高自己的学习动力和学习效果。

探究性学习注重培养学生的批判性思维和创新能力。在探究性学习的过程中，学生需要不断提出问题、进行思考分析、寻找解决方案，从而培养自己的批判性思维和创新能力。通过独立思考和自主探索，学生能够发展自己的思维能力和创造能力，提高自己的问题解决能力和创新水平。这种培养方式有助于学生发展全面素质，提高综合竞争力，更好地适应现代社会的发展需求。

探究性学习注重实践探索和问题解决的结合。在探究性学习的过程中，学生不仅需要通过理论学习获取知识，还需要通过实践探索进行知识的应用和实践的检验。学生可以通过实地调查、实验研究、社会实践等方式，深入了解和探索问题的实质，从而更加全面地掌握知识和技能。通过实践探索和问题解决的结合，学生不仅能够增强自己的实践能力和动手能力，还能够培养自己的创新能力和创业精神，为未来的学习和工作打下坚实的基础。

探究性学习作为一种新的教育模式，倡导学生通过问题解决和实践探索来获取知识和经验，旨在培养学生的批判性思维和创新能力。这种学习方式强调学生的主动参与和自主探索，有助于激发学生的学习兴趣和求知欲，提高学生的学习动力和学习效果。通过不断推崇和实践探究性学习，将为培养德智体美全面发展的社会主义建设者和接班人提供更加优质的教育资源和发展平台，促进社会主义教育事业的不断创新和发展。

（二）教师队伍建设与培训

为了建设高素质的教师队伍，我们必须采取一系列措施来提升教师的专业水平和素养。教育部门应该重视教师队伍建设，特别是思政课教师队伍的建设，因为他们直接涉及到学生的思想政治教育，具有特殊的重要性。为此，我们需要通过培训和提升教师的教育数字化和教学改革的能力和素质，从而适应当今社会发展的需要，为学生的全面发展提供更好的支持和指导。

教师队伍建设需要加强对教师的培训和学习机会。教育部门可以组织各类专业培训班、研讨会等活动，邀请相关专家学者对教师进行系统的培训，包括教学理论、教育技术、心理学等方面的知识，以提升教师的专业水平和教学能力。同时，还可以借助现代科技手段，开设在线培训课程，为广大教师提供灵活便捷的学习平台，让他们随时随地都能够获取最新的教育信息和知识。

教育部门应该注重对教师的激励和激励机制的建立。优秀的教师应该得到应有的荣誉和奖励，以激发他们的教学热情和积极性。可以设立优秀教师奖励计划，每年评选出一批表现突出的教师，给予他们奖金、荣誉称号等奖励，以鼓励更多的教师积极参与到教育教学工作中来。还可以建立教师职称评定制度，为教师提供晋升的机会和平台，让他们在教育事业中不断成长和进步。

教育部门还应该加强对教师的考核和评估工作。通过定期的教学质量评估和学生满意度调查等方式，全面了解教师的教学情况和工作表现，及时发现和解决存在的问题，为教师的进一步提升提供有效的指导和支持。同时，还可以建立教师档案管理系统，记录教师的学历、教学经验、专业技能等信息，为他们的职业发展提供有力的支持和保障。

教育部门还应该加强对教师队伍的管理和服务。通过建立健全的管理体制和服务机制，为教师提供良好的工作环境和个人发展空间，激发他们的工作激情和创造力。同时，还应该加强对教师队伍的关怀和帮扶，关注他们的身心健康和职业发展需求，为他们提供必要的支持和帮助，使他们能够更好地发挥自己的专业优势，为教育事业的发展做出更大的贡献。

建设高素质的教师队伍是教育事业发展的关键之一。教育部门应该加强对教师队伍的培训、激励、考核和管理工作，为教师提供良好的发展环境和个人发展机会，从而不断提升教师的教育数字化和教学改革的能力和素质，为学生的全面发展和社会的进步做出积极的贡献。

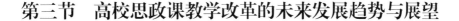

第三节　高校思政课教学改革的未来发展趋势与展望

一、高校思政课教学改革的未来发展趋势

（一）教育数字化与思政课教学融合

1.强化数字技术在思政教育中的应用

强化数字技术在思政教育中的应用是未来教育数字化发展的重要趋势，虚拟实验室、在线互动课堂等数字化工具将成为思政课教学的常态，从而进一步增强学生的学习体验，并提升教学质量和效果。随着科技的不断发展和教育模式的变革，数字技术已经成为推动教育变革和提升教学水平的重要力量，其在思政教育中的应用将为教学过程注入新的活力与动力。

虚拟实验室作为数字技术在思政教育中的一种重要应用，将为学生提供更加丰富和生动的学习体验。传统的实验室教学受到场地、设备、安全等方面的限制，而虚拟实验室则能够克服这些限制，为学生提供更加安全、便捷、多样化的实验环境。通过虚拟实验室，学生可以随时随地进行实验操作，探究科学原理和技术应用，从而深入理解和掌握知识。同时，虚拟实验室还可以模拟各种复杂的实验场景和操作流程，帮助学生培养实验设计和数据分析的能力，提高他们的科学素养和实践能力。

在线互动课堂作为数字技术在思政教育中的另一种重要应用，将为学生提供更加灵活和多样化的学习方式。传统的课堂教学受到时间和空间的限制，而在线互动课堂则能够突破这些限制，为学生提供随时随地的学习机会。通过在线互动课堂，学生可以参与到课堂讨论、问题解答、案例分析等活动中，与教师和同学进行实时互动和交流，共同探讨问题和解决疑惑。这种互动式的学习模式不仅能够增强学生的学习兴趣和参与度，还能够促进他们的思维活动和创新能力，提高他们的学习效果和学习成绩。

数字技术还可以为思政教育提供更加个性化和定制化的学习资源和服务。通过智能化的教学平台和系统，教师可以根据学生的学习特点和需求，精心设计和组织教学内容和活动，为学生提供个性化的学习指导和辅导。同时，学生也可以根据自己的学习进度和兴趣爱好，自主选择和定制学习资源和课程，实现个性化学习和自主学习。这种个性化和定制化的学习模式有助于激发学生的学习兴趣和求知欲，提高他们的学习积极性和主动性，促进他们的全面发展和成长。

未来教育数字化将更加深入思政教育，虚拟实验室、在线互动课堂等数字化工具将成为思政课教学的常态，从而进一步增强学生的学习体验，并提升教学质量和效果。通过不断推进数字技术在思政教育中的应用，将为培养德智体美全面发展的社会主义建设者和接班人提供更加优质的教育资源和发展平台，促进社会主义教育事业的不断创新和发展。

2. 开展线上线下融合教学

随着科技的迅猛发展，教育领域也在不断探索新的教学模式。其中，线上线下融合教学被认为是未来教育的趋势，它将通过网络平台和技术工具实现更灵活、个性化的教学方式，从而提升教学效果。这一教学模式的出现不仅是对传统教学模式的一种补充和完善，更是对教育本质的重新思考和创新。在这个新的教学模式下，教师、学生以及教育机构都将面临新的挑战和机遇，需要积极应对和适应。

线上线下融合教学为教育提供了更多的灵活性和个性化定制的可能性。传统的教学模式往往受到时间和空间的限制，学生需要按照固定的时间和地点去上课。而线上线下融合教学则打破了这种限制，学生可以根据自己的实际情况选择合适的时间和地点进行学习，从而更好地平衡学习和生活。同时，教师也可以根据学生的学习情况和需求，灵活调整教学内容和方式，为每个学生提供更为个性化的学习体验，更好地满足他们的学习需求。

线上线下融合教学可以更好地整合和利用教育资源。传统的教学模式往往依赖于教师个人的教学水平和资源积累，而线上线下融合教学则可以通过网络平台和技术工具，将全球范围内的优质教育资源整合起来，为教师和学生提供更为丰富和多样化的学习资源。教师可以利用网络平台上的开放式课程资源，结合线下课堂教学，为学生提供更为全面和深入的学习体验。同时，学生也可以通过网络平台进行自主学习和自主选择，充分发挥自己的学习潜能。

线上线下融合教学可以促进教学内容的创新和更新。传统的教学模式往往受到教材内容的限制，教师往往只能按照固定的教学大纲和教材内容进行教学。而线上线下融合教学则可以通过网络平台和技术工具，随时更新和调整教学内容，引入最新的科研成果和教学方法，为学生提供更为前沿和实用的知识。教师可以通过网络平台上的课件制作工具，自主设计和制作教学资源，灵活调整教学内容和方式，使教学更加生动有趣，吸引学生的注意力，提高教学效果。

线上线下融合教学也为教师提供了更多的发展机会和挑战。传统的教学模式往往依赖于教师个人的教学水平和经验，而线上线下融合教学则要求教师不仅具备扎实的学科知识和教学能力，还需要具备一定的教育数字化和教学改革的能力和素质。因此，教师需要不断学习和提升自己的专业水平和教学技能，积极参与到教学改革和创新中来，适应和引领未来教育的发展方向。

线上线下融合教学是未来教育的发展趋势，它为教育提供了更多的灵活性和个性化定制的可能性，更好地整合和利用教育资源，促进教学内容的创新和更新，为教师提供了更多的发展机会和挑战。因此，教育界应该积极推动线上线下融合教学模式的发展，为学生的全面发展和社会的进步做出积极的贡献。

3. 培育数字化教育人才

为了培育更多具备数字化教育理念和技能的教育人才，并推动教育数字化与思政教育的深度融合，教育机构和相关部门应采取一系列措施，以满足当前数字化时代对教育人才的需求。数字化教育人才的培养不仅需要关注其技术能力，还需要注重其教育理念、专业知识和教学能力的提升，以确保其能够胜任教育数字化的挑战与任务。

教育机构应当调整教育人才培养的课程设置，增加与数字化教育相关的课程内容。这些课程包括但不限于教育技术、在线教育设计、数字化课程开发等，旨在使学生掌握数字化教育的基本理论知识和操作技能。还可以设置相关的实践课程或实习项目，让学生在实际操作中学习和掌握数字化教育技术和方法。

教育机构应当加强教师队伍的培训和发展，提升现有教师的数字化教育能力。通过组织各种形式的培训活动、研讨会和工作坊，向教师介绍数字化教育的最新理念、技术和方法，帮助他们适应数字化教育的发展需求，提高其数字化教育水平。同时，还可以建立数字化教育专家团队，为教师提供一对一的指导和支持，帮助他们解决实际教学中的问题。

教育机构还应当加强对学生的数字化素养培养，培养学生主动获取、评价和利用信息的能力，提高其信息技术应用能力和创新能力。通过在课程中引入信息技术、网络资源利用等内容，培养学生的信息素养和创新精神，使其具备在数字化环境下学习和工作的能力。

除此之外，还可以通过建立数字化教育研究中心或实验室，推动数字化教育与思政教育的深度融合。通过开展跨学科的研究活动和项目合作，探索数字化技术在思政教育中的应用，为思政教育的创新和发展提供理论支持和实践经验。同时，还可以建立数字化教育资源库，收集整理数字化教育的优质资源和案例，为教师的教学活动提供支持和参考。

培育更多具备数字化教育理念和技能的教育人才，推动教育数字化与思政教育的深度融合，需要教育机构和相关部门共同努力。通过调整课程设置、加强教师培训、提升学生素养和建立研究中心等措施，可以有效提高教育人才的数字化教育能力，为教育数字化的发展和思政教育的提升做出积极贡献。

（二）学生参与度与实践性培养

1.强化学生参与感

未来的思政课将更加强调学生的参与感，这需要采用更多的互动式教学方法，如小组讨论、角色扮演等，以增强学生的学习动力和提升教学效果。

引入小组讨论是提升学生参与感的有效途径。通过小组讨论，可以激发学生的思考和探索欲望，使他们更积极地参与到课堂教学中来。在小组讨论中，学生可以结合自己的理解和观点，与同伴进行交流和讨论，从而加深对课程内容的理解和应用。同时，小组讨论也有助于培养学生的团队合作能力和交流能力，提升其综合素养。

采用角色扮演的教学方法也能够有效地提升学生的参与感。通过角色扮演，学生可以将自己置身于不同的角色和情境中，体验和感受课程内容，从而更加深入地理解和体会。在角色扮演的过程中，学生需要扮演不同的角色，扮演者需要模拟真实情景下的对话和交流，这能够激发学生的创造力和想象力，增强其参与感和学习动力。

还可以采用案例分析、实践活动等教学方法，促进学生的参与感和学习动力。通过案例分析，学生可以将理论知识与实际问题相结合，深入分析问题的根源和解决方法，从而提高学习的实效性和深度。而通过实践活动，学生可以将所学知识应用于实际问题解决中，增强其实践能力和创新能力，提升学习的实用性和有效性。

未来的思政课应该更加注重学生的参与感，采用更多的互动式教学方法，如小组讨论、角色扮演等，以增强学生的学习动力和提升教学效果。只有通过不断创新教学方法，激发学生的兴趣和热情，才能实现思政课教学的有效推进和提升。因此，教师们应该积极探索各种教学方法，创造多样化的教学场景，为学生提供更加丰富多彩的学习体验和更有效的教学方式。

2. 强化实践性教学

强化实践性教学是未来思政课教学的重要方向，这意味着教育不再局限于课堂内部的知识传授，而是更加注重培养学生的实际操作能力和社会责任感。未来的思政课将以社会实践、志愿服务等实践性活动为重点，为学生提供更加丰富和深入的学习体验，促进其全面发展和成长。

强化实践性教学可以促进学生的自主学习和实际操作能力的培养。传统的思政课教学往往以教师为中心，学生被动接受知识，缺乏主动参与和实际操作的机会。而通过强化实践性教学，如社会实践、志愿服务等活动，学生可以亲身参与到实践活动中去，深入了解社会现实和问题，锻炼实际操作能力和解决问题的能力，培养自主学习和独立思考的能力。

强化实践性教学可以促进学生的社会责任感和价值观的培养。在社会实践和志愿服务等实践活动中，学生不仅可以了解社会问题和需求，还可以通过实际行动为社会做出贡献，体验到参与社会实践的意义和价值。这种亲身经历能够激发学生的社会责任感和公民意识，促使他们树立正确的人生观和价值观，培养爱国主义精神和社会责任感，成为有担当、有情怀的新时代青年。

强化实践性教学还可以促进学科知识与实践技能的融合与应用。传统的思政课教学往往局限于理论知识的传授，缺乏与实际生活和社会实践的联系，难以激发学生的学习兴趣和动力。而通过引入社会实践、志愿服务等实践性活动，可以将学科知识与实践技能相结合，使学生学以致用，掌握和运用学科知识解决实际问题的能力，提升学习的深度和广度，增强学生的综合素养和竞争力。

强化实践性教学还可以促进学校与社会的深度合作与共赢。通过开展社会实践、志愿服务等实践性活动，学校可以与社会各界建立紧密的联系和合作关系，共同开展社会实践项目、志愿服务活动等，为学生提供更广阔的发展空间和更丰富的学习资源。同时，社会也能够从学生身上获得新鲜的思想和创意，为社会发展注入活力和动力，实现学校与社会的双赢。

未来思政课将更加注重实践性教学，这不仅可以促进学生的自主学习和实际操作能力的培养，还可以促进学生的社会责任感和价值观的培养，促进学科知识与实践技能的融合与应用，促进学校与社会的深度合作与共赢。因此，应当进一步推动实践性教学的深化与创新，为学生的全面发展和成长提供更加有力的支持和保障。

3. 培养创新意识与能力

培养创新意识与能力是当代教育的核心任务之一。为了实现这一目标，教师需要引导学生独立思考、勇于创新探索，从而培养他们的创新意识和创新能力。在思政课教学中，特别需要注重这一方面的培养，因为思政课不仅仅是传授知识，更重要的是培养学生的思想品德和社会责任感。通过引导学生进行独立思考、开展创新探索，可以促进思政课教学朝着更加开放和活跃的方向发展，为学生的全面发展和社会进步提供有力支持。

教师应该营造开放的学习环境，激发学生的学习兴趣和探索欲望。开放的学习环境能够激发学生的好奇心和求知欲，使他们愿意从多个角度去思考问题、探索解决方案。教师可以通过提供丰富多样的学习资源、鼓励学生参与讨论和辩论、引导学生开展独立研究等方式，营造开放的学习氛围，激发学生的创新潜能。

教师应该注重培养学生的独立思考能力。独立思考是创新的基础，只有学生具备了独立思考的能力，才能够在面对问题时提出新的见解和解决方案。因此，教师应该通过启发性的问题设计、引导性的讨论引导学生进行独立思考，鼓励他们勇于提出自己的观点和见解，并且尊重他们的独立思考过程，激发他们的创新意识。

教师应该鼓励学生进行创新探索。创新探索是培养学生创新能力的有效途径，通过开展科研项目、参与创业实践、组织创意比赛等方式，可以激发学生的创新潜能，提高他们的创新能力。教师可以根据学生的兴趣和特长，引导他们选择适合自己的创新项目，并且提供必要的指导和支持，帮助他们不断探索、实践、创新。

引导学生独立思考、创新探索，培养学生的创新意识和创新能力，是思政课教学的重要任务之一。教师应该营造开放的学习环境，注重培养学生的独立思考能力，鼓励他们进行创新探索，从而推动思政课教学朝着更加开放和活跃的方向发展。只有通过不断地培养学生的创新意识和创新能力，才能够更好地满足社会发展的需要，为学生的全面发展和社会进步做出积极贡献。

二、高校思政课教学改革的展望

（一）教学管理与评估机制完善

1.强化教学质量评估

在当今迅速变化的教育环境中，强化教学质量评估是确保教育质量持续提升的关键。建立更完善科学的教学质量评估体系势在必行，这个体系需要包括学生评价、教师评价、专家评价等多维度评估，以便全面了解教学过程中的优势和不足，从而有针对性地改进。而要实现这一目标，需要采取一系列有力措施，包

括但不限于，

学生评价的建立和完善是关键之一。学生是教学活动的直接参与者和受益者，他们的反馈对于评估教学质量至关重要。因此，我们需要建立起一套科学、系统的学生评价机制，使学生能够真实、客观地反映出课堂教学的情况，包括教学内容的吸引力、教学方法的有效性、教师的教学态度等方面。这可以通过设计合适的问卷调查、小组讨论、个别面谈等方式来实现，以确保评价的全面性和准确性。

教师评价也是不可或缺的一部分。教师是教学活动的主导者和组织者，他们的教学水平和教学态度直接影响着教学效果。因此，建立起一套科学、公正的教师评价体系至关重要。这个体系应该涵盖教师的教学能力、教学方法、教学态度等多个方面，通过同行评教、教学观摩、教学档案等方式来收集评价数据，以确保评价的客观性和权威性。

除了学生评价和教师评价，专家评价也是评估教学质量的重要手段之一。专家评价具有权威性和专业性，能够从更高的角度审视教学活动，发现其中的优缺点，并提出改进建议。因此，我们需要邀请具有丰富教学经验和专业知识的专家参与到教学质量评估中来，通过专家评审、课堂评估、教学案例分析等方式，对教学过程进行深入评价，为教学改进提供有力支持。

要想建立起一个真正完善科学的教学质量评估体系，并不是一蹴而就的。在实践中，我们还需要不断探索和完善评估指标和方法，确保评估的科学性和有效性。同时，还需要加强对评价结果的分析和利用，及时发现问题、总结经验，为教学改进提供科学依据。还需要加强对评价结果的反馈和应用，使评价成果真正转化为促进教学改进和提高教学质量的有效动力。

建立更完善科学的教学质量评估体系是提升教学质量的重要举措。通过学生评价、教师评价、专家评价等多维度评估，可以全面了解教学过程中存在的问题，并采取有针对性的措施加以改进，从而不断提升教育教学水平，实现教育质量的可持续发展。

2. 推动教学管理信息化

推动教学管理信息化是当前教育领域的一项紧迫任务，而加强教学管理信息化建设更是势在必行。随着社会信息化水平的不断提升，教育管理也需要与时俱进，充分利用大数据、人工智能等先进技术手段，以提高教学管理的效率和精准度。在当今数字化时代，教育信息化已成为推动教育变革、提升教育质量的关键举措之一。因此，加强教学管理信息化建设具有重要的现实意义和深远的历史意义。

教学管理信息化建设有助于提升教育管理的效率。传统的教学管理方式往往依赖于大量的人力和纸质文件，管理效率低下且易出现错误。而引入信息化技术后，可以实现教学管理的数字化、网络化，极大地提高了管理效率。比如，学生信息、课程安排、教学资源等可以通过电子系统进行管理和调配，管理员可以实时监控教学进度和资源使用情况，及时做出调整和优化，从而更好地满足教学需求，提高教学质量。

加强教学管理信息化建设有助于提升教育管理的精准度。传统的教育管理往往面临信息不对称、决策不精准的问题，而信息化技术可以通过数据采集、分析和挖掘，为决策者提供更加准确的信息支持。利用大数据技术可以对学生的学习情况进行全面、深入的分析，了解每个学生的学习特点和需求，为个性化教学提供数据支持，同时，也可以通过数据分析预测学生的学习趋势和可能遇到的问题，及时采取相应的教育措施，有效提高教学管理的精准度。

加强教学管理信息化建设还有助于促进教育教学的创新发展。信息化技术为教育教学提供了丰富的资源和工具，可以支持更加多样化、灵活化的教学方式和教学模式。利用人工智能技术可以开发智能教学系统，根据学生的学习情况和特点智能调整教学内容和方法，实现个性化教学，利用虚拟现实技术可以打造沉浸式教学环境，提供更加生动、直观的学习体验。这些新型的教学模式和教学工具有助于激发学生的学习兴趣，提高教学效果，推动教育教学的创新发展。

加强教学管理信息化建设还有助于促进教育资源的共享和优化配置。教育资源是教育事业发展的重要基础，而信息化技术可以打破地域和时间的限制，实现教育资源的共享和高效利用。可以建立教育资源共享平台，将全国范围内的优质教育资源进行整合和共享，让每个地区、每个学校都能够享受到最优质的教育资源，同时，也可以通过信息化技术对教育资源进行动态调配，根据教学需求和实际情况及时调整资源配置，确保资源的最优配置和高效利用。

加强教学管理信息化建设是推动教育现代化、促进教育创新发展的必然选择。只有不断加强信息化技术在教育管理中的应用，不断完善信息化建设体系，才能更好地适应数字化时代的教育需求，实现教育教学的可持续发展。因此，各级教育管理部门和学校应高度重视教学管理信息化建设，加大投入力度，加强技术研发和人才培养，共同推动教育管理信息化建设迈上新的台阶，为实现教育现代化和建设教育强国作出积极贡献。

3. 加强课程评估与改进

加强课程评估与改进是现代教育中至关重要的一环。特别是对于思政课程这样旨在培养学生综合素养和思想品德的课程而言，定期评估和改进显得尤为必要。随着社会的不断发展变化和学生需求的不断更新，思政课程必须保持与时俱进，以确保其对学生的教育效果和社会实践的贡献。因此，建立起有效的评估机制并基于评估结果不断进行教学内容和方法的改进，是推动思政课程质量提升的关键举措。

定期评估思政课程的教学内容是保证课程质量的基础。评估可以通过多种方式进行，包括学生问卷调查、教师自评、同行评教等形式。通过收集学生的反馈意见和建议，可以了解到他们对课程内容的认识程度、兴趣点以及存在的问题和困惑。同时，教师的自我评估和同行评教能够从专业角度对教学内容进行客观评价，发现教学中的不足之处。综合各方面的评估结果，可以全面地了解到当前教学内容的优势和不足之处，为下一步的改进提供参考依据。

针对评估结果，及时调整教学方法是提高思政课程实效性的重要手段。教学方法的灵活运用能够更好地激发学生的学习兴趣，提高他们的参与度和学习效率。比如，可以采用案例分析、小组讨论、角色扮演等互动性强的教学方法，使课堂更加生动有趣，同时，结合多媒体技术和互联网资源，丰富教学内容，提高教学效果。针对不同特点和需求的学生，也应该灵活调整教学方法，采取个性化的教学策略，以更好地促进他们的学习和成长。

思政课程的评估和改进还应该紧密结合社会发展和学生需求的变化。随着时代的进步和社会的变革，人们的思想观念和价值取向也在不断演变。因此，思政课程的内容应该紧密贴合当下社会的热点问题和时事热议，引导学生深入思考和参与到社会实践中。同时，针对学生的个性化需求，思政课程也应该及时调整教学内容和方法，满足不同学生的学习需求。可以增加针对性强的案例分析和实践活动，引导学生将理论知识与实际情境相结合，提高他们的思考和解决问题的能力。

　　要加强对思政课程改进效果的评估和总结。改进是一个持续不断的过程，只有不断地进行评估和调整，才能够使思政课程不断适应社会和学生的需求变化。因此，需要建立起完善的评估机制，定期对改进后的教学效果进行跟踪和评估。通过分析改进前后的差异和变化，总结出有效的教学方法和策略，为今后的课程改进提供经验和借鉴。

　　加强课程评估与改进是提高思政课程质量和实效性的重要途径。通过定期评估教学内容和方法，及时调整课程内容和教学方法，紧密结合社会发展和学生需求的变化，不断完善课程改进机制，才能够使思政课程始终保持与时俱进，为学生的思想道德教育提供更好的保障。

（二）教学内容与方法创新

1.强化多媒体教学手段应用

　　强化多媒体教学手段的应用将成为未来思政课改革的重要方向。随着科技的不断发展和普及，多媒体教学已经成为提升教学效果、增强学习体验的重要手段。在未来，思政课将更加广泛地运用多媒体教学，包括PPT、视频、音频等形式，以丰富的教学内容和多样化的教学手段来吸引学生的注意力，提升他们的学习效果和体验。

　　多媒体教学可以通过图文并茂的PPT展示，将抽象的思政概念转化为直观的图像和文字，帮助学生更好地理解和掌握知识。通过PPT的展示，教师可以将丰富的案例、数据和图表直观地呈现给学生，使得抽象的理论知识更加具体化、形象化，有助于学生深入思考和理解。比如，在讲解国家治理体系和治理能力现代化时，可以通过 PPT 展示相关数据和图表，分析国家治理体系的构建和发展，引导学生深入思考现代国家治理的特点和趋势。

视频资源的应用也是多媒体教学的重要方式之一。通过精心策划和制作的教学视频，可以将抽象的思政概念生动形象地呈现给学生，激发他们的学习兴趣和好奇心。可以邀请专家学者进行思政课的视频讲解，通过生动有趣的讲解和案例分析，引导学生深入了解国家政策、社会现实等内容，加深他们对思政知识的理解和认识。同时，还可以利用影视作品进行教学，通过电影、纪录片等形式，向学生展示历史事件、社会问题等，引发他们的思考和讨论。

音频资源的运用也可以为思政课的教学提供更多元化的方式。通过播放精心策划的音频节目或者音频讲座，可以使学生在课堂之外也能够接触到丰富的思政知识，拓展他们的学习视野。比如，可以录制讲述社会热点问题的播客节目，邀请专家学者或者校内老师进行讲解，通过生动的语言和丰富的案例，引导学生深入思考和讨论社会问题，提升他们的综合素养和思辨能力。

除了以上几种方式，还可以结合虚拟现实（VR）技术、在线互动平台等先进技术，创新思政课的教学模式，提升教学效果。利用 VR 技术打造虚拟的历史场景或者社会实验场景，让学生身临其境地感受历史的变迁和社会的发展，加深他们对思政知识的理解和认识。同时，通过在线互动平台，可以为学生提供更多参与课堂的机会，促进他们的思想交流和碰撞，培养他们的批判性思维和团队合作能力。

未来思政课将更加广泛地应用多媒体教学手段，如 PPT、视频、音频等，以丰富的教学内容和多样化的教学方式来提升学生的学习体验和效果。通过多媒体教学的应用，可以使抽象的思政概念更加直观形象地呈现给学生，激发他们的学习兴趣和好奇心，促进他们的思考和讨论，培养他们的综合素养和思辨能力，从而更好地适应未来社会的发展需求。

2. 探索游戏化教学元素

在当今教育领域，游戏化教学元素的引入已经成为提升学生学习兴趣和动力的一种有效策略。除了课堂竞赛和任务挑战之外，还有许多其他形式的游戏化

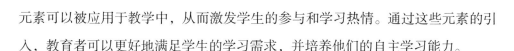

元素可以被应用于教学中，从而激发学生的参与和学习热情。通过这些元素的引入，教育者可以更好地满足学生的学习需求，并培养他们的自主学习能力。

游戏化教学元素能够将学习过程变得更加趣味化和互动化。传统的教学方式往往缺乏足够的吸引力，难以激发学生的学习兴趣。而通过引入各种游戏化元素，如角色扮演、闯关挑战等，可以使学习变得更具娱乐性，吸引学生的注意力和参与度。设计一个角色扮演的教学活动，让学生在模拟的情境中扮演不同的角色，通过互动和合作来解决问题，这不仅可以增加学生的学习乐趣，还能够提高他们的团队合作能力和解决问题的能力。

游戏化教学元素可以激发学生的学习动力和竞争意识。课堂竞赛是其中一种常见的形式，通过设置奖励机制和排名制度，激发学生的竞争欲望，促使他们更加努力地学习和表现。在这种竞争的氛围下，学生会感受到一种成就感和自豪感，从而更加投入到学习中。任务挑战也是另一种有效的游戏化教学元素，教师可以设计一些具有挑战性的任务或项目，让学生在完成任务的过程中不断挑战自我，提高自己的能力。

游戏化教学元素有助于培养学生的自主学习能力和问题解决能力。在游戏化的学习环境中，学生往往需要自己主动探索和解决问题，这样的学习方式能够激发他们的学习兴趣，并培养他们独立思考和自主学习的能力。设计一个迷宫解密的游戏，让学生通过收集线索和推理来找到出口，这样的活动既能够让学生在解决问题中获得乐趣，又能够锻炼他们的逻辑思维和解决问题的能力。

游戏化教学元素还可以促进学生之间的合作和交流。在游戏化的学习环境中，学生往往需要通过合作来完成任务或解决问题，这样可以促进他们之间的交流和互动，培养他们的团队合作精神和沟通能力。设计一个团队竞赛的游戏，让学生分成小组，通过合作来完成一系列挑战，这样的活动不仅可以增强学生之间的友谊，还能够培养他们的团队合作和协作能力。

游戏化教学元素的引入对于激发学生的学习兴趣和动力具有重要意义。通过设计各种形式的游戏化教学活动，教育者可以更好地满足学生的学习需求，并培养他们的自主学习能力和团队合作精神，从而提高教学效果，实现教育目标的最大化。

3.引入虚拟现实技术

引入虚拟现实技术，将彻底改变未来思政课的教学方式，为学生创造更为真实、更为沉浸的学习环境。这一技术的引入不仅仅是为了追求新颖与时尚，更是为了提升学生的学习体验和参与度，让思政课更具吸引力和影响力。在未来，虚拟现实技术将为思政课注入新的活力，激发学生的学习热情，提升他们的思想品质和社会责任感。

借助虚拟现实技术，思政课可以打破传统课堂的时空限制，创造出更加丰富多样的学习场景。传统的思政课往往局限于教室内的黑板白板，学生们很难将抽象的理论知识与现实生活相联系。通过虚拟现实技术，学生们可以身临其境地感受到各种社会场景，比如参观历史事件的现场、观察社会现象的发展过程等。这种沉浸式学习体验能够极大地激发学生的好奇心和求知欲，使他们更加主动地参与到学习中来。

虚拟现实技术还能够为思政课注入更多的互动性和趣味性。在传统的思政课上，学生们往往是被动地接受知识，缺乏积极性和主动性。借助虚拟现实技术，思政课可以设计出各种富有趣味性的互动环节，比如模拟角色扮演、虚拟实景漫游等。通过这些互动环节，学生们不仅可以深入了解各种社会问题的本质，还能够培养批判性思维和解决问题的能力。与此同时，互动性也将增强师生之间的互动，打破了传统课堂上师生间的僵化关系，促进了彼此之间的沟通和交流。

虚拟现实技术还能够为思政课提供更多的个性化学习资源和辅助工具。在传统的思政课上，教师往往面临着资源匮乏和教学手段单一的问题，很难满足不同学生的学习需求。借助虚拟现实技术，教师可以根据学生的不同需求和兴趣，为其提供个性化的学习资源和辅助工具。比如，针对历史事件的虚拟实景重现、社会问题的虚拟模拟分析等，都能够为学生提供更为直观和生动的学习体验。这种个性化学习模式不仅能够提高学生的学习效率，还能够激发他们的学习兴趣和动力。

虚拟现实技术还能够为思政课的评价和反馈提供更为科学和客观的依据。

在传统的思政课上，教师往往只能通过考试、作业等形式来评价学生的学习情况，存在着主观性和局限性。借助虚拟现实技术，教师可以通过学生在虚拟场景中的表现、行为轨迹等数据来进行评价和分析，更加客观地了解学生的学习状况和问题所在。同时，虚拟现实技术还可以为学生提供即时的反馈和建议，帮助他们及时调整学习策略，提高学习效果。

引入虚拟现实技术将为未来思政课的教学带来革命性的变革，为学生创造更为真实、更为沉浸的学习环境。这一技术的应用不仅能够激发学生的学习热情和参与度，还能够提高教学效果和教育质量，促进学生的全面发展和成长。因此，我们有理由相信，在不久的将来，虚拟现实技术将成为思政课教学的重要手段和工具，为培养社会主义建设者和接班人做出更大的贡献。

第四节　教育数字化背景下高校思政课教学改革的实践路径建议

一、教育数字化背景下高校思政课教学改革的实践路径

（一）教学内容创新

1. 现代化话题与案例

在当今迅速发展的时代背景下，现代化话题已经成为思政课程中不可或缺的一部分。选择与时代发展紧密相关的现代化话题，并结合相关案例进行教学，不仅可以使学生更容易理解和应用思政课的内容，还能够引导学生深入思考当代社会的发展趋势和重大问题，培养他们的社会责任感和创新意识。接下来，我们将就此展开论述。

信息技术与现代化发展密不可分。随着信息技术的飞速发展，互联网、人工智能、大数据等已经成为现代社会的核心驱动力之一。以互联网为例，它已经深刻改变了人们的生活方式、工作方式以及社会交往方式，对经济、文化、政治

等各个领域产生了深远影响。比如，互联网电商平台的兴起促进了传统商业模式向线上转型，推动了新零售、共享经济等新兴产业的发展。而在教育领域，互联网技术也为教学方式和教学资源的创新提供了无限可能，如在线教育平台、远程教学系统等的出现，为学生提供了更加灵活、便捷的学习途径。

环境问题是现代化进程中必须面对的挑战。随着工业化、城市化的加速推进，环境污染、资源枯竭、生态破坏等问题日益突出，给人类社会的可持续发展带来了巨大压力。全球变暖导致的气候灾难频发，严重威胁着人类的生存和发展。同时，城市垃圾污染、水土流失、空气质量恶化等也成为人们急需解决的难题。因此，我们需要深入探讨环境问题的根源和解决之道，提倡绿色低碳的生活方式，倡导环境保护和资源节约的理念，共同构建人与自然和谐共生的美好家园。

全球化是当今世界发展的主题之一。随着经济全球化、文化全球化的不断深入，世界各国之间的联系日益紧密，相互依存程度不断加深。跨国公司的兴起使得生产要素、资金、技术等在全球范围内流动，促进了全球产业链的形成和优化。同时，文化产品的国际传播也使得不同文化之间的交流与融合更加频繁，推动了世界文化多样性的发展。全球化过程中也存在着一些问题和挑战，如贫富差距扩大、文化冲突加剧、民族主义抬头等，需要我们积极应对和解决。

社会治理是现代化建设的重要保障。随着社会结构的复杂化和社会矛盾的多样化，传统的社会治理模式已经不能完全适应新形势下的治理需求。因此，我们需要探索符合现代化要求的社会治理模式，加强政府、市场、社会等各方面的协调合作，构建起一套科学有效的社会治理体系。通过建立和完善社会组织、社会服务体系，提高社会信用体系的建设水平，加强社区治理和基层自治能力等方式，推动社会治理向更加平稳、和谐的方向发展。

现代化话题与案例的引入不仅可以使思政课程内容更加贴近时代发展和社会实践，还能够激发学生的学习兴趣，增强他们的思辨能力和创新能力。通过对信息技术、环境问题、全球化、社会治理等现代化话题的深入研究和思考，可以帮助学生更好地理解和把握当代社会的发展脉络，培养他们成为具有国际视野和社会责任感的新时代青年。

2. 多元化知识传递方式

多元化知识传递方式是当前教育领域的一项重要探索，而在提升思政课程的多元化教学效果方面更是至关重要。随着社会信息化水平的不断提升和教育理念的更新，单一的传统教学方式已经不能完全满足学生的学习需求和教学目标。因此，采用多种知识传递方式，如视频讲解、网络直播、虚拟实验等，对于思政课程的教学改革和提升教学效果具有重要意义。这种多元化的教学方式不仅可以激发学生的学习兴趣，提高学习动力，还可以促进学生思维的开拓和能力的培养，为培养德智体美全面发展的社会主义建设者和接班人奠定坚实基础。

采用多元化的知识传递方式可以增加教学内容的生动性和趣味性，激发学生的学习兴趣。相比于传统的课堂讲授，视频讲解、网络直播等形式更具有视觉冲击力和感染力，能够吸引学生的注意力，让他们更加主动地参与到学习过程中来。通过精心制作的教学视频，可以将抽象的理论知识形象化、具体化，让学生在轻松愉快的氛围中获得知识，从而提高学习效果。同时，虚拟实验等互动式的教学方式也可以让学生身临其境地体验知识，增强学习的实践性和趣味性，激发学生的学习热情，提高学习积极性。

多元化的知识传递方式有利于提高教学效果，促进学生思维的开拓和能力的培养。不同的教学方式有助于激发学生不同的学习方式和思维方式，从而更好地促进他们的思维发展和能力提升。通过网络直播可以实现师生实时互动，让学生能够及时解决疑惑、提出问题，增强了教学的针对性和实效性，而虚拟实验则可以让学生在实验场景中进行自主探索和实践操作，培养他们的动手能力和创新精神。这些多元化的教学方式既可以满足学生不同的学习需求，又可以提高教学的灵活性和针对性，从而有效地提高教学效果，促进学生全面发展。

多元化的知识传递方式有助于拓展教学资源，提升教学质量。传统的教学方式受到时间、空间和人力资源等方面的限制，而多元化的知识传递方式可以突破这些限制，实现教学资源的共享和优化配置。通过网络直播可以将名师的授课内容传递到各个角落，让更多的学生受益，通过虚拟实验可以解决实验设备不足的问题，让学生在虚拟的实验场景中进行实验操作，提高教学的实践性和趣味性。

这种多元化的教学方式不仅可以拓展教学资源的范围和深度，还可以提高教学资源的利用效率，提升教学质量。

采用多元化的知识传递方式对于提升思政课程的多元化教学效果具有重要意义。在当前信息化时代，教育教学需要与时俱进，不断探索和创新教学方式，以满足学生个性化学习的需求，提高教学质量和教学效果。因此，我们应该充分利用各种先进的教育技术和手段，推动教育教学的创新发展，为培养德智体美全面发展的社会主义建设者和接班人做出积极贡献。

（二）教学方法创新

1.采用互动式教学模式

引入互动式教学模式是当今教育领域中备受推崇的一种教学方法。通过采用讨论小组、案例分析、角色扮演等形式，可以有效促进学生之间的思想碰撞和交流，从而达到增强教学效果的目的。在传统的教学模式中，教师往往扮演着主导者的角色，而学生则是被动接受知识的对象。互动式教学模式的引入打破了这种单向传授的局面，使教学过程更加生动有趣、更具参与性和交互性。

讨论小组是互动式教学模式中常见且有效的形式之一。在讨论小组中，学生可以就特定话题展开自由讨论，分享彼此的观点和想法。这种自由的交流环境有利于激发学生的思维，激发他们的学习兴趣，并培养他们的团队合作能力和表达能力。通过参与讨论，学生不仅可以更深入地理解所学知识，还可以从他人的观点中获取新的启发和思考。

案例分析是另一种互动式教学模式的重要组成部分。通过分析真实或虚拟的案例，学生可以将理论知识应用到实际情境中，从而更加深入地理解和掌握知识。案例分析能够激发学生的学习兴趣，培养他们的问题解决能力和批判性思维能力。同时，通过讨论和比较不同案例的情况，学生还可以培养自己的判断力和分析能力，从而更好地应对现实生活中的各种挑战和问题。

角色扮演也是一种生动有趣的互动式教学形式。在角色扮演中，学生可以扮演不同的角色，模拟各种情境，从而更好地理解课程内容并将其应用到实际生活中。通过扮演不同的角色，学生可以站在不同的角度去思考问题，拓展自己的

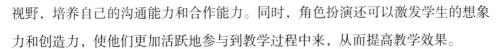

视野，培养自己的沟通能力和合作能力。同时，角色扮演还可以激发学生的想象力和创造力，使他们更加活跃地参与到教学过程中来，从而提高教学效果。

引入互动式教学模式是提高教学效果的有效途径。通过采用讨论小组、案例分析、角色扮演等形式，可以促进学生之间的思想碰撞和交流，激发他们的学习兴趣，提高他们的学习积极性和参与度。因此，在教学实践中，教师应该积极探索和运用各种互动式教学方法，为学生提供更加丰富多彩、生动有趣的学习体验，从而更好地实现教育教学的目标。

2. 结合数字化教育技术

强化多媒体教学手段的应用将与数字化教育技术相结合，成为未来思政课改革的关键路径之一。数字化教育技术的发展为教学提供了更广阔的空间，包括在线课程、虚拟实验室等，这些技术不仅丰富了教学资源，还提升了学生的互动体验，进而增强了他们的学习兴趣和参与度。

数字化教育技术为思政课的教学提供了更丰富的教学资源。在线课程平台如 MOOCs（大规模开放在线课程）和各类教育网站提供了海量的学习资料和课程资源，教师可以根据课程内容的需要选择和引用相关资源，丰富课堂内容，使之更加生动有趣。通过这些在线课程，学生可以根据自己的学习进度和兴趣进行学习，自主选择课程内容，提高了学习的灵活性和个性化程度。虚拟实验室也为思政课的教学提供了重要支持，通过虚拟实验室，学生可以在模拟的实验环境中进行实验操作和数据分析，加深对思政知识的理解和掌握。

数字化教育技术提升了学生的互动体验，增强了他们的学习兴趣和参与度。通过在线课堂平台和虚拟教学工具，教师可以与学生进行实时互动，包括在线讨论、答疑解惑等，促进师生之间的交流和互动。在虚拟实验室中，学生可以在模拟的实验场景中进行探索和实践，通过互动操作加深对知识的理解。数字化教育技术还可以利用人工智能技术为学生提供个性化的学习服务，根据学生的学习情况和需求智能推荐学习资源，提供个性化的学习建议，使学习过程更加高效和愉悦。

数字化教育技术还可以为思政课的教学提供更多样化的评价方式。传统的考试评价方式往往局限于笔试和口试，难以全面评价学生的综合能力和素养。而数字化教育技术可以利用数据分析和大数据技术，开发多样化的评价工具和评价指标，如在线测验、作业批改系统等，为学生提供及时反馈和个性化评价，促进他们的学习动力和成长。

结合数字化教育技术，思政课可以提供更丰富的教学资源和互动体验，增强学生学习兴趣和参与度。通过在线课程、虚拟实验室等技术手段，教师可以创造更加生动有趣的教学场景，激发学生的学习热情和好奇心。同时，数字化教育技术还可以为思政课的教学提供更多样化的评价方式，促进学生的全面发展和成长。因此，在未来的思政课改革中，应该充分利用数字化教育技术，不断创新教学模式，提升教学效果，培养学生的综合素养和创新能力。

二、教育数字化背景下高校思政课教学改革的建议

（一）教学评价与反馈机制的建立

1.设立多维度评价指标

在当前教育环境下，建立多维度的评价指标体系已经成为提高教育质量和评估学生综合能力的必然需求。传统的评价体系往往偏重于知识掌握，而忽视了学生的思想态度和实践能力等方面的发展。因此，设立多维度的评价指标体系对于全面评估学生的学习情况至关重要。

多维度评价指标体系需要充分考虑知识掌握的情况。知识掌握是学生学习的基础，是评价学生学习成果的重要指标之一。通过考察学生对于所学知识的理解程度、记忆能力以及应用能力等方面，可以客观地评价学生的学习水平。可以通过课堂测试、作业考核等方式，检验学生对于各学科知识的掌握程度，从而为他们提供针对性的学习指导和帮助。

多维度评价指标体系还需要关注学生的思想态度。学生的思想态度反映了他们对于学习的态度和价值观念，对于评价学生的综合素质具有重要意义。良好的思想态度包括积极进取、责任心强、团队合作等方面，而消极的思想态度则可能会影响学生的学习效果和学习氛围。因此，评价学生的思想态度需要结合学生

的言行举止、参与度以及团队合作能力等方面的表现进行综合评估。

多维度评价指标体系应当重视学生的实践能力。实践能力是学生在实际操作中运用所学知识解决问题的能力，对于学生未来的发展至关重要。通过实践能力的评价，可以全面了解学生的动手能力、创新能力以及解决问题的能力等方面的表现。可以通过实验报告、项目设计等方式，考察学生在实践活动中的表现，从而评价他们的实践能力和创新意识。

多维度评价指标体系还应当考虑学生的综合素质发展。综合素质包括学生的身心健康、社会适应能力、人际关系等方面的发展，是评价学生综合能力的重要标志之一。通过综合素质的评价，可以全面了解学生的全面发展情况，为他们的个性化发展提供有效的指导和帮助。可以通过心理测试、社会实践活动等方式，评价学生的综合素质发展情况，从而为他们的个性化成长提供科学依据。

建立多维度的评价指标体系对于全面评估学生的学习情况具有重要意义。通过充分考虑知识掌握、思想态度、实践能力以及综合素质等方面的表现，可以更加客观地评价学生的学习成果和综合能力，为他们的个性化发展提供有效的指导和帮助。

2. 借助数据分析技术进行评估

借助数据分析技术进行评估，可以为教学效果的定量和定性评估提供更加科学和客观的依据，有助于及时发现问题、优化教学设计和实施过程。这一技术的引入不仅可以提高教学质量，还能够促进教育教学的持续改进和发展，为培养学生的综合素质和能力提供有力支持。

利用数据分析技术进行教学效果的定量评估，可以从客观数据的角度全面评价教学的成效。传统的教学评估往往局限于教师的主观感受和学生的表现，缺乏客观性和科学性。借助数据分析技术，可以收集和分析大量的教学数据，包括学生的学习成绩、行为轨迹、参与度等多个方面的信息。通过对这些数据的分析，可以直观地了解教学的效果和影响因素，及时发现教学中存在的问题和不足之处，为教学改进提供科学依据。

利用数据分析技术进行教学效果的定性评估，可以从更深层次和更广泛的视角理解教学的意义和影响。除了学生的学习成绩外，教学的影响还体现在学生的思想品质、社会责任感、创新能力等方面。这些方面往往难以直接量化和衡量。借助数据分析技术，可以收集和分析学生的综合素质数据，包括学生的思想观念、态度价值观、社会实践等方面的信息。通过对这些数据的分析，可以深入了解教学对学生的影响和作用机制，为教学设计和实施提供有针对性的改进建议。

利用数据分析技术进行教学效果的评估，可以实现教育教学的精细化管理和个性化服务。传统的教学评估往往是一种整体性的评估，很难满足不同学生个性化学习需求的要求。借助数据分析技术，可以实现对学生学习过程的个性化监测和跟踪，包括学习轨迹、学习偏好、知识掌握程度等方面的信息。通过对这些个性化数据的分析，可以及时发现学生的学习问题和困难，针对性地进行个性化辅导和服务，提高学生的学习效果和满意度。

利用数据分析技术进行教学效果的评估，可以实现教育教学的持续改进和创新发展。教育教学是一项复杂的系统工程，需要不断地进行评估和改进。借助数据分析技术，可以实现对教学过程的全程监控和实时反馈，及时发现问题和隐患，及时调整和优化教学设计和实施方案。通过持续不断地改进和创新，可以提高教学质量和效果，不断满足社会发展和学生需求的新要求，推动教育教学事业不断向前发展。

借助数据分析技术进行教学效果的评估，可以为教育教学提供更加科学和客观的评价体系，有助于及时发现问题、优化教学设计和实施过程，推动教育教学事业不断向前发展。因此，我们有理由相信，在不久的将来，数据分析技术将成为教育教学的重要手段和工具，为培养社会主义建设者和接班人做出更大的贡献。

（二）教学内容与资源的优化

1.制定综合、多元的课程内容

在当今数字化教育的大背景下，思政课的教学改革显得尤为迫切。制定综合、多元的课程内容是教学改革的核心任务之一，这些内容应该涵盖理论知识、案例分析、实践活动等多种形式，以丰富教学内容、激发学生的学习兴趣。本文将探讨如何构建综合、多元的思政课程内容，使之更好地适应数字化时代的教学需求。

理论知识是思政课程的基础和核心。理论知识的传授是思政课程的重要任务之一，它涉及到马克思主义、中国特色社会主义理论体系等重要内容。在教学过程中，我们应该注重理论知识的系统性、科学性和逻辑性，使学生能够全面深入地理解和掌握相关理论，为他们的思想认识和实践活动提供理论指导和思想支持。

案例分析是思政课程的重要教学方法之一。通过案例分析，可以将抽象的理论知识与具体的实践问题相结合，使学生能够更加直观地理解和应用理论知识。案例分析的内容可以涉及到政治事件、历史人物、社会现象等多个方面，例如中国特色社会主义发展道路的成功经验、党的历史上的重大决策和实践、当前国际局势的变化等。通过分析这些案例，可以帮助学生深入理解理论知识的内涵和实践意义，增强他们的理论联系实际的能力。

除了理论知识和案例分析，实践活动也是思政课程内容的重要组成部分。实践活动可以是社会实践、志愿服务、调研调查等形式，通过参与实践活动，可以帮助学生将所学的理论知识和分析方法应用到实际问题中去，增强他们的社会责任感和实践能力。可以组织学生参与社区建设、环境保护、扶贫助残等志愿服务活动，让他们亲身感受社会的发展变化和人民群众的生活状况，从而更加深刻地认识到自己的责任和使命。

综合性课程设计也是制定多元化课程内容的重要方法之一。在课程设计过程中，我们应该充分考虑学生的兴趣、特点和需求，结合教学资源和条件，设计出符合实际情况和教学目标的综合性课程内容。可以将传统的课堂教学与现代化的教学技术相结合，采用多媒体教学、网络教学等方式来呈现课程内容，以提高教学效果和吸引学生的注意力。

制定综合、多元的课程内容是思政课程教学改革的关键举措之一。通过理论知识的传授、案例分析的引入、实践活动的组织以及综合性课程设计的实施，可以使思政课程内容更加丰富多彩，更好地满足学生的学习需求，激发他们的学习兴趣，提高教学效果，推动思政课程教育事业的发展。

2.开发数字化教学资源

数字化教学资源的开发是当前教育领域的一项迫切任务，而借助数字化技术开发多样化的教学资源更是教育改革的重要举措。随着信息技术的飞速发展，教育教学已经逐渐向数字化、网络化方向转变，而开发多样化的数字化教学资源，如在线课件、视频教学、互动学习平台等，对于提升课程的传递效果和教学体验具有重要意义。这种数字化教学资源的开发不仅可以丰富教学内容，提高教学质量，还可以激发学生的学习兴趣，促进学生全面发展。

数字化教学资源的开发可以丰富教学内容，提高课程的传递效果。传统的教学资源受到时间和空间的限制，难以满足不同学生的学习需求。而借助数字化技术，教师可以轻松地开发多样化的教学资源，如精美的在线课件、生动的视频教学等，从而更好地呈现教学内容，激发学生的学习兴趣。通过设计富有创意和互动性的在线课件，可以将抽象的理论知识形象化、具体化，让学生在轻松愉快的氛围中掌握知识，提高学习效果。同时，通过录制生动的视频教学内容，可以让学生身临其境地感受教学场景，增强学习的实践性和趣味性，提升课程的传递效果。

数字化教学资源的开发可以提高教学的灵活性和个性化程度，增强教学体验。传统的教学方式往往是一种单向的传递模式，缺乏交互性和个性化定制，难以满足学生多样化的学习需求。而借助数字化技术，教师可以根据学生的学习特点和需求，灵活地开发不同形式的教学资源，为学生提供个性化的学习体验。通过建设互动学习平台，可以实现师生之间的即时互动和交流，让学生在学习过程中随时提出问题、参与讨论，增强了教学的针对性和实效性。同时，通过个性化定制的教学资源，可以根据学生的学习进度和能力水平，提供个性化的学习内容和辅助教学，更好地满足学生的学习需求，增强了教学的个性化程度和灵活性。

数字化教学资源的开发还可以促进教学资源的共享和优化配置，提高教学效率。传统的教学资源往往受到时间、空间和人力资源等方面的限制，难以实现教学资源的共享和优化配置。而借助数字化技术，教师可以将自己开发的优质教学资源进行数字化处理，通过网络平台进行共享和交流，实现教学资源的共享和优化配置。通过搭建开放式的教学资源平台，可以让教师们共享各自的教学资源，充分利用和共享优质教学资源，提高了教学资源的利用效率和教学效果。同时，数字化教学资源的开发也可以实现教学资源的动态调整和更新，根据学科发展和学生需求及时调整教学资源，保持教学内容的新颖性和前瞻性，提高了教学效率和教学质量。

借助数字化技术开发多样化的教学资源对于提升课程的传递效果和教学体验具有重要意义。在当前信息化时代，教育教学需要与时俱进，不断探索和创新教学方式，以满足学生个性化学习的需求，提高教学质量和教学效果。因此，我们应该充分利用各种先进的教育技术和手段，推动数字化教学资源的开发和应用，为教育教学改革和发展做出积极贡献。

参考文献

习近平 . 高举中国特色社会主义伟大旗帜 为全面建设社会主义现代化国家而团结奋斗——在中国共产党第二十次全国代表大会上的报告 [M]. 北京：人民出版社，2022.

教育部 . 教育部部署 2024 年教育工作重点任务 [EB/OL].[2024-01-12].[2024-03-08].http：// www.moe.gov.cn/jyb_xwfb/s5147/202401/t20240112_1099870.html.

项久雨 . 思想政治教育现代化要素的解释之维 [J]. 思想理论教育，2024(02)：55-61.

刘庆标 . 论现代思想政治教育技术的理论模型及其构建原则 [J]. 中国电化教育，2013(01)：110-115.

郑敬斌，王立仁 . 论思想政治教育内容体系的系统构建 [J]. 东北师大学报 (哲学社会科学版)，2012(2)：14-17.

倪愫襄 . 思想政治教育概念的逻辑分析 [J]. 学校党建与思想教育，2013(20)：13-16.

刘松 . 思想政治教育方法的实效性研究 [M]. 湖北人民出版社，2008.

刘新庚，罗雄 . 思想政治教育方法体系创新探索 [J]. 中国青年政治学院学报，2008(4)：58-62.

万美容 . 论思想政治教育方法的融合发展 [J]. 思想教育研究，2008(2)：9-12.

屈陆 . 思想政治教育认知问题研究 [M]. 中国社会科学出版社，2021.

杨芷英 . 大学生思想政治教育认知规律探究 [J]. 思想政治工作研究，2022(6)：26-28.

张耀灿，郑永廷等 . 现代思想政治教育学 [M]. 人民出版社，2006.

王淑芹 . 思想政治教育价值基本问题研究 [J]. 思想教育研究，2010(11)：12-

16.

曾长秋，银红玉．马克思主义需要理论视域下的思想政治教育价值探究 [J]. 思想教育研究，2013(5)：13–16.

许丽萍．现代思想政治教育实践内涵的阐释 [J]. 思想政治教育研，2010(2)：66–68.

祖嘉合．对思想政治教育主体及其特性的思考 [J]. 教学与研究，2007(3)：29–34.

曹春梅，郑永廷．论思想政治教育的实践性及当代价值——大学生思想政治教育实践性发展探索 [J]. 思想理论教育导刊，2009(1)：88–91.

石书臣．论思想政治教育个体价值的新发展 [J]. 教学与研究，2007 (6)：81.

鲍良玉．高校网络思想政治教育立体生态的构建 [J]. 学校党建与思想教育，2023(13)：86–89.

刘嘉圣，刘晞平．大数据时代思想政治教育质量评价研究 [J]. 学校党建与思想教育，2023(7)：23–26.

赵建超．思想政治教育与人工智能深度融合的内在机理 [J]. 思想理论教育，2023(8)：94–100.

胡树祥，谢玉进．大数据时代的网络思想政治教育 [J]. 思想教育研究，2013(6)：60–62+102.

潘中祥，董一冰．基于智慧思政的高校网络思政工作新探 [J]. 学校党建与思想教育，2023(5)：84–86+90.

杨帅，廖文，陈绍博．精准思政的价值意蕴、逻辑进路及愿景展现 [J]. 高教发展与评估，2023(3)：109–118+ 124.

徐稳，葛世林．数字化技术赋能思想政治教育的三维探析 [J]. 思想教育研究，2023(3)：45–51.

付文军．论"技术之思"的三条路径——兼议马克思技术批判的超越性 [J]. 中国地质大学学报 (社会科学版)，2021(06)：10–17.

张苗苗．思想政治教育的本质是核心价值观教育 [J]. 教学与研究，2014(10)：

90–96.

孙凯奇，丁小丽，彭袁圆 . "信息茧房"效应下高校意识形态话语权建设的守正创新 [J]. 东南大学学报 (哲学社会科学版)，2023(S2)：53–56.

孙振南，李凯路，樊亚 . 智能化时代社会治理数字化的创新路径探索 [J]. 山西大同大学学报 (社会科学版)，2024(01)：31–35.

闫旭，唐忠宝，王志康 . 马克思主体性理论下的思想政治教育数字化转型 [J]. 中国教育信息化，2023(11)：76–83.

赵丽涛 . 思想政治教育数字化转型的范式构建与优化逻辑 [J]. 思想理论教育，2022(2)：46–51.

于祥成，杨莉 . 思想政治教育数字化：内涵、特征与进路 [J]. 国家教育行政学院学报，2023 (09)：61–68+84.

李怀杰 . 现代思想政治教育大数据研究范式变革的逻辑理路与实践路径 [J]. 学校党建与思想教育，2017(1)：67–70.

胡坤，刘镝，刘明辉 . 大数据的安全理解及应对策略研究 [J]. 电信科学，2014(2)：112– 117.

王天民，郑丽丽 . 智能媒介的思想政治教育功能及其优化 [J]. 思想教育研究，2022 (10)：38–44.

谷永鑫 . 高校思想政治教育数字化建设及其价值意蕴、风险表征与实践进路 [J]. 大学教育科学，2024(01)：58–65.

李红革，黄家康 . 数字化转型赋能思想政治教育高质量发展略探 [J]. 学校党建与思想教育，2023(23)：61–64.

罗红杰 . 思想政治教育数字化转型：认知前提、实践原则与推进策略 [J]. 思想理论教育，2023(12)：93–99.

刘映芳 . 思想政治教育数字化转型：内涵、动力与路径——基于辩证分析视角 [J]. 思想理论教育，2023(10)：88–94.

于祥成，杨莉 . 思想政治教育数字化：内涵、特征与进路 [J]. 国家教育行政学院学报，2023(09)：61–68+84.

许烨.数字技术赋能高校思想政治教育：价值、困境和路径[J].湖南社会科学，2023(04)：156-163.

王丽鸽.思想政治教育数字化发展的生成动因、态势特征与创变展望[J].思想理论教育，2023(05)：20-25.

王学俭，冯瑞芝.数字技术与思想政治教育高质量发展的耦合逻辑及风险防范[J].北京工业大学学报(社会科学版)，2023(03)：37-45.

孙伟平，夏晨朗.基于智能技术的思政课教学方式创新[J].中国大学教学，2022(11)：53-56.

刘娜，刘博.高校思想政治理论课智慧课堂线上教学质量提升研究[J].思想教育研究，2023(03)：117-122.

崔建西，白显良.智能思政：思想政治教育创新发展的新形态[J].思想理论教育，2021(10)：83-88.

万力勇，易新涛.人工智能驱动的高校思想政治理论课精准教学：实施框架与实现路径[J].思想教育研究，2022(04)：110-115.

操菊华，许新茹.人工智能赋能思政"金课"建设的实践探索[J].思想政治教育研究，2023(06)：74-78.

黎博，戴成波，谭超.高校思政课数字化转型的现实困境与优化路径[J].学校党建与思想教育，2023(14)：75-77.

赵浚，张澍军.信息化3.0时代网络思想政治教育的复杂性探赜[J].思想教育研究，2022(10)：45-50.

唐晓勇，李颖.现代信息技术赋能高校思想政治理论课教师教学的成效、困境及路径优化[J].思想教育研究，2022(11)：125-130.

Jo Brownlee,Jia-Jia Syu,Julia Mascadri,etc.Teachers' and children's personal epistemologies for moral education:Case studies in early years elementary eductaion[J]. Teaching and Teacher Eductaion,2012(3):440-450.

Elisa Navarro-Medina,Nicolas de-Alba-Fernandez.Citizenship eductaion in european curricula[J].Social and Behavioral Sciences,2015(197):45-49.

T.Martijn Willemse,Geert ten Dam, Femke Geijse,etc.Fostering teachers' professional development for citizenship education[J].Teaching and Teacher Education,2015(49):118–127.

Manuel Castells.Rise of the network society:The information age:economy,society and culture[M].Wiley Blackwell,2000:624.

Harskamp.Schoenfeld's problem solving model in a digital learning environment[J]. Hiroshima Journal of Mathematics Education,2005(11):33–47.